U0586688

*i*

为了人与书的相遇

# Just Kids

· PATTI SMITH ·

〔美〕帕蒂·史密斯——著　刘奕——译　马世芳——导读

JUST

KIDS

—— 只是孩子 ——

广西师范大学出版社
· 桂林 ·

*Just Kids*

by Patti Smith

Copyright © 2010 by Patti Smith

Published by arrangement with Dunow, Carlson & Lerner Literary Agency,

through The Grayhawk Agency

著作权合同登记图字：20-2011-216

**图书在版编目(CIP)数据**

只是孩子 / (美) 帕蒂·史密斯著；刘奕译. —2版
—桂林：广西师范大学出版社, 2017.1（2022.3 重印）
书名原文：*Just Kids*

ISBN 978-7-5495-8850-3

Ⅰ.①只… Ⅱ.①帕… ②刘… Ⅲ.①帕蒂·史密斯 – 回忆录
Ⅳ.①K837.125.76

中国版本图书馆CIP数据核字(2016)第229291号

广西师范大学出版社出版发行

广西桂林市五里店路 9 号 邮政编码：541004
网址：www.bbtpress.com

出 版 人：黄轩庄
责任编辑：雷 韵
特约编辑：张诗扬
装帧设计：王志弘
内文制作：陈基胜

全国新华书店经销

发行热线：010-64284815

山东韵杰文化科技有限公司

开本：850mm×1168mm 1/32

印张：12.75 字数：189千字 图片：43幅

2017年1月第2版 2022年3月第5次印刷

定价：75.00元

如发现印装质量问题，影响阅读，请与出版社发行部门联系调换。

# 导读

## 那时，他们和世界都正年轻

马世芳

　　男孩女孩逃离各自的家乡，在那座世界中心之城邂逅。那时他们才二十岁，除了一身胆量别无所有。他们还太年轻，不确定自己应当长成什么模样，却都坚信自己终将成为伟大的艺术家。

　　沿着颠沛的逐梦之路，他们相濡以沫，一起被这座城市伤害，被这座城市滋养，结识各路怪人贵人，那些名字如今看来皆闪烁如天穹星辰。他们体尝了恋爱的甜苦，生活的逼压，见识了庙堂之高、江湖之大，见证了彼此性灵与才华的突变茁长。到头来，这座城不仅是当初投奔的应许之地，更是一座赐予养分的学校，让他们终于足够强壮、足够成熟、足够让梦想成真。他们果然兑现了青春的自许，双双成为伟大的艺术家，跻身那些闪闪发光的名字，改变了千万人的生命。

　　男孩在四十二岁盛年死于绝症，临死交代女孩：向世人说出他们的故事。女孩足足花了二十一年才终于践履诺言——当她完成这本回忆录时，当年男孩拍的那帧唱片封面上睨视着你的女孩，已经六十三岁了。

世人认识帕蒂·史密斯，多半始自1975年的《马群》专辑。封面那帧黑白照，瘦削的女子脂粉不施，穿着男气的白衬衫吊带裤，黑外套甩在肩上，一头蓬乱的黑发，双眼直直望向你，背景是阳光斜映的白墙。这幅图像平静而强悍，细腻却挑衅，和专辑开篇名句"耶稣是为别人的罪而死，不是我的"相互映衬，平地一声雷，从此改变了摇滚的面貌。纽约朋克大潮从这张专辑开始延烧，继而与大西洋彼岸的英伦朋克同党合流，终于成为横扫时代的燎原大火。帕蒂遂被尊为"朋克教母"——在高帽和标签泛滥成灾的流行乐坛，这是一顶"名副其实"的冠冕。

帕蒂曾自谓"恨不能生在19世纪"，她变成"朋克教母"实属意外，她骨子里始终是一个诗人。摇滚于她，最重要的意义便是诗的载体。她说她从不觉得自己是"摇滚明星"，宁愿自视为"表演者"。她饱读诗书，挚爱的偶像是兰波、布莱克和波德莱尔。看看她这些年的造型，你不难发现帕蒂对那个时代的执迷：那一身装扮，活脱脱是从漫漶的银版相片里走出来的19世纪颓废派诗人。而罗伯特·梅普尔索普，始终都是最能捕捉她完美形象的那双利眼。

罗伯特·梅普尔索普在摄影界如雷贯耳的威望，乃至于生前身后作品掀起的争议，都已经是当代艺术的必修教材。七〇年代，摄影作品的艺术地位逐渐上升，跨进了美术馆的殿堂，罗伯特便是彼时崛起的新世代"巨星级"摄影家之一。他常以严谨的古典构图和细腻的光影拍摄跨人种的同性恋、性虐待等题材，屡被视为惊世骇俗。即使在他死后，作品已动辄天价，相关展览和书籍仍屡遭抵制，险被查禁。当年一连串争议，牵扯艺术与出版自由的界线，如今都成了文化史的经典案例。

帕蒂和罗伯特从一开始的爱侣关系，到罗伯特"发现"自己的同性恋性向，几经挣扎而至坦然面对，他们始终相互陪伴，相互理解。这份生死与共的情感，即使后来两人生活轨迹渐行渐远，仍然紧密相系，至死不渝。或许帕蒂和罗伯特的作品都太经典，在几代人记忆中烙下的印象太鲜明，总以为他们生来便该是那模样，殊不知两位艺术家的养成，充满了意外与曲折：罗伯特起初全心投入绘画和装置艺术，对摄影毫无兴趣。他之所以拿起相机，是为了自制拼贴材料，省下搜寻素材的工夫。帕蒂则专心致志写诗作画，一心向兰波与布莱克看齐，这个内向的女孩原本压根儿没想过公开表演，遑论出唱片。她之所以组团，最早只是为了在诗歌朗诵的场合添一把电吉他，增加戏剧张力。就这样，一桩意外连到另一桩意外，引爆了他们自己都始料未及的潜能。罗伯特变成了名满天下的摄影大师，帕蒂则变成了"朋克教母"。

这一切都发生在六七十年代之交的纽约——他们在对的时代来到对的地方，遇见了对的人："垮掉的一代"尚未老去，你仍能在东村和正值壮年的大诗人艾伦·金斯堡及传奇作者威廉·巴勒斯交朋友。尽管帕蒂和罗伯特租住的房间没有电视机，她仍有可能在1968年看过《在路上》作者凯鲁亚克最后一次上电视，醉醺醺地议论嬉皮一族与"垮掉的一代"的关联——次年他就因为酗酒呕血而亡。安迪·沃霍尔和围绕他身边那群美丽而奇特的男女俨然当代艺坛的小朝廷，"马克斯的堪萨斯城"俱乐部便是王族进出的宫殿，彼时默默无闻的"地下丝绒"乐团在那儿制造出摇撼天地的声响。摇滚正迈入烂熟的百花齐放的黄金时期：帕蒂初抵纽约那年，正是嬉皮风潮勃发的"爱之夏"（Summer of Love），鲍勃·迪伦、滚石、吉姆·莫里森风华正盛，詹妮斯·乔普林和吉米·亨德里克斯一夕成名——两年后，他们将和帕蒂在切尔西酒店短暂相遇。因为穷，帕蒂和罗伯特只住得起切尔西最小的房间，但在那间"古怪、混账的酒店"，他俩获得了任何名校都不能给予的顶级的文化教育——切尔西烜赫照人的住客名单，就是一部当代地下文化的点将录。如今，帕蒂和罗伯特的名字也镶在那份后人仰望的名单之中，继续吸引着一代代逐梦人前去朝圣。

这部书花了二十多年才终于成形，帕蒂·史密斯在这段期间经历了许许多多的伤逝：罗伯特辞世没几年，音乐伙伴理查德·索尔、丈夫弗雷德·史密斯、弟弟托德相继骤逝，当时帕蒂已经远离乐坛多年，带着两个孩子过着半隐居的主妇生活。在乐坛后进迈克尔·斯泰普（REM主唱）、老友艾伦·金斯堡和偶像鲍勃·迪伦鼓励之下，她重新站上舞台，又录下了一张接一张震慑人心的壮美之作——上帝带走了她最亲爱的人，同时又还给这世界一位顶天立地的诗人歌手。而她必得花上这么长的时间，才能穿越失落的伤痛，寻得合宜的叙述方式。回望所来处，《只是孩子》也是一部献给那些陨落星辰的伤悼之书。

2005年，法国文化部颁赠艺术文化勋章给帕蒂·史密斯，这来自兰波与波德莱尔故乡的礼赞，于她再合适不过。2007年，帕蒂正式列名摇滚名人堂，典礼最后群星大合唱的歌，便是她的《人民拥有力量》。近年她仍不断巡回演出、录音，并且持续写作。她的一对儿女，如今都成了厉害的乐手，经常和母亲同台表演。

2010年11月7日，美国国家图书奖颁给了《只是孩子》。在领奖台上，帕蒂·史密斯忆及她当年在斯克里布纳书店打工的日子："我梦想能拥有一本自己的书，写一本我能放在那架子上的书。"她眼眶泛泪地说："拜托，不管我们科技再怎么进步，请不要遗弃书本。在这有形的世界，没有任何东西比书本更美丽。"

她的确写出了一本担得起那梦想的，美丽不可方物的书。

# 目　录

关于罗伯特的故事已经说过不少了，以后也还会再说。小伙子们会学他的步态。姑娘们会穿起白裙，悼念他的卷发。他会被谴责，被崇敬。他不羁的行为会被指责或被浪漫化。最后，真相将在他的作品中——在艺术家有形的身体里——被发现。它不会消散。人类无法评判它。因为艺术是赞美上帝的，并终将属于上帝。

# 前　言

　　他去世的时候我还在睡着。之前我往医院打去电话，想再道一个晚安，他却已在重重吗啡的作用下失去了意识。我在电话里听着他吃力的呼吸，站在桌边，拿着听筒，我知道我将再也听不到他的声音了。我默默地收拾起自己的东西，我的笔记本和钢笔。那个深蓝色的墨水瓶原本是他的。我的波斯杯，我的"紫心"，一副乳牙牙托。我慢慢地走上楼梯，边上边数，一级，一级，有十四级。我给婴儿床里的女儿盖上毯子，亲了亲熟睡的儿子，然后在我丈夫身边躺了下来，祈祷。他还活着，我记得自己这样低语着。然后便睡去了。

　　我醒得很早，下楼梯的时候我知道他已经死了。一切都还是老样子，我捻小了昨晚没关的电视机音量。屏幕上的托斯卡[1]吸引了我，她的表演带着力量和悲伤，还有对画家卡瓦拉多西的激情。那是个春寒料峭的三月清晨，我穿上了毛衣。

　　我升起百叶窗，阳光照进了书房。我抚平椅子上铺的厚亚麻布，选了一本奥迪隆·雷东的画册。翻开那幅《闭合的双眼》，一个女人的头部漂浮在一小片海蓝之上，苍白的眼睑下，蕴含着尚未显现的宇宙万象。电话响，我起身去接。

是罗伯特最小的弟弟爱德华打来的。他告诉我，就像他答应过的，他已经替我给了罗伯特最后的一吻。我一动不动地站了一会儿，然后就像在做梦一样，慢慢地坐回到椅子上。那一刻，托斯卡开始了那段精彩的咏叹调《为艺术，为爱情》。为艺术而生，为爱而活。我闭上眼睛，十指相扣。上帝了解我想怎样道这个别。

注释

1　托斯卡，普契尼的三幕歌剧《托斯卡》中的女主角。（本书注释均为译注）

星期一的孩子

在我很小的时候，母亲带着我到洪堡公园沿着草原河散步。一间老船屋、一个圆顶棚、一座石拱桥，记忆很模糊，就像玻璃盘子上的印痕。河在峡谷处流入一片宽阔的淡水湖，我看到了水面上的一个奇迹，一条弯弯的长脖子从一团白羽毛中升了起来。

天鹅，母亲察觉到了我的兴奋，说道。那天鹅轻拂明亮的水面，扇着一对大翅膀，飞向了天空。

不过词语本身难以表明它的壮美，也不能表达它所产生的情感。此情此景使我萌发了一种难以言状的强烈欲望，一种就天鹅说点什么的渴望：说一说它的洁白，它动作的爆发性，以及它悠然的振翅。

天鹅与天空融为了一体。我还在奋力寻找词汇形容我对它的感觉。天鹅，我不尽满意地重复着，突然感到一阵刺痛，一种好奇的渴望，那是路人、母亲、树林或者云朵都觉察不到的。

★

　　我出生在一个星期一，在 1946 年芝加哥北部遭遇大暴雪期间。我来得太快了，不比那些降生在新年夜的婴儿，出院时还能带走一台新冰箱。[1] 出租车在风雪的漩涡中沿着密歇根湖岸爬行，任凭母亲努力地忍耐，蠢蠢欲动的我还是让她陷入了剧烈的阵痛。听父亲说，我生下来就是个又瘦又长、有支气管肺炎的孩子，为了不让我死掉，他一直把我捧在冒着热气的洗衣盆上取暖。

　　妹妹琳达随后在 1948 年的另一场暴风雪中降生了。这必然迫使我迅速地成长。在妈妈熨衣服的时候，我坐在我们出租房的门廊里，等待送冰人和最后一队四轮马车。送冰人拿给我用棕色纸包着的碎冰片，我会把其中一份塞进兜里留给妹妹，而当我事后去拿的时候，却发现它已经不见了。

　　母亲怀上弟弟托德的时候，我们搬离了洛根广场拥挤的住处，移居到宾夕法尼亚州的日耳曼敦。后来的几年，我们都住在为军人和军属搭设的临时房屋里——从那些刷了白灰的营房，能俯瞰到一片开着野花的弃耕地。我们管那块地叫"补丁"，夏天的时候，大人们会坐在那里聊天、抽烟，还会传饮装在罐子里的蒲公英酒；我们小孩自己玩。母亲教我们玩"雕像"、"红衣流浪者"和"西蒙说"，那也是她小时候玩的游戏。我们用雏菊花做成项链和皇冠装扮自己。到了晚上，就用广口玻璃瓶收集萤火虫，挤出它们发光的部位做成戒指戴在手上。

母亲教我祈祷，她教给我的祈祷文也是她妈妈教给她的。"现在我躺下睡觉，请主守护我的灵魂。"黄昏，我跪在我的小床前，烟不离手的她站在旁边，听我跟着她背诵。我最盼望的就是念祈祷文了，尽管那些话让我困惑，而她也被我的各种问题纠缠着。灵魂是什么呀？是什么颜色的？我曾经怀疑，我的灵魂会恶作剧地在我做梦的时候偷偷溜走，不回来了。我努力不让自己睡着，好让它老实地待在我这儿。

或许是为了满足我的好奇心，母亲把我送进了主日学校。我们死记硬背地学习《圣经》和耶稣的话，然后站成一排，得到每人满满一勺蜂巢蜜的奖赏。好多咳嗽的孩子也都去含那罐子里唯一的勺，我本能地厌恶那把勺，不过我迅速地接受了"上帝"的概念。我喜欢想象有个高于我们的存在，想象它不停地动着，就像一片液态的星辰。

很快我便不满足于小孩念的祈祷文，请求母亲让我自己创作了。令我欣慰的是能不必再重复那句"如果我在醒来之前死去，请主带我的灵魂同行"，而是说上一些心里话。获得了这样的解放，我会躺在我煤炉边的床上，兴致勃勃地对上帝悄声说上很多话。我睡得不多，我那无穷无尽的誓言、憧憬和计划，想必也把他烦坏了。随着时间的推移，我开始体验另外一种祈祷文，一种安静的、更需去倾听而非倾诉的祈祷文。

我那股言辞的小小湍流，消散在一种不断扩展和渐渐模糊的复杂感觉之中。那是我走进想象力之光的入口。在得流感、麻疹、水痘和腮腺炎而发烧的时候，这个过程尤其被放大。我把那些病得了个遍，每病一次，我的认识就荣幸地又上一个台阶。内心深处，一朵雪花样的东西在空中旋转，在穿过我眼睑的刹那变得愈发强烈，我抓住了一份最珍贵的纪念品，一枚从天堂的万花筒中坠落的碎片。

我对书的爱渐渐赶上了对祈祷文的爱。我会坐在母亲脚边，看她喝着咖啡、抽着烟、读着摊在膝头的书。她的全神贯注引起了我的好奇。尽管那会儿连幼儿园都还没上，我却已经爱看书了，喜欢抚摸那些书页，掀起蒙在卷首插图上的薄纸。我想知道书里面都有些什么，能如此深深地吸引她。我把她那本深红色封皮的福克斯[2]的《殉道者书》藏在了我的枕头底下，希望能理解它的含义。后来母亲发现了，她让我坐下，开始了教我读书的辛苦历程。在莫大的努力下，我们从"鹅妈妈"读到了苏斯博士。等我不再需要她教读了，母亲便让我坐在又软又厚的沙发上和她一起朗读，她读《渔夫的鞋子》，我呢，读《红舞鞋》。

我一下子被书迷住了。我渴望把书读个遍，而我读到的东西又使我产生了新的渴望。或许我可以去非洲给艾伯特·史怀哲打下手；或许可以戴上我的浣熊皮帽拿着牛角火药筒，像戴维·克洛科特[3]那样保卫人民；我也可以去登喜马拉雅山，住在山洞里转经筒，让地球不要停转。但表现自我才是我最强烈的渴望，弟弟妹妹于是成了我想象力成果的第一批热忱同谋，他们聚精会神地听我讲故事，乐颠颠地在我的游戏里扮演角色，还在我的战役中英勇作战。有他们在我身边，一切似乎皆有可能。

春天的那几个月我总是生病，我被责令躺在床上，不得已听着窗外小伙伴们的嬉戏。夏天，小一点的孩子会来我床边报告，大兵压境，我方保住了多少原野。因为我的缺席，我方在一场战斗中损失惨重，我疲惫的部队集合到我床前，我会读一段对这些娃娃兵而言就像《圣经》一样的书——罗伯特·路易斯·史蒂文森写的《一个孩子的诗园》，为他们祝福。

冬天，我们堆起雪堡，我当将军，指挥战役、制作地图并拟定进攻和撤退战略。我们打响了爱尔兰祖辈之战，橙军对绿军[4]。我方穿橙色，但对它的含义一无所知，那对我们来说只是颜色罢了。心不在焉的时候，我会拟一份停战协议，然后去看望我的朋友史蒂芬妮。她那时正从一场我搞不大懂的重病中恢复着，是血癌的一种吧。她比我大，我八岁那会儿她大概有十二了。我没有多少话可跟她说，可能也给不了她多大安慰，可我的出现却似乎令她高兴。我相信自己接近她的真正原因并非出于好心，而是她宝贝的魅力。她姐姐会挂起我的湿衣服，用托盘为我们端上巧克力牛奶和全麦饼干。史蒂芬妮会靠在枕头堆上，而我，会讲一些离奇的故事，看她的漫画书。

我对她的漫画收藏大为赞叹，那一大堆书都是她长年卧病在床积攒起来的，《超人》、《小露露》、《经典漫画》系列和《神秘屋》，一期都不缺。她那个旧雪茄匣里装着所有1953年的幸运徽章：赌轮盘、打字机、溜冰者、红色美孚飞马、埃菲尔铁塔、芭蕾舞鞋，还有全套四十八个州形状的徽章。这些我都玩不够，赶上她有两个的，还会送一个给我。

我床边的地板下有一处秘密隔层。那里埋藏着我的宝藏：弹球游戏的战利品、收藏卡，还有我从天主教堂垃圾桶里挽救回来的宗教手工艺品——旧圣卡、破旧的肩衣、手脚有缺的石膏圣徒。我把从史蒂芬妮那得来的战利品也放了进去。某种天性告诉我，不该从一个病姑娘那要礼物，但我还是拿了，并且藏了起来，有点惭愧。

我答应过情人节那天去看她，但我失约了。作为将军，领导由弟弟妹妹和附近男孩组成的部队可是很劳神的，况且还要穿越三英尺厚的积雪。那年的冬天很不好过。第二天下午，我丢下我的岗位去找她喝巧克力牛奶。她非常安静，恳请我留下来，然后就进入了梦乡。

我翻看了她的珠宝盒。那是个粉色的盒子，一打开就会有一个芭蕾舞者跃然眼前，就像一位小糖果仙子。一枚溜冰者的别针把我深深地吸引了，我让它偷偷地溜进了我的连指手套。我一动不动地在她身边坐了很久，在她还睡着的时候悄悄地走了。我把那枚别针埋进了我的宝藏。那一晚我睡睡、醒醒，对自己的所作所为懊悔不已。到了早上，我已经难受得没法上学了，我带着深重的罪恶感卧床不起。我起誓要把别针还给她，并求得她的原谅。

第二天是我妹妹琳达的生日，但没有派对给她开。史蒂芬妮的病情恶化了，我父母都去医院献了血。他们回来的时候，父亲在流泪，母亲跪到我身边，告诉了我史蒂芬妮的死讯。摸过我的脑门之后，她的悲痛迅速转成了担忧，我发烧了。

我们住的公寓被隔离了。我得了猩红热。在五〇年代猩红热比现在可怕，因为它往往会发展为致命型的风湿热。我家的门被漆成了黄色。卧病在床的我没能去参加史蒂芬妮的葬礼，她母亲给我带来了她成堆的漫画书和那一雪茄匣的徽章。现在我什么都有了，拥有了她所有的宝贝，可我却病得连看上一眼的力气都没了。也就在那个时候，我体味到了恶之重，即使是偷了一枚溜冰者别针这样的小恶。我思考着这样的现实：无论我想成为怎样的好人，都不可能圆满实现了，我也永远无法得到史蒂芬妮的原谅了。但随着我夜复一夜地躺在床上，我忽然想到，也许可以通过向她祈祷来跟她说说话，或者至少请求上帝代表我去求求情。

罗伯特迷上了这个故事，偶尔遇到寒冷、倦怠的星期天，他还会求我讲上一遍。"给我讲讲史蒂芬妮的故事。"他会这样说。在我们赖床的那些漫长的上午，我会不厌其详地讲起我童年的故事，讲起它的悲伤和神奇，我们也努力地假装感觉不到饥饿。而每一次，当我讲到我打开了那个珠宝盒，他都会喊："帕蒂，不要啊……"

我们总爱笑话小时候的自己，笑我是一个努力学好的坏丫头，而他是一个努力学坏的好小子。多年之后，这些角色会颠倒，然后再颠倒，直到我们开始接受自己的双重性，我们就这样接纳了大相径庭的信条，接纳了自身的光明与阴暗。

我是爱做白日梦的小孩。我早熟的阅读能力，以及无法将之用于任何实际事情上的无能，让我的老师们伤透了脑筋。他们一个接一个地在评语上说我整日幻想、心不在焉。心到底去哪儿了我也说不上来，不过它总是让我在众目睽睽之下戴着圆锥形纸帽，坐在角落里的高脚凳上。

后来，我还会把这些滑稽的屈辱时刻为罗伯特细致地画下来。他以此为乐，他似乎欣赏一切令我不合群或被别人排挤的才能。通过这种视觉对话，我青春的记忆也变成了他的。

★

我们被逐出了"补丁"，不得不打包在新泽西州南部开始一段新的生活，这让我闷闷不乐。母亲生下了她的第四个孩子金柏莉，我们全家协力抚养这个多病而阳光的小姑娘。周围的沼泽地、桃园、养猪场，都让我感到孤独和格格不入。我沉浸在书籍里，构思着一本只编到西蒙·玻利瓦尔[5]这一词条的百科全书。父亲带我走进了科幻小说的天地，我们一度研究过 UFO 在本地广场舞厅上空的活动情况，他也不断质疑着人类的起源。

刚满十一岁的时候，我最开心的事就是带着狗儿到偏远的树林里散步。红土地上遍布着天南星、朽木和臭菘。我会找块好地方享受孤独，把脑袋靠在一截由满是蝌蚪的小溪冲下来的原木上休息。

弟弟托德是个忠实的中尉，我们会匍匐爬向采石场边的土灰色田地。我尽职的妹妹在原地驻扎，等着为我们包扎伤口，并用父亲的军用水壶供给我们急需的水。

一天，我在毒辣的日头下一瘸一拐地回到家，不想迎头挨了母亲一顿训。

"帕特里夏，把衬衫穿上！"她斥责着。

"太热啦，"我抱怨，"大家不是都没穿嘛。"

"不管热不热，你都到了得穿衬衫的年纪。你眼看就要变成大姑娘了。"我强烈地抗议，宣布说除了自己我永远不会变成任何人，说我是彼得·潘一族的，我们不会长大。

这场争执以母亲的胜利告终，我穿起了衬衫，但在那一刻我所感到的背叛无以复加。我懊恼地看着母亲履行她的女性职责，注意到她丰满的女性躯体。这一切似乎都有悖于我的天性。那浓重的香水味和两抹红唇，在五〇年代都显得太过，令我生厌。我一度对她愤愤不平，因为她既是信使也是坏消息。为了还她以颜色，加之有狗儿陪伴，我于是梦想去旅行。跑得远远的，参加外籍军团，级级晋升，然后带着我的兵到沙漠拉练。

书给了我慰藉。说来也怪，是路易莎·梅·奥尔科特[6]让我对自己生为女人的宿命有了一份积极的心态。乔，《小

15

妇人》里马奇家四姐妹中的假小子，以写作养家，在南北战争期间艰难维生。她用桀骜不驯的潦草笔迹，填满了一页又一页的纸面，然后在当地报纸的文学副刊上发行。她给了我树立新目标的勇气，没过多久我就在精心编写短篇，乐此不疲地给弟弟妹妹讲夸张的轶事了。从那时起，我便怀揣了有朝一日写一本书的愿望。

第二年，父亲带我们到费城的艺术博物馆进行了一次难得的远足。我父母工作非常辛苦，带四个孩子坐巴士去费城，也是件又累又贵的事。这是我家唯一一次集体远足，标志着我与艺术的第一次面对面接触。我对修长、慵懒的莫迪里阿尼[7]有一种身体上的认同感；被萨金特[8]和托马斯·伊肯斯[9]优雅的静物写生所触动；为印象派作品散发的光芒而倾倒。在一个毕加索的主题大厅里，从他的"丑角"系列到立体主义，无一不给我最深刻的影响。他那蛮横的自信令我叹绝。

我父亲欣赏萨尔瓦多·达利的绘画技艺和象征手法，但对毕加索毫无感觉，这导致了我们之间的首次重大分歧。母亲则忙于捉拿我的弟弟妹妹，他们正在光滑的大理石地面上打出溜。我敢肯定，当我们排成一队走下那一大段楼梯时，我看上去与平时毫无二致——一个没精打采的十二岁的无知孩子。但暗暗地，我知道自己已经被改变了，是这样的启示改变了我：人类创造了艺术，做一名艺术家就是要去探索别人所不能。

诚然我很渴望成为艺术家，却无法证明我有那个潜质。

我想象自己感受到了那种召唤，并祈祷真能如此。但一天晚上，在看珍妮弗·琼斯演的《圣女之歌》的时候，我猛地意识到这个年轻的圣女并没有要求得到召唤。卑微的乡下姑娘伯纳黛特被选中时，渴望神圣性的却是那位女修道院院长。这让我不安。我怀疑自己是否真感受到了成为艺术家的召唤。我倒不怕天降大任会让我吃苦，而是更怕上天不搭理我。

我的个头一下子蹿了好几英寸。我有将近五英尺八英寸了，却不过一百磅而已 [10]。到了十四岁时，我已不再是一支忠诚小部队的指挥官，而是成了一个皮包骨的失败者，一个栖息在高中社群最下层，备受奚落的对象。我沉浸在书籍和摇滚乐里，那是 1961 年的青春期的救赎。父母晚上要上班，做完家务活和家庭作业之后，我和托德、琳达便会随着詹姆斯·布朗 [11]、"雪瑞尔合唱团" [12] 和 "汉克·巴拉德与午夜人" [13] 的音乐跳舞。可以谦虚地说，我们在舞池里的表现和在战场上一样出色。

我画画，跳舞，还写诗。我没有什么天赋，但富于想象力，老师们也鼓励我。我在当地 Sherwin-Williams 涂料店主办的一个绘画比赛中获胜，作品被陈列在商店橱窗里，还得到了够买一个木质画箱和一套油画颜料的奖金。我会去图书馆和教堂集市上扫荡画册。那个时候，尚且能以半买半送的价格淘到漂亮的画册，于是我快乐地徜徉在莫迪里阿尼、杜布菲 [14]、毕加索、弗拉·安吉利科 [15] 和阿尔伯特·赖德 [16] 的世界里。

母亲送我《迭哥·里维拉[17]的精彩人生》作为十六岁的生日礼物。他的壁画、他的游历与苦难，以及他的爱与劳作，都使我仿佛身临其境。那年夏天，我在一家无工会工厂找了一份检验三轮车把手的工作。工作环境恶劣至极，我一边做着计件工，一边遁入我的白日梦。我渴望加入艺术家的群体，渴望他们的那种饥渴、他们的穿衣打扮、他们的创作还有祈祷文。我吹嘘，说自己有朝一日会当一个艺术家的情妇。在我稚嫩的心灵里，似乎没有比这更浪漫的了。我把自己想象成迭哥的弗里达[18]，她既是缪斯也是创作者。我梦想着遇到一个能让我去爱、去支持、去并肩创作的艺术家。

❖❖❖

罗伯特·迈克尔·梅普尔索普出生于1946年11月4日，星期一。他在长岛的弗洛勒尔帕克长大，是家中六个孩子里的老三，他曾经是个调皮捣蛋的小子，无忧无虑的朝气中，微妙地夹杂着一份对美的痴迷。他年轻的眼眸贮藏起每一道光：珠宝的闪烁、圣坛的华贵坛布、金色的萨克斯风，抑或一片蓝色星野。他生性细致、谦和而腼腆。甚至在很小的时候，他就抑制了一份骚动和对骚动的渴望。

光芒透过他那双孩子的手，照在他的填色本上。填色让他兴奋，不为那涂满空间的快感，而为选择那些别人不会去选的颜色。他于群山的葱绿间看到红色，紫色的雪，

18

绿色的皮肤，银色的太阳。他喜欢这样影响别人，他的兄弟姐妹都被他搞晕了。他发现自己有画速写的天赋。他天生就是画画的料，他偷偷地把自己的形象扭曲和抽象化，感受着自身能量的增长。他从小就是艺术家，他自己也知道。这可不是什么幼稚的信念。他只是认清了自己的角色。

那光芒照在罗伯特钟爱的首饰制作工具套装上，照在装着瓷釉的瓶瓶罐罐和小刷子上。他的手真巧。他很高兴自己有能耐为母亲拼接和装饰胸针，他也不在意这本应是一种女孩的嗜好，饰品制作工具套装可是送给女孩的传统圣诞节礼物。他的运动健将哥哥，会在他串饰品的时候暗中嘲笑他，而他烟不离手的母亲琼，则赞赏地看着儿子坐在桌边，恭敬地为她串着又一条印度细珠项链。这是一个预示，预示着他之后将会自己戴上这些项链，摆脱他的父亲，在 LSD 药劲醒来之后，将他的天主教、商业道路和从军的选项抛诸脑后，承诺只为艺术而活。

做出如此决断，对罗伯特来说实属不易。尽管他也渴望能使父母满意，体内却有种不可否认的东西。罗伯特很少讲起他的童年或者家庭，他总是说自己有一段不坏的成长经历，说他的日子过得安全又衣食无忧，但他总是抑制着他的真情实感，模仿着他父亲的坚忍性格。

母亲盼望他能成为神职人员。他喜欢当辅祭，不过他更多是享受于能涉足那些神秘领域：圣器室、禁室、圣袍和仪式。他和教堂之间的关系并非出于宗教或虔诚，而是基于美学。正邪较量的战栗感吸引着他，大概因为那是他

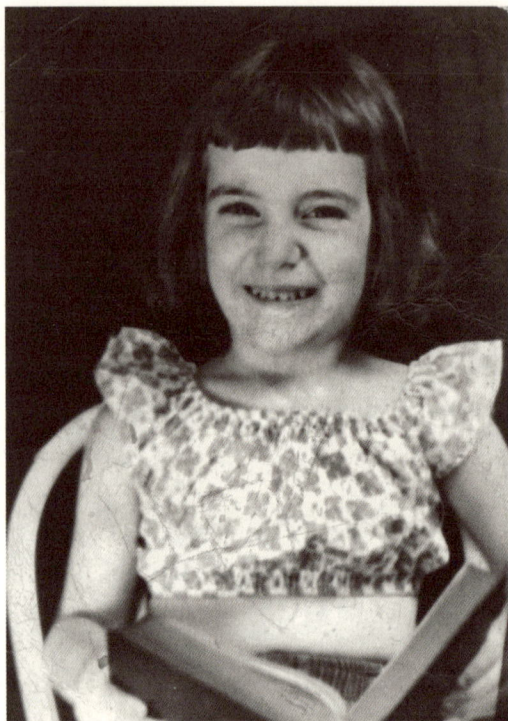

主日学校，费城

第一次圣餐礼，弗洛勒尔帕克，长岛

内心冲突的写照，也揭示了一条或许他仍需穿越的边线。然而，在他的第一次圣餐仪式上，他骄傲地完成了那份神圣的工作，陶醉于成为众人目光的焦点。他系着巨大的波德莱尔式领巾，戴着与挑衅者阿蒂尔·兰波一样的臂章。

在他父母的家里，看不到一点文艺情思或波希米亚式的凌乱。杂志在架子上，首饰在匣子里，屋里干净整洁，简直就是战后中产阶级审美的模范体现。他的父亲哈利想必是个严厉而武断的人，罗伯特也从父亲身上遗传了这些特质，还有他那双强壮、灵敏的巧手。母亲则给了他条理性和狡黠的笑容，使他看起来总像怀揣着秘密。

走廊墙上挂着好几幅罗伯特画的画。住在家里的时候，他都在尽力成为一个孝子，他甚至选择了父亲要他学的课程——商业美术。即使他对自我有了任何发现，也都会闷在心里。

罗伯特很爱听我讲小时候的冒险故事，可每当我问起他的，他总是没什么可说。他说他父母从来不多说话、读书或是分享亲密情感。他们没有全家共享的神话，也没有关于叛国罪、宝藏和雪堡的故事。那是一种安稳的生活，但不是童话。

"你就是我的家人。"他会这样说。

❮❮❯❯

我还是小姑娘的时候，麻烦就找上了我。

1966 年夏末，我和一个比我更少不更事的男孩睡了觉，而且马上怀了孕。我咨询了一个医生，他觉得我大惊小怪，并用一番关于什么女性周期的费解言论把我打发了。但几周过后，我知道我真的在怀小孩了。

我成长的那个时代，性与婚姻完全是混为一谈的。那时候也没有节育措施，我十九岁时对性还是一派天真。我们的结合如昙花一现，脆弱到我都不敢确定我们是否完整表达过彼此间的爱意。自然和她无所不在的力量将决定一切。讽刺的是，像我这样一个从来不想当女孩也不想长大的人，面对这场磨难时无所遁形。大自然轻松地教育了我。

那个男孩只有十七岁，也毫无经验，难以承担什么责任。我不得已要只身应付很多事情。那个感恩节的早晨，我坐在父母家洗衣房的折叠床上。我暑期在工厂打工、平时在葛拉斯堡罗州师范学院念书的那些年，都是睡在这里。我能听到爸爸妈妈在煮咖啡，弟弟妹妹坐在桌边嬉笑。我是孩子里的老大，是家中的骄傲，努力地在念大学。父亲担心我的魅力不足以找到老公，觉得教师职业能给我安全保障。要是我没能完成学业，对他将是沉重的打击。

我看着抚在肚子上的双手，在那儿坐了很久。我已经为那个男孩解脱了责任。这孩子就像一只在茧中挣扎的飞蛾，而我下不了那个狠心，阻止他笨拙地进入这个世界。我知道那个男孩无能为力，我也知道自己没办法照顾一个婴儿。我向一位乐善好施的教授寻求帮助，他为我找到了一对有教养的渴望要个孩子的夫妇。

我环视着我这一隅之地：一台洗衣加烘干机，一个巨大的柳条筐，待洗的亚麻衣物就快从筐里溢出来了，熨衣板上放着叠好的父亲的衬衫。一张小桌上摆着我画画的铅笔、速写本和《彩图集》。我坐在那儿，为面对父母做着准备，低声地祈祷着。有那么一瞬，我觉得自己离死不远了；转瞬间，我又知道一切都会没事的。

我无以夸大那份突如其来的平静，巨大的使命感遮蔽了我的恐惧。我把这归功于宝宝，想象是她在同情我的处境。我是完全属于自己的，我会尽我的义务，保持坚强和健康。我将永不回头。我不会再回到工厂或者师范学院，我会成为一个艺术家，我会证明我的价值，带着这个新决定，我站起身来，向厨房走去。


我被学院开除了，不过我不在乎。虽然我相信教师是一份令人羡慕的职业，但也知道我命里就不是干这个的。我继续住在我的洗衣间里。

大学的伙伴珍妮特·哈米尔鼓舞了我的士气。已经失去了母亲的她搬到了我家，和我分享着我的小宿舍。我俩都心怀崇高的梦想，还有一份对摇滚乐的共同热爱，在漫漫长夜里，严肃讨论"披头士"和"滚石"哪个更厉害。为了买《无数金发女郎》[19]，我们在 Sam Goody 唱片店一排队就是几个小时，为了找到唱片封面上迪伦戴的那种围巾，我们在费城进行了地毯式的搜寻。他骑摩托车出车祸后，我们还为他点起蜡烛。我们躺在高高的草丛里，珍妮特的那辆破车四门大敞地停在路边，从车上的收音机里传来《点燃我的火焰》[20]。我们把长裙剪成了范尼莎·雷德格雷夫在《放大》[21]里的那种迷你裙长短，在二手店里搜寻奥斯卡·王尔德和波德莱尔穿的那种厚长款大衣。

在我怀孕期间她始终是我的挚友，但随着妊娠的继续，我不得不另找庇护者了。评头品足的邻里们让我没法再待在家里，在他们眼里，我家人就像在窝藏罪犯。我找到了一个代理家庭，也姓史密斯，住在更往南的海边。那位画家和他的陶艺家妻子很宽容地接纳了我。他们有一个小儿子，养生饮食、古典音乐和艺术组成了他们秩序井然而温馨的家居生活。我很孤独，好在珍妮特会尽可能地多来看望。我有一小笔零花钱，每逢周日，我都会走很长一段路到一家寂寥的海滨咖啡屋去，要一杯咖啡和一个果酱甜甜圈，这两样东西在那个恪守健康饮食的家庭里都是禁品。我品味着这小小的放纵，往点唱机里丢两毛五分钱的硬币，一连三遍地听《草莓地》。这是我的私人仪式，在我动摇的时候，让约翰·列侬的声音和歌词赋予我力量。

复活节假期过后，父母来看望了我，我的阵痛也巧合地随着满月开始了。他们把我送进了卡姆登的医院。就因为我未婚，护士们非常冷酷、粗暴，把我晾在一张桌子上好几个小时后，才通知大夫我已经进入了阵痛期。她们嘲笑我的"垮掉的一代"打扮和不轨行为，叫我"吸血鬼的女儿"，还威胁说要剪掉我黑黑的长发。医生赶过来的时候已经怒不可遏了，我听到他冲护士们嚷嚷，说我这是要臀位生产了，绝不该把我独自晾在这里。在我忍受着阵痛的时候，窗外的夜色中传来了一首男声无伴奏合唱，那是来自新泽西卡姆登街角的四部和声。随着麻药开始起效，医生关切的面容和护理人员的窃窃私语便成了我最后的记忆。

我的孩子就降生在格尔尼卡[22]轰炸的纪念日里。我记得我想起了那幅画，一位哭泣的母亲怀抱着她死去的孩子。虽然我不能把孩子抱在怀里，虽然我也哭泣，但我的孩子将会活下来，健康地活下来，将会得到悉心的呵护，我全心相信将会如此。

阵亡将士纪念日[23]那天，我坐公车到费城去看艺术博物馆旁的圣女贞德雕像。第一次去是和家人一起，当时我还是个小丫头，那会儿她也还不在那儿。她跨在马上的样子是那么美，将旗帜高高举向太阳。在鲁昂，这个未成年少女把她受禁的国王带回了王座，却因遭背叛而在那一天被烧死在火刑柱上。我从书中认识的小贞德和我那永远没机会相识的孩子，我向她们两个发誓，我要干出点自己的名堂，然后我调头往家走，去卡姆登的信誉商店买了一件灰色的长雨衣。

◀◆▶

就在同一天，在布鲁克林，罗伯特用了LSD。他收拾好工作区，把他的画板和铅笔摆在一张矮桌上，在桌边放了一个坐垫。他在桌上铺了一张崭新的黏土涂层纸。他知道药力一到高潮他可能就画不了了，但仍要把画具放在手边备用。他也尝试过在用药后创作，却将他拉向了负空间，那是他通常会靠自制力回避的区域。他所见到的美常常是骗局，其结果往往具有攻击性、令人不快。他没好好想过这样做有什么意义，只是这样做着。

一开始 LSD 似乎很温柔，他还颇为失望了一下，随后他加大了剂量。他已经历过了期盼和焦虑的阶段，他喜欢那种感觉，他发现战栗和恐惧正在心中绽放。他做辅祭的时候也经历过那种感觉，彼时他穿着小圣袍站在天鹅绒帷幔前，举着列队行进十字架，准备向前走。

他忽然感觉什么事也不会发生。

他扶正了壁炉台上方的一个镀金镜框。他看到血液正在手腕交叉的静脉里奔流，看到衬衫袖口明亮的边沿，看到平面上的空间，女海妖和狗以及他们脉搏中的城墙。他猛然意识到自己正在紧紧地咬牙。他注意到自己的呼吸，如同一个正在坍塌的神。一种可怕的清醒袭来，一种定格的力量令他跪倒在地。一连串的往事像太妃糖一样被拉长——军校学员们谴责的面容、满溢着圣水的茅坑、同学像漠然的狗一样走过、父亲的反对、被预备役军官训练营开除，还有他母亲的眼泪，和他的孤独一起渗出，他的世界末日。

他尝试起身，双腿却毫无反应。他设法站起来，搓着他的腿，他手上的静脉鼓得异乎寻常。他脱下那件浸透了光和潮气的衬衫，褪去了外壳的囚笼。

他低头看到小桌上的那张画纸，尽管还一笔未动，他已然能看到那幅画了。他再次蹲下，在下午最后的一缕光线中自信地画着。他完成了两幅素描，细长的线条模糊而不规则。他把自己看到的话写在纸上，感受着它的严重性：宇宙的毁灭。1967 年 5 月 30 日。

不错，他想着，多少还是有些沮丧。因为这里没有人能见他之所见，也没有人能理解。这种感觉他已经习惯，这种感觉将伴随他一生，但在过去他曾努力地弥补，就好像这是他的过错一样。他用一种可爱的性格来补偿，从他的父亲、他的老师和他的同辈人那里寻求认同。

他不确定自己到底算好人还是坏人。无论他是否无私，无论他是否邪恶。不过有一件事他很确定——他是一个艺术家。对于这一点，他绝不会有任何歉意。他靠在墙边，抽着烟，感到自己正被清晰的思维包围着，在微微地颤抖，但他知道这不过是生理反应。另有一种说不出的感觉正在酝酿中。他觉得能控制一切。他再也不会成为奴隶了。

夜幕降临，他发觉自己渴了，迫切需要来上一杯巧克力奶。有一个地方肯定是开着门的。他伸手摸了摸零钱，转过街角，在夜色中咧嘴笑着，朝默特尔大道走去。

★

1967 年春，我评估了自己的人生。我已经把一个孩子健康地带到了世上，让她生活在一个有教养的温馨家庭的庇护之下。我已经从师范学院辍了学，继续走下去所需的自制力、生活重心和钱，我哪一样也没有。我在费城的一家课本工厂里，干着一份法定最低工资的临时工。

我的当务之急就是考虑接下来要去哪儿，和到了那儿之后要干什么。我坚守着成为艺术家的希望，不过我也知道自己绝对上不起艺术学院，而且必须先讨生计。没有什么能让我留在家里，我既看不到希望，也没有群体归属感。父母为我们营造的成长环境充满了虔诚的对话、怜悯和民权，可南泽西的乡村却普遍不待见艺术家。我的几个朋友已经搬到纽约写诗、学艺术去了，这让我倍感孤独。

我在阿蒂尔·兰波的诗中找到了慰藉，我邂逅他，还是十六岁时在费城一个公车站对面的书摊上。在《彩图集》的封面上，我与他高傲的目光相遇。他那种不恭的才情点燃了我，我就像对待一位同胞、亲戚，甚至是秘密情人那样地接纳了他。我连九十九美分也掏不出来，直接把书揣走了。

兰波掌握着一串神秘语言的钥匙，那种语言我无法完全破译，却读得如饥似渴。我对他的单恋，像我经历过的所有事情一样真实。在工厂里，我跟一群残酷又现实的文盲女性一起工作，因为他而不断受到骚扰。就因为读着一本外文书，我被怀疑为共产党员。她们在厕所里威胁我，逼我贬斥他。我就在这样一种环境里强压着怒火，我写作和做梦都是为了他，他成了我的大天使，带我远离工厂生活的单调和恐怖。他用双手凿刻了一部令我持守的天国指南，对他的了解使我的步伐增添了一分神气，这也是不可能被剥夺的。我把我抄写的《彩图集》扔进一只格子呢旅行箱，我们要一起逃走了。

我有我的打算，我要去找在布鲁克林普拉特艺术学院念书的朋友们。我认定只要置身于他们的环境，我就能从他们身上学习。六月底，我从课本工厂下岗了，我把这看作一个出发的信号。在南泽西就业很难，我在哥伦比亚唱片公司设在皮特曼的印刷厂和卡姆登的金宝汤公司的求职名单上都挂了号，但这两份工作，想起哪一个来都令我作呕。我的钱还够买一张单程车票的，我打算把城里的书店都逛遍，这对我来说似乎才是理想的工作。做过女招待的母亲，给了我一双白色平底鞋和一身简单包裹着的新工作服。

"你永远也当不成女招待，"她说，"不过无论如何我会支持你。"这就是她表示支持的方式。


那是七月三日，星期一的早晨。我策划了一场泪眼婆娑的道别，徒步走到伍德伯里，搭百老汇巴士前往费城。我途经深爱的卡姆登，向一度繁荣、如今却显得悲情的沃尔特·惠特曼酒店恭敬地点点头。遗弃这座挣扎中的城市，让我感到一阵剧痛，但那里确实没有我的饭吃。他们正在关闭大造船厂，很快大家就都要重新找工作了。

我从市场街出发，到 Nedick's 快餐店稍作停留。我向点唱机里丢了两毛五分的硬币，点了尼娜·西蒙[24]的双面唱片，又要了告别的甜甜圈和咖啡。我走过菲尔贝特街，到了这些年里始终萦绕脑际的那个书摊对面的巴士总站。我在以前偷过兰波诗集的地方停了下来，那个位置上换成了一本破旧不堪的《左岸之恋》[25]，里面是颗粒感的五○年代末巴黎夜生活的黑白摄影。那美丽的瓦莉·迈尔斯[26]，她野性的头发和化了烟熏妆的眼睛，她在拉丁居民区跳舞的样子，都深深地打动了我。我没有偷走那本画册，而是把她的样子印在了心里。

自我上次出行后，到纽约的车票价格几乎翻了倍，这对我的打击实在不小，我买不起车票了。我钻进一个电话亭去思考，这是一个真人版的克拉尔·肯特[27]时刻。我曾考虑过给妹妹打电话，我也知道如果就这么回家很丢人，然而就在电话机下面的隔板上，在那本厚厚的黄页上，躺着一只白色的女式手包，里面有一个盒式项链吊坠和三十二美元，几乎赶上我之前一个礼拜的工资了。

我明知这样不对却还是拿走了那些钱，但我把手包留在了售票处，希望它的主人至少能找回项链吊坠。吊坠里并没有任何主人身份的信息，如同这些年来我多次在心里所做的，我只能向这位不知名的施主道谢。是她给了我这最后的一点鼓舞，一个贼的幸运符。就像有命运之手在推着我前进，我接受了来自那只白色小包的资助。

二十岁的我登上了巴士。我穿着工装裤、黑色高领衫和在卡姆登买的那件灰色旧雨衣。红黄相间的格子呢小旅行箱里，装着一些绘图铅笔、一个笔记本、《彩图集》、几件衣服和一些弟弟妹妹的照片。我这人迷信，今天是星期一，我出生在星期一。今天是去纽约城的好日子。没有人期待我的到来，一切又都在期待我。

我毫不耽搁地坐上了从港务局到杰伊街和区公所的地铁，然后到了霍伊特—舍默霍恩站和德卡伯大道。这是个晴朗的下午，我希望朋友们能收留我，直到我找到自己的地方。我找到地址上的那幢褐色砂石公寓楼，可他们已经搬走了。新房客很客气，他朝楼尾部的一个房间指了指，说他的室友或许知道他们的新住址。

我走进那个房间。在一张样式简单的铁床上，有个男孩正在睡觉。他又白又瘦，一头深色的乱发，光着膀子，脖子上戴着几串珠子。我站在那里。他睁开了眼睛，冲我微笑。

听说了我的困难后，他一下坐了起来，穿上他的条带凉拖鞋和白色 T 恤，示意我跟他走。

我看着走在前头的他，步态轻盈地领着路，腿稍有点罗圈。我注意到他的手，他用手指轻敲着大腿。像他这样的人我可从没见过。他把我带到了克林顿大道上的另一幢褐色砂石楼前，微笑着，向我行了一个小小的告别礼，然后转身离去。

一天慢慢过去。我等待着我的朋友，他们没有回来。那一晚，无处可去的我就睡在了他们的红色门廊里。再醒来时，已经是独立日[28]了，我的第一次离家远行就这样相伴以熟悉的游行、退伍老兵野餐和焰火表演。我闻到了空气中的那种躁动不安。成群的孩子扔着鞭炮，在我脚边炸响。接下来的几周，我都将像这天一样度过，寻找同类、栖身之所，以及那最紧迫的一份工作。想找到一个富于同情心的学生，夏天似乎不是时候。没有哪个人愿意向我伸出援手。人人都在奋斗，而我，这只乡下老鼠，只是一个尴尬的存在。我最终回到了城区，睡在中央公园里离"疯帽子"雕塑不远的地方。

在第五大道沿途的商店和书店里，我都留下了求职信息。我常会在一家大酒店跟前驻足，像一个外国观察员，旁观着特权阶层的普鲁斯特式生活，看阔气的黑色轿车开进开出，后座上还有棕金相间的精美花纹。这是生活的另一面。巴黎剧院和广场大酒店之间还有四轮马车可乘。我在被丢弃的报纸上查看当晚的娱乐信息，在大都会歌剧院对面看着人群入场，感受着他们的期盼。纽约是一个真正的城市，狡猾而性感。我被一小群两颊绯红的年轻水手轻轻推搡着，他们是去第四十二街找刺激的，那儿有成排的限制级影院、花里胡哨的女人、闪闪发光的纪念品商店和热狗摊。我在电影院大堂里徘徊，透过格兰特生鲜酒吧气派的窗户，端详着里面那些穿黑衣的男人敏捷地舀起一撮撮的生蚝。

摩天楼都很漂亮，看上去不只是公司的外壳。它们是傲慢而博爱的美国精神的纪念碑。每一段弧线都精神焕发，让人感受到它不断变化的历史。在工匠和建筑师的一砖一瓦下，旧世界与新世界比肩而立。

我花了几个小时从这个公园走到那个公园。在华盛顿广场，仍能感受到作家亨利·詹姆斯[29]和他笔下人物的气息。一迈进那座白色拱门，迎接你的就是手鼓和木吉他、抗议歌手、政治辩论、行动主义者的传单和被年轻人挑战的老棋手。这种开放的氛围是我不曾体验过的，一种无意勉强任何人的单纯的自由。

我又累又饿，带着仅有的那点家当流浪，像季节工人一样把东西裹在衣服里做成一个包袱，就差用棍子挑着走了——我把旅行箱存在了布鲁克林。这是个星期日，我给自己放了一天假，没去找工作。直到天亮，我已经把科尼岛[30]走了一个来回，一有机会就闭会儿眼。我在华盛顿广场站下了 F 列车，沿着第六大道走，在休斯敦街附近，我停下来看男孩们打篮球，也就是在那儿，我遇到了"圣徒"，我的指引者，一个黑皮肤的切罗基人[31]，一只脚站在街上、一只脚踏在银河里的人。他不期而至，就像一个流浪者有时会遇到另一个流浪者那样。

我迅速地注意到了他，里里外外，觉得他还不赖。尽管我一般不跟陌生人说话，和他倒挺自然就聊了起来。

"嘿，姐们儿，什么情况？"

"你是问在地球还是宇宙啊？"

他大笑着："行啊你！"

他仰头看天的时候，我打量着他。他的样子像吉米·亨德里克斯[32]，挺高，挺瘦，说起话来温文尔雅，就是穿得破了点。这个人不造成任何威胁，没有性暗示，不提生理层面，除了最基本的需求。

"你饿吗？"

"嗯。"

"那来吧。"

咖啡店一条街刚刚苏醒。他在麦克杜格尔街上的好几个地方停下来，向正准备开门营业的伙计打招呼，而我站在几英尺开外。"嘿，'圣徒'。"他们会这样叫他，然后他会顺嘴一问："有吃的给我吗？"

厨师们跟他很熟了，把吃的装在棕色纸袋里送给他。他以自己从中西部到金星的旅行轶事作为回报。我们走到公园里，找张长椅坐下，分享着他的收获：几条头天的面包，还有一棵生菜。他教我把生菜最外面的几层叶子剥掉，然后他把面包一掰两半。有的菜叶子还是脆的。

"生菜里有水分，"他说，"面包能解饿。"

我们把最好的菜叶摞在面包上，开心地吃了起来。

"好一顿监狱早餐啊。"我说。

"是啊，不过咱们可是自由的。"

这真是一语中的。他在草地上睡了一会儿，我只是安静地坐着，一点也不害怕。他醒了以后，我们四处寻觅，总算找到了一块没长草的地方。他用一根小棍画了一幅天体图，给我讲了人在宇宙中的位置，然后又讲了人体内的小宇宙。

"听明白了吗？"

"这是常识啦。"我说。

35

他笑了很久。

接下来的几天，我们都过着这种默契的日常生活。到了晚上我们就各奔东西。我会目送他溜达着走远。他经常光着脚走，把一双凉鞋搭在肩膀上。令我赞叹的是，怎么会有人，哪怕是在夏天，能有这样的勇气无声地在城市里赤足徜徉。

我们会各自寻找地方睡觉，也从来不说自己睡在哪儿。早上，我会在公园里找到他，我们四处去跑，像他所说的，"获得生命所需"。我们能吃到填馅面包和芹菜。第三天，我在公园的草地上发现了两枚嵌在土里的两毛五硬币。我们到韦弗利餐厅喝了咖啡，吃了抹果酱的烤面包片，还分享了一个鸡蛋。五毛钱在1967年还真值钱呢。

这天下午，他又花很长时间给我重述了一遍关于人和宇宙的事情。尽管他看上去不如平时专注，却似乎很满足有我这样的一个学生。金星，他告诉我，远不止一颗星那么简单。"我在等着回家。"他说。

真是美好的一天，我们坐在草地上。我猜我是打了瞌睡，醒来的时候他已经不在。地上留着一截他在人行道上画画用的红色粉笔。我把它装进兜里，自己走了。第二天，我有一搭没一搭地等他回来，他再没有露面，而我继续前进所需的东西，他都已经给了我。

我没有难过，因为每当想到他，我都会微笑。我想象他跳上了一节货车车厢，驶向他所信仰的那个星球，以爱之女神来命名的星球。我不清楚他为什么在我身上花了那么多时间。我猜，是因为我俩都在七月天里穿着长大衣，出于《波希米亚人》[33]中的那种兄弟情谊吧。

★

为了找到工作，我变得更加不顾一切了，开始对精品店和百货公司进行新一轮的搜索。我很快明白，我的穿着不适合找这个路子的工作，就连专营古典舞服装的Capezio's都不要我，哪怕我举止文雅，看起来还是颇具"垮掉的一代"芭蕾范儿。我游说了第六十街和列克星敦大道，作为最后的一搏，还在亚历山大公司[34]留了求职申请，我也知道我不可能到那儿工作。然后我开始往市中心走，一门心思地想着出路。

七月二十一日，星期五，我始料不及地遭遇了一个时代的悲痛。约翰·柯川[35]，那个给过我们《至高无上的爱》的男人，离开了人世。大量的人流聚集到圣彼得大教堂想与他道别。几个小时过去了，在阿尔伯特·艾勒[36]那爱的哭喊中，人群黯然啜泣。死去的就像是一位圣者，他奉献给我们能够疗伤的音乐，自己却没能获得治愈。我和众多的陌生人一起，经历了痛失一个人的刻骨铭心，我并不真的认识他，却从他的音乐里得到了救赎。

后来我上了第二大道，那是弗兰克·奥哈拉[37]的领地。粉色的灯光洗刷着成排的板材建筑。那是纽约的灯光，是抽象表现主义艺术家们的灯光，我想弗兰克应该也爱过这

37

黄昏的颜色。如果他还活着，他可能已经为约翰·柯川写了挽诗，就像他曾为比莉·哈乐黛[38]写的那样。

我整晚都在圣马克广场找着、逛着。留长发的小伙子们穿着条纹喇叭裤和旧军品夹克，乱作一堆地喊着，左右的姑娘们套着扎染的衣服。满街散发的传单宣告着保罗·巴特菲尔德[39]和"乡下人乔和鱼"[40]的到来。"电动马戏团"[41]敞开的大门里钻出响亮而刺耳的《白兔》[42]。变幻莫测的药物、蘑菇和印度大麻的土腥味将空气变得浓稠。蜡烛燃烧着，大颗的蜡油溢到人行道上。

我不能说我适合这儿，但我感到安全。没有人注意到我，我来去自由。这里有一支漂泊的青年团体，他们在公园里睡临时帐篷，是涌入东村的新移民。我跟这些人非亲非故，而那种自由独立的氛围，使我得以徜徉其中。我有信心。在这座城市里，我感觉不到危险，也从没遭遇过危险。我身上没有什么可偷的，也不怕那些悄然潜行的男人。谁对我都没有兴趣，在七月初我游手好闲的几个星期里，这对我倒是挺有利的，白天我尽情探索，晚上逮哪睡哪。我睡过门房、地铁车厢甚至是墓地。我在都市的天空下或在陌生人的推搡中惊醒。该腾地方了，该腾地方了。

日子实在太难的时候，我会回到普拉特艺术学院去，偶尔撞见一个认识的人，我就能洗个澡，睡一宿。要不然，我就会睡在一个熟悉的人家旁边的门厅里。那可不怎么好玩，不过我有我的咒语："我是自由的，我是自由的。"即使几天过后，我的咒语变成了"我饿了，我饿了"，我也不着急，我只是需要休息一下，并不打算放弃。我拖着我的格子呢旅行箱，从这个门廊到下个门廊，努力地争取不被轰走。

这是柯川离开的夏天，是《水晶船》[43]的夏天。手无寸铁的花童举起了双臂，中国试爆了氢弹，吉米·亨德里克斯在蒙特雷烧了他的吉他，调幅电台播放了《比利·乔颂歌》，纽瓦克、密尔沃基和底特律都发生了暴乱。这是《埃尔薇拉·马迪根》[44]的夏天，爱的夏天。在这种辗转变幻的荒凉氛围里，一次偶然的遭遇改变了我的生命轨迹。

这是我遇到罗伯特·梅普尔索普的夏天。

注释

1  帕蒂·史密斯生于 1946 年 12 月 30 日。

2  约翰·福克斯（1517—1587），英国历史学家及殉教史学者。

3  戴维·克洛科特，美国 19 世纪民间英雄、西部拓荒者、军人及政治家。

4  橙色代表新教，绿色代表天主教。

5  西蒙·玻利瓦尔（1783—1830），拉丁美洲革命家和军事家，由于他的努力，委内瑞拉、秘鲁、哥伦比亚、厄瓜多尔、玻利维亚和巴拿马六个拉丁美洲国家从西班牙殖民统治中解放出来，获得了独立。

6  路易莎·梅·奥尔科特（1832—1888），19 世纪美国小说家，《小妇人》是其最著名的作品。

7  阿梅代奥·莫迪里阿尼（1884—1920），意大利表现主义画家及雕塑家。

8  约翰·辛格·萨金特（1856—1925），美国肖像画代表画家之一。

9  托马斯·伊肯斯（1844—1916），美国现实主义画家、摄影家、雕塑家及艺术教育家，被誉为美国绘画之父。

10　即173厘米，45公斤左右。

11　詹姆斯·布朗（1933—2006），美国歌手、歌曲作者、舞者及乐队领袖，有"灵魂乐教父"之称。

12　雪瑞尔合唱团，20世纪60年代初期的一支四人女声乐团，是"公告牌热曲100"（Billboard Hot 100）的第一个单曲冠军。

13　汉克·巴拉德与午夜人，20世纪50年代的一支节奏与布鲁斯乐队，由汉克·巴拉德领衔。

14　让·杜布菲（1901—1985），法国画家及雕塑家。

15　弗拉·安吉利科（1395—1455），意大利文艺复兴早期画家。

16　阿尔伯特·赖德（1847—1917），美国画家。

17　迭哥·里维拉（1886—1957），墨西哥画家、活跃的共产主义者。

18　弗里达·卡洛（1907—1954），墨西哥女画家。

19　《无数金发女郎》，鲍勃·迪伦的第七张录音室专辑。

20　《点燃我的火焰》，美国乐队"大门"的名曲之一。

21　《放大》，意大利电影大师安东尼奥尼（1912—2007）的第一部英语片。

22　格尔尼卡，西班牙小城，1937年4月26日遭德国空军轰炸。毕加索于同年创作了名画《格尔尼卡》。

23　阵亡将士纪念日，原为5月30日，1971年以后美国许多州将它改在5月的最后一个星期一，人们在这一天祭奠所有的战争死难者。

24　尼娜·西蒙（1933—2003），美国歌手、作曲家及钢琴家。

25　《左岸之恋》，荷兰摄影师及导演埃德·凡·德·埃尔斯肯（1925—1990）的摄影画册。

26　瓦莉·迈尔斯（1930—2003），澳大利亚艺术家。

27　克拉尔·肯特，超人在日常生活中的名字。

28　独立日，每年的7月4日，以纪念1776年7月4日大陆会议在费城正式通过《独立宣言》。

29　亨利·詹姆斯（1843—1916），美国作家，19世纪现实主义文学的重要人物。

30　科尼岛，位于纽约市布鲁克林区的半岛，是美国知名的休闲娱乐区。

31　切罗基人，北美印第安人中的一族。

32 吉米·亨德里克斯（1942—1970），美国吉他手、歌手及歌曲作者。

33 《波希米亚人》，普契尼歌剧，以巴黎拉丁区落魄艺术家放荡不羁的生活为背景。

34 亚历山大公司，一家不动产信托投资公司。

35 约翰·柯川（1926—1967），美国爵士萨克斯风演奏家、作曲家。

36 阿尔伯特·艾勒（1936—1970），美国先锋爵士萨克斯风演奏家、歌手及作曲家。

37 弗兰克·奥哈拉（1926—1966），美国纽约派重要诗人。

38 比莉·哈乐黛（1915—1959），美国爵士女歌手及歌曲作者。

39 保罗·巴特菲尔德（1942—1987），美国布鲁斯歌手及口琴演奏家。

40 乡下人乔和鱼，一支活跃于1966至1971年的摇滚乐队，以反对越南战争而闻名，被认为对迷幻摇滚产生了重大影响。

41 电动马戏团，位于纽约曼哈顿东村的夜店，经营于1967年至1971年。

42 《白兔》，美国迷幻摇滚乐队"杰弗逊飞机"1967年的专辑《超现实主义枕头》（Surrealistic Pillow）中的歌曲。

43 《水晶船》，"大门"乐队1967年的同名专辑中的歌曲。

44 《埃尔薇拉·马迪根》，1967年由瑞典导演波·维德伯格（Bo Widerberg，1930—1997）导演的影片。

只是孩子

城里很热，我却仍穿着雨衣。上街找工作的时候它给了我信心，我唯一的履历就是曾在一家工厂做过，受过一点不完整教育，还有一套浆洗得整整齐齐的女招待制服。我在时代广场上一家叫"乔"的意大利小餐厅找到了一份工作。刚上班不到三小时，我就把一盘帕尔玛干酪小牛肉倒在了客人的粗花呢套装上，然后我不干了。我明白自己反正是做不了什么女招待了，我把我的制服（只脏了一点点）和配套的厚底鞋留在了公共浴室。这身白制服和白鞋，当初母亲把它们给我，在上面寄托了愿我健康快乐的期许，现在它们躺在白色的水槽里，成了枯萎的百合。

我穿过东村圣马克广场上浓重的迷幻氛围，对已经开始的革命尚未做好准备。空气中有一种朦胧不安的偏执狂味道，一股传言的暗流，以及期盼未来革命的只言片语。我只是坐在那儿，试图搞明白这一切，空气中大麻味很重，可能这就是导致我记忆恍惚的原因。我从一张我尚未觉察到的文化意识的密网中匍匐而过。

我一直生活在书籍世界里，里面绝大多数是 19 世纪的作品。尽管我做好了去睡长椅、地铁和墓地的准备，直至找到工作，却没准备好经受饥饿的啃噬。我瘦归瘦，胃口和新陈代谢却很强。浪漫主义不能熄灭我对食物的需求，就是波德莱尔也是要吃饭的，在他的字里行间，不乏对肉和黑啤的渴望呐喊。

我需要一份工作。布伦塔诺书店的市郊分店雇我当了出纳，我总算安了心。按说，相比在收银台结算民族风格的首饰和手工艺品，我更喜欢去诗歌分部，不过我喜欢看那些来自遥远国度的廉价首饰：柏柏尔手镯，阿富汗贝壳项圈，还有一尊缀满珠宝的佛像。我最喜欢的是那条朴素的波斯项链，银、黑两色的粗线绑起了两片珐琅釉金属片，就像一块异国风情的古老肩胛骨。它卖十八美元，那时候似乎价格不菲呢。没什么事的时候，我就会把它从盒子里取出来，临摹它紫罗兰色表面上蚀刻的书法艺术，想象着它的来历。

刚到书店工作没多久，我在布鲁克林遇到过的那个男孩就来到了店里。他穿白衬衫、打领带的样子就像换了个人，像一个天主教学校的学生。他解释说，他就在布伦塔诺的市中心店上班，来这儿要用一张积分卡。他端详着所有那些珠子、小雕像和绿松石戒指，良久。

"我要这个。"最后他说。指的是那条波斯项链。

"哦，我也最喜欢这个了，"我应道，"我觉得它像块肩胛骨。"

"你是天主教徒？"他问我。

"不是，我只是喜欢天主教的东西。"

"我原来当过辅祭，"他朝我露齿一笑，"可喜欢摇乳香香炉了。"

虽然就要和它告别了，不过他选走的正是我最喜欢的那一件，我还是很开心。把它包好递给他时，我冲动地说了一句："别把它送给别的姑娘，要送就送我。"

说完我就后悔了，不过他只是微笑着说："放心吧。"

他走了，我看着曾经摆放过那条项链的黑丝绒，已是空空如也。第二天一早，一件更精致的首饰占据了这个位置，却缺少了波斯项链的那种简朴的神秘。

第一周干下来，我还是食不果腹、无处可去。我开始睡在店里。别人下班的时候我藏进浴室，等守夜人锁了门，我就和衣而眠。第二天一早，还会显得我上班到得很早的样子。我想在自动售货机里买点花生酱饼干，却一个子也没有，我翻遍了别的员工的口袋，也没找到一毛零钱。本来饥饿就令我无精打采，发薪那天没拿到给我的信封更是让我震惊。当时我还不明白第一周是没有工资可拿的，我流着泪跑回了衣帽间。

当我再回到柜台时，我注意到一个男人正潜伏在附近，观察着我。他留着络腮胡子，穿着细条纹衬衫和一件手肘处有山羊皮补丁的夹克。主管为我介绍，他是一位科幻作家，想请我出去吃饭。尽管我已经二十岁了，母亲那"不要和陌生人出去"的警告仍言犹在耳。可对吃饭的渴望动摇了我，我答应了。我希望这个人，这个作家，不是什么坏人，尽管他看上去更像是一个扮演作家的演员。

我们进了帝国大厦脚下的一家餐厅。我来纽约以后还没在好地方吃过东西呢。我努力点一些不太贵的菜，还要了份五块九毛五的剑鱼，那是菜单上最便宜的东西。我看着服务生在我的盘子里摆上了一大团土豆泥和厚厚一片熟过头的剑鱼。我饿得像狼一样，却难以享受这顿饭。我浑身不自在，不知道该怎么应付这种事，不知道他干吗想和我一起吃饭。他似乎在我身上花了不少钱，我不得不担心他想要我如何回报。

吃完了饭，我们一路走到市中心，来到汤普金斯广场公园东侧，坐在长椅上。当他提议到他的公寓小坐喝一杯的时候，我不停地在想该说什么才能脱身。果然是这么回事，我心想，母亲警告过我的那个关键时刻到了。我绝望地环顾四周，无法回答，这时，我看到有个青年正向这边走来。我如同看到一扇通往希望的小门正向我打开，从里面走出来的，就是那个选走了我最钟爱的波斯项链的布鲁克林男孩，对一个未成年的祈祷者来说，这就是回答了。我一眼就认出了他那微微罗圈的步态和蓬乱的卷发。他穿着工装裤和羊皮马甲，脖子上戴着几串珠链，俨然一个嬉皮牧童。我跑上前去一把抓住了他的胳膊。

"你好，还记得我吗？"

"当然。"他微笑着。

"帮帮我，"我不假思索地脱口而出，"你假装是我男朋友行吗？"

"行啊。"他说。我的突然出现好像一点也没惊到他。

我把他拉到那位科幻作家面前。"这是我男朋友，"我气喘吁吁地说道，"他一直在找我，他真是疯了，他要我现在就回家去。"那个男人疑惑地看着我们。

"快跑！"我大喊一声。那男孩抓起我的手，我们撒腿就跑，一直跑到了公园的另一头。

我们上气不接下气地瘫倒在别人家的门廊里。"谢谢你，救了我一命。"我说。他以一种困惑的表情接受了这个消息。

"还没告诉过你呢，我叫帕蒂。"

"我叫鲍勃。"

"鲍勃，"我重复着，第一次真正地端详他，"不知怎么的，我老觉得你不像叫鲍勃的，我叫你罗伯特可以吗？"

太阳已经落下了 B 大道。他牵着我的手，我们在东村闲逛。他在圣马克广场和第二大道夹角的"宝石矿泉"[1]给我买了一杯蛋奶[2]。几乎都是我在说话，他只是微笑着倾听。我给他讲我小时候的故事，从头讲起：史蒂芬妮，"补丁"，还有马路对面的广场舞厅。我惊讶于和他在一起竟能让我觉得那么舒服和放松。后来他才告诉我，他当时用了LSD，飞得正高。

我只在阿娜伊丝·宁[3]的一本叫《拼贴》的小书里读到过 LSD。我还没有意识到药物文化正在 1967 年的夏天绽放。我对药物持一种浪漫观，觉得它们是神圣的，是给诗人、爵士音乐家和印度的仪式用的。罗伯特没有任何我想象中的用过药后的阴阳怪气。他散发着一种温存而顽皮、害羞而有保护欲的魅力。我们一直逛到凌晨两点，最后，两人几乎同时表露无处可去。我们不由得笑了出来。不过时间确实很晚了，我们也都累了。

"我知道有个地方咱们能去。"他说，他的上一个室友出城了。"我知道他把钥匙藏在哪儿，我觉得他不会介意的。"

我们乘地铁去了布鲁克林。他朋友的蜗居在韦弗利，就在普拉特艺术学院附近。我们穿过一条窄巷，在一块松动的砖头底下找到了钥匙。

一进公寓门，我俩忽然都不好意思起来。与其说因为孤男寡女独处一室，倒不如说因为那是别人的屋子。为了让我能自在一点，罗伯特忙里忙外，然后，不顾时间已晚，他问我要不要看他存在密室里的画。

罗伯特把画都铺在地板上给我看。有素描，有蚀版画，有些油画还让我想起了理查德·普赛提-达特[4]和亨利·米修[5]。各种各样的能量，从交织的话语和书法线条中辐射而出。层叠的词语构筑成了能量场。那些油画和素描，如同是从潜意识中浮现的。

还有一套圆盘上面，"自我""爱""上帝"这样的字眼纠缠在一起，他自己的名字也融于其中，它们似乎正在公寓的地面上逐渐扩散直至消失。我盯着它们看着，忍不住告诉他，小时候我就见过夜里的天花板上有辐射状的圆形图案。

他翻开了一本关于谭崔[6]艺术的书。

"喜欢这个吗？"他问。

"嗯。"

我惊异地认出了那些童年里的天体大圆——一种曼荼罗[7]。

尤其触动我的，是他在阵亡将士纪念日画的那幅素描，我从没见过这样的画。同样震撼我的是那个日期：圣女贞德节。跟我在她雕像前发誓要搞出自己的名堂是同一天。

我把这些告诉了他，而他告诉我，这幅画也象征着他对艺术的承诺，就在这同一天里所做的承诺。他二话没说就把画送给了我，我明白，在这一小段时空里，我们交付了彼此的孤独，又用信任填补了它。

我们翻看着达达主义和超现实主义的画册，沉浸在米开朗基罗的"奴隶"里，结束了这一夜。我们默默地吸收着彼此的思想，在破晓时分相拥而眠。再醒来时，他用他那狡黠的笑容向我致意，而我知道，他就是我的骑士。

我们就这样再自然不过地在一起了，除了去上班，彼此寸步不离。什么也不用说，心心相印。

接下来的几星期，我们的栖身之处完全仰赖罗伯特朋友们的慷慨相助，尤其是帕特里克和玛格利特·肯尼迪，我们在他们韦弗利大道上的公寓里度过了我们的初夜。我们住的是一个顶楼，有一张床垫子，墙上贴着罗伯特的素

阵亡将士纪念日，1967

描，墙角放着他卷起的色彩画，还有我唯一的格子呢旅行箱。我敢说，对这对夫妇而言，收留我们肯定负担不小，要知道我俩没什么钱，我也不太懂怎么跟人打交道。我们很幸运，晚饭都是白吃肯尼迪夫妇的。我俩把钱攒起来，每一分都为了日后能租住自己的地方。我在布伦塔诺加班工作，而且不吃午饭。我和一个叫弗朗西斯·芬利的员工交上了朋友，她有着讨喜的古怪和谨慎。她看出了我的窘境，会把自家做的汤装在"特百惠"容器里，给我留在员工衣帽间的桌子上。这个小小的善举强健了我的身体，也奠定了一份长久的友谊。

或许是因为突然有了安全感而放松了的缘故，我仿佛要崩溃了，筋疲力尽、情绪紧张。尽管我从没质疑过把孩子送人抚养的决定，却也意识到，带来一个生命然后走开绝不是那么容易。即使这是人类的正常反应，我也一度变得郁郁寡欢、喜怒无常。我哭啊哭，罗伯特心疼地叫我"泪人"。

对我看似无法解释的哀伤，罗伯特表现了极大的耐心。我有一个相亲相爱的家庭，我本可以回家，家人应该也会理解我的，但我不想耷拉着脑袋回去。他们有他们的烦恼，而我现在有了一个可以依靠的伴侣。我把所有的经历向罗伯特和盘托出，尽管也没有什么隐藏的可能。我的胯特别窄，一怀小孩肚皮简直快被撑开了。我俩的第一次亲密接触就暴露了我肚子上十字形的鲜红刀疤。慢慢地，在他的支持下，我才战胜了内心的介怀。

我们终于攒够了钱，罗伯特开始找我们的住处。他在一栋三层砖楼里找到了一间公寓，就在地铁默特尔大道线附近绿树成荫的街道上，走着就能到普拉特艺术学院。整个二楼都是我们的，东西两面都有窗子，但它污秽的环境着实超出了我的经验。污迹斑斑的墙上尽是血迹和精神病人的涂鸦，烤炉里塞满了废注射器，冰箱里长满了毛。罗伯特和房东达成协议，我们自己打扫和粉刷屋子，房东把原定的两个月订金减成一个月的，房租是每月八十美元。我们花了一百六十美元搬进了霍尔街160号。我们觉得这两个数字一样，挺顺。

在我们住的那条小街上，常春藤覆盖的低矮砖砌车库是由马厩改建的。无论是去吃饭、去电话亭，还是去杰克美术用品商店（也就是圣詹姆斯[8]起家的地方）都很近。

通往二层的楼梯又黑又窄，墙体上还有一个拱形的壁龛，不过我们的房间通向一间洒满阳光的小厨房，从水槽边的窗户望出去，能看到一棵巨大的白桑树。临街的卧室天花板上有华美的团花，其中还有世纪之初的石膏吊顶装饰。

罗伯特向我保证他会把这里弄成一个像样的家，他说到做到，不辞辛苦地改造着这间屋。第一件事，就是用钢丝球刷洗已经结了硬壳的火炉，他还给地板打蜡，擦玻璃，把墙也刷白了。

我们不多的财产悉数堆在未来卧室的中央。我们穿着外衣睡觉，到了垃圾收集的晚上，就上街搜寻需要的东西，神奇的是竟然都能找到。在路灯下，我们找到了一张废弃床垫、一个小书架、修修就能用的灯、陶碗、装在破裂的华美镜框里的耶稣和圣母像，以及一块破旧的小波斯地毯，正好搭配小天地里我的那一角。

我用小苏打擦洗了床垫，罗伯特给灯重新装上电线，扣上羊皮纸灯罩，还在上面画了他自己设计的纹样。他的手很巧，毕竟是为妈妈做过首饰的孩子。他花了几天时间重新串了一副珠帘，把它挂在了卧室一进门处。一开始我对这副珠帘还持怀疑态度，我从没见过这样的东西，不过它最终与我的吉卜赛元素相得益彰。

我回到南泽西，把我的书和衣服都带了回来。我不在的时候，罗伯特挂起了他的素描，还用印度布料遮住了墙壁。他用宗教手工艺品、蜡烛和亡灵节[9]上的纪念品布置了壁炉台，把它们摆得就像祭坛上的圣物。最后他用一张小工作台和破了边的“魔毯”为我布置了一个学习区。

我们把各自的财物聚到一处。我仅有的几张唱片和他的一起放进了装橙子的板条箱，我冬天穿的大衣挂在了他的羊皮马甲旁。

我弟弟给我们的唱片机换了一枚新唱针，我母亲为我们做的肉丸三明治包在锡纸里。我们一边吃，一边开心地听着蒂姆·哈丁[10]，他的歌变成了我们的歌，好像唱颂着我们年轻的爱情。母亲还捎来了一个包裹，里面有床单和枕套，它们都好熟悉好柔软，散发着一种使用了多年的光泽。它们使我回想起她站在院子里的样子：满意地看着晾在绳上的洗净的衣物在阳光下飘舞。

我的宝贝们混在待洗的衣物里。我的工作区乱堆着手稿、发霉的古典文学、破玩具和护身符。我把兰波、鲍勃·迪伦、洛特·伦亚[11]、皮雅芙[12]、热内[13]和约翰·列侬的图片钉在一张临时的小桌上，上面还摆着我的羽毛笔、我的墨水瓶和我的笔记本——我清贫的杂乱。

来纽约的时候，我带了些彩色铅笔和一块用来画画的木框石板。我画过一个坐在桌边的女孩，面对着一副摊开的纸牌，正在占卜她的人生。这是我唯一一定要给罗伯特看的画，他非常喜欢。他想让我体验用正儿八经的纸笔作画，让我分享他的画具。我们能并肩画上几个小时，两人都是那么的全神贯注。

我们没什么钱，但过得很开心。罗伯特做兼职和收拾房子，我洗衣、做饭，饭吃得很拮据。我俩经常光顾韦弗利边上的一家意大利面包房。我们会要一条头天的面包，或者四分之一磅因不够新鲜而半价处理的曲奇。罗伯特爱吃甜的，所以常常是曲奇胜出。有时候站柜台的女人会多给我们一些，用黄棕两色的风车饼干把棕色小纸袋塞得满满的，摇着头，喃喃地对我们提出善意的不满，她十有八九知道这就是我俩的晚饭了。我们会再加上外带咖啡和一纸盒牛奶，罗伯特最喜欢巧克力奶，但那个更贵，对于要不要多花那一毛钱，我们会考虑再三。

我们拥有作品，我们拥有彼此。我们没钱去听音乐会、看电影或买新唱片，但会把已有的唱片听上一遍又一遍。

第一张合影，布鲁克林

我们听了我的《蝴蝶夫人》，埃莉诺·斯蒂伯[14]唱的，还有《至高无上的爱》、《按钮之间》[15]、琼·贝兹[16]和《无数金发女郎》。罗伯特也把他最喜欢的——"香草软糖"、蒂姆·巴克利[17]和蒂姆·哈丁——介绍给我，他的《摩城纪事》也成了我们快乐共享的夜晚背景音乐。

一个干燥温暖的秋日，我们穿上了自己最得意的行头：我的是垮掉派凉鞋和破披巾，罗伯特戴着他的"爱与和平"珠串，穿着羊皮马甲。我们坐地铁到第四大街西站，在华盛顿广场待了一个下午。我们一起喝着保温瓶里的咖啡，看着如织的游客、瘾君子和民谣歌手。激动的革命者散发着反战传单，棋手也吸引着他们自己的观众，大家共存在由唇枪舌剑、手鼓和犬吠交织而成的持续的嗡嗡声里。

我们朝喷泉走去，那边是热闹的中心。一对老夫妇停下脚步，毫不掩饰地盯着我俩看。罗伯特很高兴有人注意他，深情地攥紧了我的手。

"哦，把他们拍下来，"女人对她一脸茫然的丈夫说，"我觉得这俩人是艺术家。"

"哦，得了，"丈夫耸了耸肩，"他俩只是孩子。"


树叶颜色正在变成深红和金黄。克林顿大道上，褐石房屋的门廊前摆着雕好的南瓜头。

我们在夜里散步，有时能看到天上的金星。它是牧羊人之星，也是爱之星。罗伯特称它为"我们的蓝星"。他用蓝色笔练习签名，把"罗伯特"（Robert）里的字母 t 写成一颗星星的形状，这样我就好记了。

我开始慢慢了解他。他对自己的作品、对我都信心十足，却为我们的将来不住地担忧，担忧我们要怎么活下去、钱从哪里来。我觉得我们太年轻了，操不了这么多心，能自由自在我就已经很高兴了。我尽量少去增加他的烦恼，生活中无法把握的现实一面却始终纠缠着他。

他一直在自觉或不自觉地找寻自我。他处于一种不断变化的鲜活状态。他已经摆脱了预备役军官训练营的制服，以及后来的奖学金、商业道路和父亲对他的期望。十七岁时他就醉心于"潘兴步枪"[18]的声威，醉心于他们的铜纽扣、锃光瓦亮的靴子、彩色的穗带和绶带。吸引他的还有那套制服，如同当初是长袍吸引他当了辅祭。但他是要为艺术效力的，而不是为教堂或国家。他的珠串、工装裤和羊皮马甲，象征了一种对自由的表达，并非一身行头而已。

下班后，我会在市中心和他会合，我们步行穿过黄光笼罩下的东村，经过"东菲尔莫"[19]、"电动马戏团"和"五点"[20]，那都是我们第一次散步时路过的地方。

在"鸟园"[21]这块被约翰·柯川祝福过的圣地跟前，或是圣马克广场上比莉·哈乐黛演唱过的"五点"的门口，光是站一站就已经很令人激动了，"五点"也是埃里克·杜菲[22]和奥涅·科尔曼[23]开爵士乐之先河的地方。

那里面我们可进不起。别的日子，我们会去参观美术馆。我俩的钱只够买一张票的，所以两人中会有一个进去看展览，回来讲给另一个听。

有那么一次，我们去了上东区相对较新的惠特尼博物馆。这次轮到我了，我不情愿地留下他自己走了进去。我已经不记得那里都展了些什么，只记得我透过一扇博物馆特有的梯形窗户，端详着街对面的罗伯特，他正斜倚在一个停车收费器上，抽着烟。

等我出来，我们朝地铁走去，他说："我们总有一天会一起进去，而且是去看我们自己的展览。"

几天后，罗伯特给了我一个惊喜，带我去看了我们的第一场电影。他上班的地方有人给了他两张《我如何赢得战争》的试映入场券，是理查德·莱斯特[24]指导的。约翰·列侬在片中饰演了一个重要的角色，士兵格里普威德。能看到约翰·列侬让我很兴奋，但整场电影罗伯特都枕在我肩上睡着。

电影对罗伯特没有特殊吸引力。他最喜欢的一部影片是《天涯何处无芳草》[25]。那年我俩看的另一场仅有的电影是《邦妮和克莱德》。他喜欢海报上的那句广告："他们年轻。他们相爱。他们抢银行。"看那场电影的时候他没睡着，而是哭了。回家以后，他安静得反常，看着我，仿佛要无声地传递出此刻内心里所有的情感。他从电影里看到了我俩之间的某种东西，可我不确定是什么。我暗自思量，他还蕴藏着一整个我尚未了解的宇宙。

十一月四日，罗伯特二十一岁了。我送了他一条沉甸甸的银质标牌手链，是我在第四十二街的当铺里发现的。我让人在上面刻了"罗伯特、帕蒂、蓝星"的字样，我们的宿命之星。

我们安安静静地看了一晚上画册。我的收藏有：德库宁[26]、杜布菲、迭哥·里韦拉、波洛克[27]的一本专著和一小摞《世界美术》杂志。罗伯特有很多从布伦塔诺弄来的大厚本的精美画册，内容涉及谭崔艺术、米开朗基罗、超现实主义和情色艺术。我们还花不到一美元淘来了有约翰·格雷厄姆、戈尔基[28]、康奈尔[29]和奇塔伊[30]的旧杂志。

我们最宝贝的书都是威廉·布莱克[31]的。我有一本相当精美的《天真与经验之歌》摹本，常常在睡前读给罗伯特听。我还有一本牛皮纸版的布莱克作品选，而他有特里亚农出版社出的《弥尔顿》。我们都欣赏那幅布莱克兄弟罗伯特的画像，罗伯特死得早，画中他的脚边有一颗星。我们袭用了布莱克的色调，不同色度的玫瑰色、镉红和苔藓色，它们看起来就像在发光。

十一月末的一天晚上，罗伯特有点惶恐地回了家。布伦塔诺有些版画待售，其中有一幅是从《美国：一语成谶》的原版画册上抽出来的，上面还有布莱克的花押字水印。罗伯特把这张画从文件夹里抽出来，藏进了裤筒。他不是偷东西的人，他就没长做贼的神经。为了我们对布莱克共同的热爱，他一时冲动了。这天行将结束的时候，他失去了勇气，在自己的想象中他已然败露，他躲进洗手间，把画从裤筒里拿出来，撕碎后冲进了厕所。

听他讲述的时候，我发现他的双手在颤抖。外面一直在下雨，雨水从他浓密的卷发上滴淌下来。他穿了一件白衬衫，湿答答地贴在身上。像让·热内一样，罗伯特是个笨贼，热内入狱是因为偷了普鲁斯特的稀有版本和衬衫生产商的几卷丝绸，他俩都是有审美的贼。我想象着一小片一小片的布莱克在纽约市的下水道里旋转着顺流而下，想象着此时他心中的那份恐惧和满足。

我们低头看看我俩的手，他拉着我，我拉着他。我们深吸了一口气，认可了我们是同谋这回事，不是偷窃，而是毁掉了一件艺术品。

"至少他们再也得不到它了。"他说。

"他们是谁？"我问。

"除了咱俩以外的所有人。"他回答。

罗伯特从布伦塔诺下岗了。在失业的日子里，他不断地改造着我们的生活空间。在他粉刷厨房的时候，我做了一顿特别的饭菜，开心得不行。我做的是加凤尾鱼和葡萄干的蒸粗麦粉，还有我的特色美味：莴苣浓汤——用清鸡汤配饰莴苣叶而成。

不过罗伯特下岗没多久，我也被开除了。一个中国顾客买了一尊很贵的佛像，我却没收他任何税。

"我为什么要缴税？"他说，"我又不是美国人。"

我无言以对，所以没有收他税。我的判断葬送了我的工作，不过我走得无憾，这个地方最美好的回忆就是那条波斯项链和遇到了罗伯特，他说话算话，没有把项链送给别的女孩。在我们于霍尔街的初夜里，他把这条珍爱的项链用黑色缎带包在紫色绵纸里，送给了我。

★

这些年里，这条项链在两人之间传来传去。谁最需要，谁就拿着它。我们共同的行为规范在很多小游戏中显现。最雷打不动的游戏叫做"一天—两天"。前提非常简单：我们之中必须有一个作为指定的保护者，保持警觉。如果罗伯特用了药，我就要神志清醒地在场；如果我情绪低落，他就要保持积极；如果一个人病了，另一个就得健健康康的。我们从不同时任性，这很重要。

一开始我很差劲，而他一直守在我身旁，或是一个拥抱，或是鼓励的话语，让我走出自己的情绪，投入到工作中。不过他也知道，如果他需要我成为那个强者，我也是能靠得住的。

罗伯特在"F.A.O. 施瓦茨"[32] 找到了一份布置橱窗的全职工作，店家在为假日招工，于是我也干上了收银员的临时工。时值圣诞节，可是在著名玩具店做幕后工作一点也不神奇。工资非常低，工时又长，工作氛围又令人沮丧，员工之间不许讲话，分享茶点也不行。店里在铺满稻草的平台上搭了一个耶稣降生的场景模型，我俩好几次就在那儿秘密碰头。也正是在那旁边的垃圾桶里，我抢救了一只耶稣诞生场景里的小羊羔，罗伯特答应要用它做点什么。

他喜欢康奈尔的《盒子》系列，也常把那些冲到海岸上的漂流物、彩色线绳、纸蕾丝、被丢弃的念珠、小碎片和珍珠等不起眼的小东西转化为视觉之诗。他会熬到很晚，缝呀，剪呀，粘呀，再在上面涂上广告色，等我醒来的时候，一个完成品的盒子已经在等我了，就像是一个情人节礼物。罗伯特给那只小羊羔做了一个木制饲料槽，把它涂成白色，画了一颗淌血的心，我们又一起加上了如藤蔓般缠绕的神圣数字。这种灵性之美，使它成为了我们的圣诞树，我们把给对方的礼物摆在它的周围。

平安夜我们工作到很晚，然后从港务局搭巴士去了南泽西。要去见我父母，这让罗伯特紧张得要死，因为他和他的父母相当疏远。父亲到车站接了我们，罗伯特送给我弟弟托德一幅他的素描，画的是一只从花朵中飞出的鸟。我们还给我的小妹妹金伯莉带了书，做了手绘的纸牌。

为了壮胆，罗伯特决定用点 LSD。在我父母面前用药这种事我可想都没想过，但对罗伯特来说却很自然。我全家人都喜欢他，除了他永远挂在脸上的微笑，没注意到有别的什么不寻常。整个晚上，罗伯特都在端详我母亲浩瀚的小装饰品收藏，其中主要是形形色色的奶牛。一只有紫色奶牛盖子的大理石花纹糖果盅尤其吸引他，大概因为在 LSD 的作用下，釉料上的漩涡使他盯得无法自拔吧。

我们在圣诞夜告别了家人。母亲给了罗伯特一个购物袋，装满了她送我的传统礼物：画册和传记。"里面也有给你的东西。"她冲罗伯特使了个眼色。我们坐上了回港务局的巴士，罗伯特往袋子里一看，发现了裹在一条格子厨房用巾里的紫色奶牛糖果盅。这把他高兴坏了，以至于多年之后，当他已经不在了，我发现这个糖果盅还和他最宝贝的意大利花瓶陈列在一起。

我二十一岁生日的时候，罗伯特给我做了一面山羊皮的小铃鼓，鼓面上刺着星座标志，鼓身上绑着彩色的缎带。他播放着蒂姆·巴克利唱的《一分为二的幻觉效应》，然后单膝跪地，递给我一本他用黑丝绸重新装订过的关于塔罗牌的小书。他在书中题了几行诗，把我俩描写成了吉卜赛人和傻子，一个创造寂静，一个聆听寂静。在我们铿锵作响的生命漩涡中，这样的角色将会交换多次。

第二天就是新年夜了，我们的第一个新年夜。我们立下了新的誓言。罗伯特决定回到普拉特艺术学院，申请助学贷款，但不是学他父亲所希望的商业美术，而是投身于纯艺术。他在给我的便条上说，我们会一起创作，我们会成功，不管这个世界怎么想。

而我，暗自许诺要满足他的现实需求，助他达成目标。节后不久我就辞了玩具店的工作，待业已经有些天了。这让我们略感挫折，但我再也不要把自己圈在收银台后面了。我决意要找一个挣钱更多、更满意的工作，很幸运的是第五十九街上的"大船书店"要了我。他们经营古旧、稀有的图书、印刷品和地图。书店不缺售书的女孩，但管事的老男人或许是被我的热忱所吸引，让我当了学徒修复工。

霍尔街，布鲁克林，1968

我坐在暗沉、厚重的桌子跟前，桌上乌泱泱乱堆着 18 世纪的《圣经》、亚麻布条、档案用胶带、兔皮胶、蜂蜡和装订用针。不幸的是，对这种工作我完全没有天赋，他只得不情愿地让我走了。

我垂头丧气地回到家里，这个冬天好过不了了。罗伯特在"F.A.O. 施瓦茨"的全职也做得很抑郁。布置橱窗的工作激发了他的想象力，他还画了装置艺术的草图，但他自觉的绘画越来越少了。我们吃隔夜面包和 Dinty Moore 炖牛肉罐头过活。我们哪儿都没钱去，也没有电视、电话或者收音机。不过我们有唱片机，只需回拉一下唱针，选好的唱片就会一遍一遍地唱到我们睡着。

★

我需要再找一份工作。我的朋友珍妮特·哈米尔已经在斯克里布纳书店上班了，就像在大学时那样，她又一次把好运分享给我，拉了我一把。她和她的上司谈了，经过她的游说，他们给了我一个职位。在权威出版机构的零售店里工作，这简直就像做梦一样，那里可是海明威、菲茨杰拉德和他们的编辑、伟大的麦克斯威尔·帕金斯[33]的大本营。罗斯柴尔德家族[34]也在那里买书，楼梯间的墙上还挂着麦克斯菲尔德·帕里什[35]的画。

斯克里布纳书店坐落在第五大道 597 号一座漂亮的地标性建筑里。有欧内斯特·弗拉格[36] 1913 年设计的古典装饰风格玻璃外墙，宽阔的大玻璃和铁结构背后，是一个有拱顶和高窗的两层楼半的空间。我每天起床后尽职地穿戴好，倒三次地铁到洛克菲勒中心。我为斯克里布纳准备的工服借鉴了安娜·卡丽娜[37]在《法外之徒》[38]里的风格：深色的套头衫、格子裙、黑色紧身裤和平底鞋。我被安排在电话服务台，听慈悲的费思·克罗斯调遣。

能和这样一个名垂青史的书店扯上关系，我觉得很幸运。我的薪水也高了一点，还有了知己珍妮特。我很少会闷，当觉得不耐烦的时候，我就在斯克里布纳的信纸背面写写画画，就像《玻璃动物园》[39]里在硬纸箱背面龙飞凤舞写诗的汤姆一样。

罗伯特越来越消沉了。相比他在布伦塔诺的兼职，现在的工作时间又长、薪水又少。他到家时已精疲力竭、心灰意懒，创作也一度停止了。

我恳求他别干了，这份工作和微薄的薪水根本抵不上他的牺牲。讨论了好几个晚上，他才勉强同意。作为回报，他勤奋地创作着，常常热切地向我展示他在我上班时间完成的作品。担起养家的重任我一点也不后悔，我的性格比较顽强，晚上仍能创作，能为他提供一个不用妥协的工作环境，我也很骄傲。

晚上，我从雪中跋涉归来，发现他正在家等我，准备帮我搓手取暖。他似乎总闲不下来，在炉子上烧水，为我解靴子带，挂起我的大衣，也总是悄悄留意着自己没画完的画。如果注意到了什么，他会把手头的事暂停一下。大多数时候，那幅画都像是已经在他头脑里画好了。他不是那种即兴创作的人，而是倾向于把在瞬间看到的东西慢慢表现出来。

安静了一整天之后，他会渴望听我讲讲书店里的怪顾客，比如穿着大号网球鞋的爱德华·戈里[40]，在斯宾塞·屈塞[41]的帽子外面围了一条绿色丝巾的凯瑟琳·赫本，或是穿着黑色长大衣的罗思柴尔德家族的人。然后，我们会坐在地板上，一边吃着意大利面，一边看他的新作。罗伯特的作品很吸引我，因为他的视觉语汇和我的诗歌语汇很像，哪怕我们似乎在向不同的终点前进。罗伯特总是这样告诉我："在你认定之前，没有完成品。"

我们的第一个冬天过得很艰苦。就算我在斯克里布纳挣得稍微多一点了，两人还是没几个钱。在圣詹姆斯广场的拐角，我们会经常站在寒冷中，看着希腊餐厅和杰克美术用品店，讨论手里这几块钱要怎么花——烤芝士三明治和美术用品机会均等。有时候，实在分不清哪种饥渴更强烈了，罗伯特会在餐厅里紧张地守望，而我怀揣着热内的精神，把急需的铜笔刀或彩色铅笔偷回来。艺术家的人生和牺牲在我这里都被浪漫化了，我曾看书上说，李·克拉斯纳[42]为杰克逊·波洛克偷过美术用品，我不知道那是不是真的，但它成了我的灵感。罗伯特为难以养家而焦虑，我叫他别担心，全心投入伟大的艺术，这本身就是回报。

晚上，我们用那台破旧不堪的唱机放我们喜欢的唱片，当画画的背景。有时我们还玩一个叫"当夜唱片"的游戏。

入选唱片的封面会被醒目地摆在壁炉台上，然后唱片一遍一遍地播放，那音乐便影响了当晚的轨迹。

默默无闻地工作对我来说一点不成问题。我本来也不比一个学生强多少。罗伯特则不然，他纵然羞涩、不言不语，而且似乎和周遭世界合不上拍，却雄心勃勃。他把杜尚和沃霍尔奉为楷模，高雅艺术和上流社会都令他向往。我们是一对《甜姐儿》[43]加《浮士德》的奇特组合。

我们坐在一起画画的时候，那种共同的幸福感是他人无法想象的。我们沉浸在自己的世界里，一待就是好几个小时。他能长时间集中精神的能力传染了我，我也以他为榜样，肩并肩地创作着。中间休息的时候，我会烧水冲雀巢咖啡喝。

尤其是在痛快地工作了一气之后，我们会沿着默特尔大道溜达，在罗伯特的挚爱上挥霍一把——寻找一种裹着黑巧克力的棉花糖曲奇 Mallomars。

虽然绝大部分时间都是我俩独处，我们却并不与世隔绝，朋友们会来看我们。哈维·帕克斯和路易斯·德尔萨特是画家，有时他俩就在我们旁边的地板上创作。路易斯为我俩都画过像，画戴着印度项链的罗伯特，还画了一张闭着眼睛的我。埃德·汉森分享他的学问和拼贴，珍妮特·哈米尔朗诵她的诗。我会给大家看我的素描，讲画里的故事，就像温迪在逗"永无乡"里迷失的孩子们。即便身在艺术院校这等开明地带，我们也是一帮怪人。我们常开玩笑说我们就是一个"失败者沙龙"。

在特别的夜晚，哈维、路易斯和罗伯特会打起手鼓，分享一根大麻烟。罗伯特有一对塔布拉[44]。他们边打手鼓，边伴着鼓点朗诵蒂莫西·利里[45]的《迷幻祈祷》，那也是罗伯特真正能看得进去的几本书之一。我偶尔也会解他们的牌，用巴比育斯[46]和我自己的直觉去推出引申义。这样的夜晚是我在南泽西不曾体验过的，有点异想天开，也充满了爱。

一个新朋友走进了我的生活。罗伯特介绍我认识了朱迪·琳[47]，一个学平面设计的姑娘，我们彼此都感觉相见恨晚。朱迪就住在附近的默特尔大道，在我洗衣服的自助洗衣店那边。她漂亮又聪明，还有着不俗的幽默感，就像年轻的艾达·卢皮诺[48]。她最终潜心于摄影，耗时多年完善了她的暗房技术。一段时间过后，我成了她的拍摄对象，我和罗伯特的一些早期照片也出自她手。

情人节那天，罗伯特送了我一个紫水晶晶洞，是那种淡紫色的，快有半个柚子大。他把它浸在水里，我们看着那些发光的晶体。小时候我曾梦想过当一个地质学家，我讲述着自己是如何在腰间挂了一个旧锤子，花费数小时去寻找岩石标本。"不是吧，帕蒂，不是吧。"他笑着说。

我送他的礼物是一颗象牙心，中间雕着一个十字架。也不知道是这里面的什么，能够刺激他少有地讲起一段童年往事，讲他和其他辅祭男孩如何偷翻神父的私人柜橱，如何偷喝祭酒。吸引他的不是酒，而是体内那种奇怪的感觉，那种做被禁之事的刺激。

三月初，罗伯特得到了一份临时工，在新开张的"东菲尔莫"当领座员。报到那天他穿了一条橘色连衣裤，他盼望能见到蒂姆·巴克利，而当他下班回到家，却为见了另外的人更加兴奋。"我见到一个人，以后绝对了不得。"他说。这个人就是詹妮斯·乔普林[49]。

我们没钱看演出，不过罗伯特在离开"东菲尔莫"之前，给我搞到过一张"大门"乐队的演出通行证。他们的第一张专辑曾让我和珍妮特听得如饥似渴，没能和珍妮特一块去看几乎让我产生了罪恶感，但在看吉姆·莫里森[50]演出时，我的反应却怪怪的。周围的人似乎都被惊呆了，我却以一种冷冷的、十分清醒的意识观察着他的一举一动。我对于这种感觉的记忆，比对演出本身更清晰。看着吉姆·莫里森，我感觉，干这个我也能行。我也说不上为什么会这么想。我的经历里，没有哪样能证明存在这种可能性，但我心中怀有这样的自负。我对他同时产生了亲切感和藐视，我能感受到他的害羞和他无上的自信，他散发着一种混合着美、自我厌恶和神秘痛苦的气息，就像西海岸来的圣徒塞巴斯蒂安。我的这种反应让自己都有点脸红，当被人问起"大门"如何时，除了说他们很棒，我什么也说不出来。


在《一便士诗集》里，詹姆斯·乔伊斯有句话一直困扰着我——"那些一路嘲弄着我的征兆"。看过"大门"的数周之后，它又在我脑海里浮现了，我向埃德·汉森提起了这事。我一直很喜欢他，他个头小而健壮，浅棕色的头发，精致的眼睛，阔嘴，穿着一件棕色长大衣，总能让我想起画家苏丁[51]。他在德卡伯大道上被一群野孩子开枪击中过肺部，而他自己也保持着孩子般的特质。

他没有引用乔伊斯，而是在某天晚上给我带来了一张"飞鸟"乐队的唱片。"这首歌将对你很重要。"他说着，把唱针放到那首歌上，《你是想当一个摇滚明星了》，歌中有某种东西让我兴奋又紧张，可我猜不透他的用意。

1968年的一个寒夜，有人来敲门告诉我们埃德出事了。罗伯特和我出去找他。临走时我抄起了罗伯特送我的黑羊羔玩具，那是害群之马小伙送给害群之马姑娘的礼物[52]。埃德也多少是个害群之马，所以我把它带上，作为安慰他的护身符。

埃德待在一架高高的起重机上，不打算下来。那是个凛冽而晴朗的夜晚，罗伯特和他说话的时候，我爬上起重机把绵羊递给了他。他在颤抖。我们是无因的反抗者，而他是我们悲情的萨尔·米内奥[53]。布鲁克林对我们而言就是格利菲斯公园。

埃德随我爬了下来，罗伯特带他回了家。

"别想那绵羊了，"他回来的时候说，"我回头再给你弄一个。"

我们和埃德失去了联系，十年之后他却以一种意想不到的方式出现了。当我背着电吉他走向麦克风唱出那第一句歌词"你是想当一个摇滚明星了"时，我突然间想起了他的话。那小小的预言。

总有那么些天，阴雨蒙蒙的，布鲁克林的街巷格外上镜，每扇窗都像是一个莱卡镜头，窗外的景致静谧而富颗粒感。我们把彩色铅笔和画纸划拉到一起，像野孩子一样闷头一画到天黑，直到再也画不动了，倒头便睡。我们相拥而卧，窒息地拥吻着入梦，有点笨拙但很开心。

我遇到的这个男孩羞怯而不善言辞。他喜欢被引领，喜欢被牵着手全心全意地进入另一个世界。即使在他表现得阴柔、驯服的时候，也富于阳性美和保护欲。他在衣着和举止上都一丝不苟，却能在作品里表现出骇人的混乱。他在自己孤单而危险的世界里，期待着自由、狂喜与解脱。

有时我醒来，会发现他正在还愿蜡烛微弱的光线下工作，为某幅作品润色，把画颠过来倒过去地看，他会从各个角度去审视那幅画。陷入沉思，心事重重，然后突然抬起头，看到我正望着他，露出微笑。那微笑突破了他所感受或经历的一切——甚至到了后来，当他在致命的痛苦中，一步步走向死亡之时。

在魔法和宗教的斗争中，是魔法笑到了最后吗？也许神父和魔法师本是一回事，只是神父在上帝面前学会了谦逊，为祈祷文而抛弃了咒语。

罗伯特相信移情法则，那使他能按自己的意愿，将自我转移到一个客体或是一件艺术品上，从而影响周遭的世界。他不曾通过他的作品得到救赎，他也不寻求救赎。他设法去看别人所看不到的，那独属于他自己的想象力的投射。

他总觉得自己的创作过程乏味，因为他很快就能看到最终的效果。他喜欢雕塑，却觉得那种形式过时了，不过他仍花时间研究了米开朗基罗的《奴隶》[54]，希望能不受锤凿之累就获得人体创作的感受。

他构思出一个描绘我俩在谭崔伊甸园中的动画创意。他需要把我俩的裸体形象做成人形纸板，放到正在他头脑中大放异彩的几何花园里。他请一个叫劳埃德·齐夫的同学过来拍我们的裸照，但我不太高兴。我尤其不喜欢故作姿态，我对自己腹部的刀疤多少还有些敏感。

拍出来的形象很僵硬，不像罗伯特想象的。我有一台三十五毫米胶卷老相机，我建议他自己来拍，但他没有显影和冲印的耐心。他用了很多四处找来的照片形象，而我觉得他自己就能拍出他想要的。"唉，我只要把一切都展现到纸上就行了，"他说，"可搞到一半的时候，我的心思就已经放到别的东西上了。"伊甸园就这么被放弃了。

罗伯特的早期作品明显源于他的 LSD 体验。他的素描和小装置有一种超现实主义艺术家的过时魅力和谭崔艺术几何图形的纯净感。渐渐地，他的作品内容开始转向天主教：羔羊、圣母和基督。

他摘下了墙上的印度布料，把我们的旧床单染成了黑色和紫罗兰色。他把床单钉在墙上，在上面挂上十字架和宗教版画。在垃圾堆或救世军商店里，可以轻而易举地找到镶了框的圣徒像，罗伯特会把版画取出来，手工上色，或者把它们变成一幅大的素描、拼贴或装置作品。

渴望摆脱天主教枷锁的罗伯特，探索着灵魂的另一面，那个由光明天使统治着的另一面。那些他漆在盒子上和用在拼贴画上的圣徒形象，开始在堕落天使路西法的形象前失色。他把基督像用在一个小木盒子的盒面；盒内，是母与子和一枝小小的白玫瑰；而在内盖里，我惊异地发现了恶魔伸着舌头的脸。

我回到家，会看到他穿着僧人的棕色衣服，一件从旧货店里淘来的耶稣会会士的长袍，仔细研读着关于炼金术和魔法的小册子。他要我给他带神秘学的书回来，一开始他倒没怎么读书，而是对里面魔力五角星和恶魔形象的使用、解构和重构更有兴趣。他并不邪恶，然而随着更加黑暗的元素注入他的作品，他变得更沉默了。

他对创造图像咒语的兴趣与日俱增，咒语可以用来召唤撒旦，就像精灵所做的那样。他想象如果他能立下契约，接近撒旦最纯粹的自我，也就是光明的自我，他会认出一个同类的灵魂，撒旦也会在名利上成全他。他无需要求成为伟人，或是获得艺术家的才能，因为他相信自己不缺这些。

"你在找捷径。"我说。

"我干吗要绕远呢？"他回答。

我有时会利用斯克里布纳的午休时间到圣帕特里克大

教堂去看望年轻的圣斯坦尼斯劳斯。我会为死者祈祷，我像爱生者一样地爱他们：兰波、修拉[55]、卡米耶·克洛岱尔[56]还有朱尔·拉佛格[57]的情妇，我也会为我们祈祷。

罗伯特的祈祷文就像许愿。他对神秘知识如饥似渴。我们都为罗伯特的灵魂祈祷，他祈祷能出卖它，我祈祷能拯救它。

后来，他会说是教堂将他领到了上帝面前，而LSD领他进入了宇宙。他还会说，是艺术把他领到了恶魔跟前，而性使他一直待在恶魔身边。

某些神迹和凶兆，看到了只会徒增痛苦。一晚在霍尔街，当罗伯特睡着的时候，我站在卧室门口看到了他在肢刑架上被撕扯的幻象，他在我眼前化为尘埃，他的白衬衫分崩离析。他醒了，感觉到了我的恐惧。"你看见什么了？"他喊道。

"没什么。"我回答着，转过身去，不想承认自己的所见。纵使有朝一日我真的会捧起他的骨灰。

★

罗伯特和我基本打不起来，但我们会像小孩那样斗嘴——吵架通常发生在如何安排我们微薄收入的问题上。我每周赚六十五美元，罗伯特偶尔会找杂工做。房租一个月要八十美元，再加上水电费，每一分钱都得花得明明白白。地铁币是两毛钱一枚，我一礼拜就需要十枚。罗伯特抽烟，一包烟三毛五。我对餐馆公用电话亭的迷恋最成问题，他理解不了我对弟弟妹妹深深的依恋。在电话上投入一把硬币，就意味着要少吃一顿饭。我妈妈有时会在她寄来的卡片或信里夹上一美元纸钞，这貌似不经意间的举动，意味着她的女招待小费罐子里少了很多硬币，我们一直很领情。

我们喜欢到包厘街去淘破旧的丝质礼服、磨损的山羊绒长大衣和二手的摩托服。在奥查德街，我们会为新作品搜寻有趣又不贵的材料：聚酯薄膜、狼皮和各种叫不上名的零七八碎。我们在运河街的珍珠艺术品市场[58]一逛就是几个小时，然后坐地铁去科尼岛，沿着木板栈道边走边分享一个内森餐厅的热狗。

我的吃相把罗伯特吓到了，我能从他投来的目光、从他转过去的脸上看出来。当我大把抓着东西吃的时候，他觉得大家都在看我们，哪怕他自己正赤膊坐在卡座上，穿着一件绣花绵羊皮马甲，脖子上还挂了好几条珠串。我们的吹毛求疵最后往往化为大笑一场，尤其是当我一一指出两人的种种差异之后。在我们地久天长的友谊里，始终保持着这种餐桌辩论，我的吃相一直不见改善，他的着装倒是经历了一番绚丽至极的变化。

那时候，布鲁克林还只是一个外围行政区，而且似乎离"城市"的灯红酒绿远得很。罗伯特最爱去曼哈顿了，一跨过东河[59]就让他精神百倍，后来也正是在那里，他经历了个人和艺术上的快速转型。

我活在我自己的世界里，想象着那些逝者和他们已逝的世纪。还是个小姑娘的时候，我就花好几小时临摹过《独立宣言》的精美字体，书法一直令我着迷。现在我能把这种晦涩的技艺融入我自己的素描了。我开始迷恋伊斯兰书法艺术，有时我还会从纸巾里把那条波斯项链拿出来，在我画画的时候摆在眼前。

我在斯克里布纳从电话客服晋升到了销售人员。那一年的畅销书是亚当·斯密[60]的《金钱游戏》和汤姆·沃尔夫[61]的《令人振奋的兴奋剂实验》，这两本书概括了泛滥于这个国家一切事物中的两极。我对哪本也没有共鸣。罗伯特与我创造的小世界以外的一切，都让我觉得不相干。

在我的低潮期，我想不通艺术创作是为了什么。为了谁？我们是在创造上帝吗？我们是在跟自己对话吗？终极目标又是什么？为把某人的作品关在艺术品的大动物园——现代艺术博物馆、大都会博物馆或卢浮宫——里吗？

我渴望诚实，诚然自己也有不诚之处。为何要投身艺术？为自我实现，或是为艺术本身？除非什么人能给点启示，否则这理由会找个没完没了。

我常会坐下来，想写点画点什么，但街上狂热的活动，伴随着越南战争，似乎让我的努力失去了意义。我无法与政治运动产生共鸣。我也尝试参与，但这另一种形式的官僚主义让我不知所措，我不知道我做的事情有什么意义。

罗伯特对我这左一次右一次的反省很不耐烦，他似乎从不置疑他的艺术动机，在他的身体力行之下，我明白了作品本身就是意义所在：上帝鼓励下的词句成了诗歌，颜色与石墨的交融赞美了上帝。在作品中，去达成一种信仰和创作的完美平衡。在如此的心境里，感受光明和生命的能量。

当深爱着的巴斯克地区毁于战火时，毕加索没有缩进壳里，他回应以杰作《格尔尼卡》，提醒我们他的同胞所遭受的不义。一有闲钱，我就会跑到现代艺术博物馆，坐在《格尔尼卡》面前，久久端详那匹跌落的马和那只照耀着悲伤的战争战利品的灯之眼，然后回去继续工作。

那年春天，就在圣枝主日[62]的前几天，马丁·路德·金在孟菲斯的洛伦酒店门前被枪杀。报纸上有一幅科雷塔·斯科特·金[63]安慰她小女儿的照片，黑纱下的脸庞已浸透了泪水。我心里一阵难受，那感觉正如我十来岁时看到杰奎琳·肯尼迪[64]戴着飘动的黑纱，和她的孩子们站在一起，看着载着她丈夫遗体的马车从面前经过。我试图用诗歌或绘画来抒发自己的感受，但力不从心，似乎无论何时我想表达不公，都找不到方向。

罗伯特给我买了一条复活节穿的白裙，但为了缓解我的悲伤，圣枝主日那天他就把裙子给了我。那是一条破旧的薄亚麻布维多利亚式茶花连衣裙。我喜欢极了，在家里都穿着，对1968年的不祥之兆来说，它就像一副精巧而脆弱的铠甲。

这件复活节礼裙并不适合穿去梅普尔索普家的家庭晚

宴，但我们屈指可数的衣服里也没有别的更适合了。

我相当独立于父母，我爱他们，却并不操心他们对我跟罗伯特好会作何感受。而罗伯特没那么自由，他仍是父母的天主教徒儿子，无法告诉他们我们正在未婚同居。他已在我父母家受到了热情款待，却担心我到了他家将得不到同样的礼遇。

一开始，罗伯特觉得，最好是他先在电话里慢慢让他父母知道我；而后他又决定告诉他们，我俩已经私奔到了阿鲁巴岛，并且结了婚。当时他有一个朋友正在加勒比地区旅行，罗伯特给他母亲写了封信，他那个朋友帮他盖了阿鲁巴的邮戳。

我觉得真没必要精心策划这么个骗局，我想他应该跟他们实话实说，真心相信他们能最终接受我们。"不会的，"他一口否决，"他们可是恪守教规的天主徒。"

直到去拜访了他父母，我才理解了他的担忧。他父亲用冰冷的沉默欢迎了我们，我没法理解一个不拥抱自己儿子的男人。

全家人围聚在餐桌前，他的姐姐、姐夫和哥哥、嫂子以及他的四个弟弟妹妹。餐桌摆好了，一顿完美的晚餐也准备停当。他父亲看都很少看我一眼，跟罗伯特也没话，只是说："你头发该剪了，看着跟个姑娘似的。"

罗伯特的母亲琼，尽其所能地提供着些许家庭温暖。晚餐过后，她从围裙口袋里掏出钱塞给罗伯特，还把我叫去了她的房间。她打开她的首饰盒，看了看我的手，拿出了一枚金戒指。"我们钱不够，还没买戒指。"我说。

"你左手无名指上应该戴个戒指的。"她说着把那枚戒指塞到了我手里。

哈利不在的时候，罗伯特对琼特别温柔。琼是个有血有肉的人。她很爱笑，烟不离手，强迫症似的打扫屋子。我这才明白，罗伯特的条理性不完全是在天主教堂里培养的。琼偏爱罗伯特，而且似乎对罗伯特选择的道路有种秘密的自豪感。罗伯特在设计上成绩优异，他父亲希望他能当一个商业艺术家，但他拒绝了。一种情感驱使着他，要去证明父亲是错的。

临走时，一家人拥抱、恭喜了我们。哈利远远地站在后面。"我压根就不信他俩结婚了。"我听到他这样说。


罗伯特从一本超大的托德·布朗宁[65]的平装书上剪下杂耍畸形人的图片，两性人、小头人和连体双胞胎散了遍地。这让我如坠云雾，实在看不出这些形象跟他近来对魔法和宗教的思考有什么联系。

我一如既往地用自己的素描和诗歌跟随着他的脚步。我画马戏团里的角色，讲他们的故事：夜行走钢丝者哈根·韦克尔，"驴面男孩"巴尔萨泽，还有月形脑袋的阿拉沙·凯利。我对自己的创作尚有解释，而畸形人何以吸引他，罗伯特没有多说。

在这种心境下，我们去科尼岛看了杂耍表演。之前也在第四十二街上找过 Hubert's，他们以"蛇公主瓦格"和跳蚤马戏团著称，但在 1965 年就关张了。我们还找到过一家小博物馆，那些标本瓶里陈列着尸块和人类胚胎，罗伯特特别想用这类东西做一件作品。他到处打听上哪能找到这种东西，一个朋友叫他到韦尔费尔岛（就是后来的罗斯福岛）的老城市医院遗址去看看。

找了个星期天，我们和普拉特艺术学院的朋友们一起去了岛上。我们在岛上转了两个地方，首先是一幢规模庞大的有疯人院气质的 19 世纪建筑，它曾经是"天花医院"，美国第一家收治接触性传染病的地方。我们被带刺铁丝网和碎玻璃片拦于咫尺之外，想象着里面麻风病和高死亡率传染病患者垂死的样子。

另一处遗址便是老城市医院，这座令人生畏的慈善机构建筑最终在 1994 年被拆除。我们一走进去，立即就被楼里的寂静和怪怪的药味击中了。我们挨个房间看，架子上满载着装有医用标本的玻璃瓶。很多瓶子已经被啮齿类访客蓄意破坏了。罗伯特地毯式地搜索了每一个房间，直到发现了他想要的：一个游弋在玻璃子宫和福尔马林里的人类胚胎。

我们不得不承认，到了罗伯特手里，它很可能被派上大用场。回家路上，他紧紧地抓着这份珍贵的发现，即便在他的沉默里，我也能感觉到兴奋和期盼，想象着他会如何把它变成艺术品。我们在默特尔大道告别了朋友们，就在要拐上霍尔街的时候，那个玻璃瓶却鬼使神差地从他手中滑落，掉在人行道上，摔了个粉碎。还差几步路就到家了。

我看着他。他完全泄了气，两个人都说不出一句话。这只偷来的瓶子已在架上安然搁置了几十年，这几乎就像是他害了它的命。"上楼去吧，"他说，"我来收拾。"我们再没提起过这事。这只瓶子也没那么简单，那些厚玻璃碎片似乎预示了我们生活的恶化，我们嘴上不说，心里却似乎都承受着一种朦胧的不安。


六月初，瓦莱丽·索拉尼斯[66]枪击了安迪·沃霍尔。虽然罗伯特对艺术家的事不怎么多愁善感，可这事还是令他非常沮丧。他爱安迪·沃霍尔，视他为最重要的在世艺术家，这已接近他的英雄级崇拜了。他敬重像谷克多[67]和帕索里尼[68]那样将生活和艺术合而为一的艺术家，但对罗伯特来说，这些人里最有意思的，还是在银色"工厂"里记录人类境况的安迪·沃霍尔。

我对沃霍尔的感觉和罗伯特不同，他的作品反映了一种我避之不及的文化。我讨厌汤，对罐头也没什么感觉。我更喜欢对时代有所改观，而不只是反映了时代的艺术家。

不久后，我和一位顾客就我们的政治责任展开了一场讨论。那年是选举年，他拥护罗伯特·肯尼迪[69]，这个加州的初选者还在待定中，我们决定日后再议。让我兴奋的是有望能为与我抱同样理想的人工作，而且他还承诺结束越南战争。肯尼迪的候选人资格，在我看来是一条理想主义得以向重大政治行动转化的途径，是一件能真正帮上那些穷苦中人的事情。

罗伯特仍没从沃霍尔的遇袭中缓过神来，他待在家里创作一幅向沃霍尔致敬的素描，我则回家看望我的父亲。他是个明智、公正的人，我想听听他对罗伯特·肯尼迪的见解。我们一起坐在长沙发上看初选结果。罗伯特·肯尼迪进行获胜演讲时，我充满了自豪。我们看着他走下讲台，父亲冲我挤挤眼，为我们年轻候选人的许诺和我的热忱而欢欣。有几个天真的瞬间，我真心相信一切都会好的。我们看着他穿过欢呼雀跃的人群，和他们握手，并以肯尼迪家族经典的笑容散发着希望。随后他便倒下了，我们看见他的妻子跪倒在他身旁。

肯尼迪参议员死了。

"爸爸，爸爸。"我抽泣着，把脸埋进他的臂膀。

父亲抱着我，什么也没说。我猜他都已经看到了。对我来说，这个外在世界正在瓦解，而我自己的世界，也步步紧随。

回到家，迎接我的是剪下来的雕像纸样、古希腊人的躯干和臀部、米开朗基罗的奴隶、水手、文身和星辰。为了追上罗伯特的步伐，我给他朗读了《玫瑰奇迹》[70]的片段。他总是先行一步，在我朗读热内的时候，他却仿佛正在成为热内。

他抛弃了羊皮马甲和珠串，找来了一身水手服。他对大海并无感情。穿起水手服、戴起水手帽，他就和谷克多的画或是热内笔下罗伯特·奎雷尔的世界产生了共鸣。他对战争不感兴趣，战争的遗俗和仪式却吸引着他。他钦佩日本神风敢死队飞行员的坚忍克己之美，他们会把战衣——叠得一丝不苟的衬衫和白丝巾——铺开，在战前仔细地穿戴。

我喜欢打扮他。我给他弄到了一件蓝色厚呢短大衣和一条飞行员丝巾，虽然我对二战的认识都是从原子弹和《安妮日记》里来的。我认可他的世界，他也乐于走进我的。然而有时，我又感到迷惑，甚至在突然的改变中感到沮丧。当他用麦拉铝箔覆盖了卧室墙壁和圆形浮雕天花板时，我觉得自己被挡在了外面，因为这似乎更多是为了他而不是我。他希望这样能更添情趣，可在我看来却有一种哈哈镜的扭曲。我哀诉着，要拆掉我们睡的这间浪漫小教堂。

我不喜欢，这让他很失望。"你当时是怎么想的？"我问他。

"我从来不想，"他坚持说，"我只感觉。"

罗伯特对我很好，尽管我敢说他其实心不在焉。我习惯于他安安静静，但不是沉默的幽怨。他正在为什么事烦恼，不是钱的事。他对我的呵护不曾停止，但就是看起来有心事。

他白天睡觉，晚上工作。我醒来，会发现他正凝视着墙上钉成一排的米开朗基罗雕的人体。我宁愿爆发也不愿沉默，但那不是他的方式，我再也破译不了他的心境了。

我发现晚上听不到音乐了。他从我身边走开，漫不经心地来回踱步，没有全心扑在创作上。完成了一半的怪胎、圣人和水手的拼贴在地板上乱扔着。让作品停滞在这种状态可不像他干的事，这方面他可一直是在劝诫我的，我无力穿透他周围那片坚忍的黑暗。

他对自己的作品越来越不满，烦乱也随之增长。"旧的意象对我已经不够了。"他说。一个星期天的下午，他拿着一把烙铁向圣母的大腿根烙去，事后还满不在乎。"一时失去理性。"他说。

终于，罗伯特的审美观变得太过强烈，让我感到那已不再是我们的世界，而是他的。我信赖他，可他把我们的家变成了一间他独自设计的剧院。金属遮光板和黑缎子，取代了我们神话故事的丝绒幕布。白桑树上垂挂着密网。他睡了，我在屋里踱步，像一只鸽子弹跳着，企图逃离那只约夫·康奈尔装置作品般的孤独盒子。

◆←→◆

那些无言的夜晚让我坐立不安。天气变幻中，也有些什么预兆了我自身的改变。晚上，当我下班从地铁站走向霍尔街时，渴望、好奇和活力裹挟而来，令我感到隐隐的窒息。我开始更多地去克林顿街的珍妮特家小坐，不过若是我坐得太久，罗伯特也会一反常态生起气来，会越发地渴求关爱。"我都等你一天了。"他会这样说。

我开始越来越多地和普拉特艺术学院区的老友们待在一起，尤其是画家霍华德·迈克尔斯。当初我就是在找他的那天遇到罗伯特的，他已经和画家肯尼·蒂沙搬去了克林顿街，但那会儿他还是孤军奋战。他的巨幅画作能让人联想起汉斯·霍夫曼艺术学校特有的风格，而他的素描，虽独具特色，但也能让人缅怀起波洛克和德库宁。

出于对交流的渴望，我转向了他。我开始在下班路上频频登门。霍伊[71]，正如别人所知的那样，是一个表达清晰、激情四溢、博览群书且积极参政的人。能跟一个人从尼采到戈达尔无所不谈，也真是件舒心事。我欣赏他的工作，期待从拜访中分享那份亲切，但随着时间流逝，在罗伯特面前，我对我们之间与日俱增的亲密越来越直言不讳了。

回首往昔，1968年的夏天标志着一个我和罗伯特共同的身体觉醒期。我还尚未悟到罗伯特的矛盾举动和他的性向有关。我知道他深深地在乎我，而我所能想到的，也只是他已在身体上厌倦了我，在某些方面我感到了背叛，可事实上却是我背叛了他。

我逃离了我们霍尔街的小家。罗伯特陷入极度不安，却仍未能解释那吞噬了两人的沉默究竟源自何处。我没法将那个属于我俩的世界轻易抛弃，我也不确定要往何处去，所以当珍妮特提出合租下东区一个没电梯的第六层公寓楼时，我答应了。对于罗伯特来说纵然痛苦，但这样的安排更适合我独居或与霍伊搬到一起。

在我告别时，心烦意乱的罗伯特仍然帮我把东西搬到了新住处。我第一次拥有了自己的房间，想怎么布置都行，我也开始画一组新的系列素描。告别了我的马戏团动物，我成为自己的主题，画着强调自己更为阴性和朴实一面的自画像。我开始穿裙子、烫头发。我等待着我的画家，但他通常都不会来。

罗伯特和我都无法彼此割舍，仍然继续见面。在我和霍伊的关系跌宕起伏之时，他恳求我回头，他希望我们能重新回到一起，如同什么也没发生过。他已经准备原谅我了，我却还没后悔。我并不想回头，尤其是罗伯特似乎依然藏匿着那份他拒绝吐露的内心的焦虑。

九月初的一天，罗伯特突然出现在斯克里布纳书店。他穿着一件深红色的长款军装式雨衣，系着腰带，看上去既俊朗又失落。他已经回到了普拉特学院，申请了一份学生贷款，拿出一部分钱买了这件雨衣和去旧金山的票。

他说他想跟我谈谈。我们出去，站在第四十八街和第五大道的拐角。"回来好么，"他说，"不然我就要去旧金山了。"

我想不出他干吗要去那儿，他的解释既模糊又支离破碎。自由街，有个人知道内情，在卡斯特罗街的某处。

他突然抓过我的手。"跟我走吧，自由就在那儿，我得去弄明白我是谁。"

我对旧金山唯一的了解就是大地震和海特—阿什伯里区。"我已经自由了。"我说。

他绝望而紧张地盯着我。"你要是不来，我就要跟一个男的在一起了，我就要变成同性恋了。"他威胁道。

我看着他，完全不明白他在说什么。在我们的相处中，不曾有过任何迹象能让我对这样的真相有所准备。他拐弯抹角透露给我的所有信号，都被我理解为他在艺术上的演变，而非他个人。

我表现得连一点同情心也没有，这让我后悔。他的眼睛看上去就像飞了安非他命又熬了一整夜，他一言不发地递给我一个信封。

我看着他转身消失在人群里。

信是写在斯克里布纳的信笺上的，这个最先震动了我。他的字迹，一贯那么小心翼翼的字迹，充满了焦虑和矛盾，从规整和一丝不苟，变成了孩子似的"蛛蛛爬"。我在开始读信之前，已被那行简单的标题深深触动："帕蒂——我所想的——罗伯特"。我走之前曾那么多次地问过他，甚至是恳求他，告诉我他的想法，告诉我他在想些什么，他都以沉默作答。

看着这几页纸，我意识到，他已经为了我深入了自己的内心，并试图表达那难以言表的情感。光是想象他写这封信时的痛苦，已令我潸然泪下。

"我打开了门，也关上了门。"他写道。他谁也不爱，他爱所有人；他爱性，他恨性；生活是谎言，真理是谎言。最终他以一道愈合的伤口为思绪作结。"我一丝不挂地站在那里，画着。上帝握着我的手，我们一起歌唱。"这是他作为一个艺术家的宣言。

我任忏悔消散，像接受圣餐一样接受了这些话。他已抛出了那条会诱惑我并最终把我俩绑在一起的线。我把信叠好装回信封，全然不知下一步将会怎样。

★

墙上挂满了画。我追赶着弗里达，画了一组自画像，每幅都含有一小段诗，追踪了我支离破碎的情感状态。我想象着她所遭受的煎熬，自己的便显得微不足道了。一天晚上，我爬楼梯回公寓，半路遇到了珍妮特。"咱们被抢了！"她哭喊着。我随她爬上楼。寻思着我们也没有什么贼能感兴趣的东西。我走进我的房间。那些郁闷的贼，看我们实在没什么东西能卖钱的，就扯下了我绝大部分的画，少数几张完好无损的也沾满了泥靴印。

深受刺激的珍妮特决定离开这栋公寓，搬去和男朋友一起住。东村的 A 大道东那时仍是个危险地带，我答应过罗伯特不会独自住在那儿，于是搬回了布鲁克林。我在克林顿大道找了一个两居室，离我以前夏天睡过的门廊仅一街区之遥。我把幸存的画钉在墙上。然后，冲动之下，走去杰克美术用品店买了油画颜料、画笔和画布。我决心要画画了。

跟霍伊在一起时我看过他画画。在某种程度上，他在创作中有一种罗伯特所没有的肢体性和抽象性，我也唤起

91

自画像，布鲁克林，1968

了自己年轻的雄心，抓住了亲自拿起画笔的渴望。我拿上相机，到现代艺术博物馆去寻找灵感。我给德库宁的《女人：第一号》拍了一系列黑白肖像，再在此基础上进一步发挥。我把照片贴在墙上，开始画它的肖像。给肖像画肖像，我觉得有点意思。

罗伯特还待在旧金山。他在信里说想我了，还说他已经达成了他的目标，探索了自身的新大陆。即使在给我讲他与别的男人的故事时，他也让我相信他是爱我的。

对于他的坦白，我的反应比预期的更激动。我对这种事没有任何经验。我觉得自己有负于他。我认为一个男人变成同性恋，是因为没有真命天女来拯救他，这个错误认识是我从兰波和诗人保罗·魏尔伦的悲剧结合上发挥出来的。兰波至死都在遗憾，他未能寻到一个能与之共享身心的女人。

在我的文学想象中，同性恋是一个诗意的诅咒，这是我从三岛由纪夫、纪德和热内那里卖力搜集来的概念。对现实中的同性恋我一无所知。我认为它必定与做作和浮夸相配。我也曾得意于自己能够不带偏见，可我的理解力是狭隘和迂腐的，即使在读热内的时候，我也把他笔下的男人当作了一族神秘的小偷和水手。我不完全理解他们的世界。我把热内作为一个诗人来信奉。

我们逐渐形成了不同的需求。我需要超越自身去探索，而他需要探索自身。他探索自己作品的词汇，随着作品构成要素的变换和演变，他事实上谱写了一本心灵演化日记，宣布了一个被压制的性身份的出现。他之前在举止中从不曾给过我任何能联想到同性恋的信号。

我意识到他曾试图摒弃他的天性，否认他的欲望，好让我们的生活成立。对我来说，我不知道自己是否应该驱散这些冲动。他一向太腼腆、太恭敬，害怕说起这些事，但毫无疑问的是他仍然爱着我，我也爱着他。


罗伯特从旧金山回来的时候，看上去既春风得意又忧虑不安。我希望他回来后能有所转变，他也确实有所转变，但不是以我想象的方式。他看起来容光焕发，更像他的旧我，对我也更加疼爱。他已经历了一次性的觉醒，但仍希望我们能找到某种延续关系的方式。我也不确定自己是否能接受他新的自我意识，同时也不确定他能否接受我的。在我举棋不定之时，他遇到了另一个人，一个叫特里的男孩，开始了第一场和男人的风流韵事。

无论他在旧金山经历了怎样的肉体邂逅，都是随意和实验性的。而特里是一个真正意义上的男朋友，人好，又帅，棕色的头发卷着波浪。在他们相衬的束带大衣和心照不宣的眼神中，环绕着一种自恋的氛围。他们就像彼此的镜像，尽管在外形上不如在身体语言上来得更像、更同步。我的心情很复杂，理解他们，又对他们的亲密和想象中他们所分享的秘密感到嫉妒。

罗伯特是通过朱迪·琳认识特里的。特里说话轻声细语，爱屋及乌，能接受罗伯特对我的呵护，待我又热情又同情。通过对特里和罗伯特的观察，我发现同性恋也是一种自然的方式，但随着特里和罗伯特感情的加深，以及我与画家之间断断续续的关系慢慢地变淡，我感到自己彻底的孤独、不知所措了。

罗伯特和特里经常来看我，我们三人之间尽管没有任何负面的东西，我还是觉得身体里有什么突然断掉了。也许是因为天气寒冷，或是我大手大脚地回了布鲁克林，又或是那令我不适的孤独感，反正我大哭了一场。当特里站在一旁束手无策时，罗伯特尽其所能地安慰着我。若是罗伯特自己过来，我就求他留下，他使我确信，他心里一直有我。

节日的脚步临近了，我们约定各画一本素描簿作为礼物送给对方。从某方面说，罗伯特给我布置了一个能帮助我振作起来的任务，一个能专注于创作的任务。我在一个皮面手稿本里为他填满了诗和画，他也送了我一个画满了素描的坐标纸笔记本，那些画像极了我俩相遇的那天晚上我见过的那些。他用紫色丝绸给它包了封皮，用黑色的线手工装订。

留在我 1968 年末记忆中的，是罗伯特忧心的表情、大雪、夭折的油画和"滚石"乐队带来的那一点点喘息。我生日那天，罗伯特一个人来看我。他给我带来了一张新唱片。他把唱针放到唱片正面，冲我一眨眼。《对恶魔的怜悯》[72] 响起，我们开始跳舞。"这是我的歌。"他说。

★

　　这一切将通往何处？我们将会成为什么人？这是我们
年轻的问题，年轻的答案也已揭晓。

　　一切通向彼此。我们成为自己。

　　罗伯特一度保护过我，依赖过我，而后又对我表现出
占有欲。他的转变就是那热内的玫瑰，他被自己的绽放深
深刺穿。我也同样渴望更多地感受这个世界，尽管有时，
那渴望不过是希望能退回到原点，在那里，我们微弱的光
芒从悬着的带镜板的提灯中透出来。我们像梅特林克[73]寻
找青鸟的孩子们一样去冒险，全新的经历就像缠绕的荆棘
擒住了我们。

　　罗伯特就像一个我心爱的孪生兄弟。在我颤抖落泪时，
他深色的卷发和我纠结的头发融为一体。他承诺我们可以
回到过去的状态，回到我们曾经的样子，只要能让我别再
哭了，他什么都答应。

　　其实我也想能就这样下去，然而恐怕我们再也不能回
到原点，我们会像摆渡者的孩子一样往复穿梭于我们的泪
河之上。我渴望去旅行，去巴黎、去埃及、去撒马尔罕[74]，
远远地离开他，离开我们俩。

　　他也有一条要去追寻的道路，并且得无可选择地撇
下我。

　　我们明白了，我们索求的太多。我们也只能够从"我

们是谁"和"我们有什么"的角度去给予。分开来，我们才更清晰地看到，无论是谁都不想失去对方。

我需要找个人倾诉。我回到了南泽西的家，给妹妹琳达过二十一岁生日。我们都在经历成长之痛，能够彼此安慰。我给她带了一本雅克·亨利·拉蒂格[75]的影集，匆匆翻阅那些书页时，我们还萌生了去法国的渴望。我们整夜地密谋着，在互道晚安之前，已说好要一起去巴黎，对两个连飞机都没坐过的姑娘来说这可是个不小的壮举。

这个念头支撑着我度过了漫长的冬天。我在斯克里布纳加班加点地工作，存钱并密谋着我们的路线，在地图上标画那些工作室和墓地，为我和妹妹设计行程，就像当年为我的弟弟妹妹军做战略计划一样。

我不觉得这对我和罗伯特来说是一个艺术多产期。罗伯特要面对他曾在我面前压抑、又通过特里找回的天性，那种强烈让他在情感上不堪重负。他可能得到了某种意义上的满足，但他看上去毫无灵感，如果不是无聊，那或许就是在忍不住地比较他们的生活与我们的不同。

"帕蒂，没人像我们这样看世界。"他对我说。

❮❮➤➤

春天空气中的某种东西，加之复活节的康复力量，让罗伯特和我又走到了一起。我们坐在普拉特艺术学院附近的餐厅里，点了我们最喜欢的配番茄的烤奶酪黑麦面包，还有麦芽巧克力。我们现在有钱点两份三明治了。

我们都曾把自己交予过他人。我们犹豫不决并失去了所有人，但我们又重新找回了彼此。看起来，我们所追寻的正是已拥有的，一个可以并肩创作的爱人和朋友。忠诚，自由。

我决定是时候离开了。我在书店不休假加的那些班得到了回报，他们给我办了停薪留职。我和妹妹收拾起行囊。我不情愿地留下了画具，好轻装上路。我带了一个笔记本，把相机给了妹妹。

罗伯特和我都保证在分别的这段时间里要努力创作，我为他写诗，他为我作画。他答应我会写信并告诉我他的动向。

我们拥抱告别时，他抽回身，热切地望着我。我们什么也没有说。

★

我和琳达凭着我们小小的积蓄，坐一架螺旋桨飞机经冰岛去了巴黎。这是一段艰苦的旅程，尽管很兴奋，我却仍为丢下罗伯特而纠结不已。我们所有的东西都堆在布鲁克林区克林顿街的两个小房间里，由一个老管理人全权照看。

罗伯特已经搬出了霍尔街，在默特尔大道附近和朋友们住在一起。和我不同的是，旅行不是罗伯特的动力所在。

他的首要目标是通过工作获得经济独立，不过此时此刻的他还依赖着零工和学生贷款。

琳达和我欣喜若狂地来到了巴黎，我们的梦想之都。我们住在蒙马特的一家廉价旅店里，在这座城市里地毯式地搜寻着：皮雅芙歌唱过的地方、热拉尔·德·奈瓦尔[76]睡过觉的地方和埋葬着波德莱尔的地方。我在纯真街发现了激发我绘画灵感的涂鸦。我和琳达找到了一家美术用品店，在里面一逛好几个小时，仔细地看着那些带有精美天使水印的漂亮法国画纸。我买了些铅笔，几张 Arches 牌画纸，还选了一个有帆布带的红色大画夹，在床上画画时作临时画桌用。我一条腿盘起，一条腿垂在床边，自信地画着。

我拖着画夹从一个画廊到另一个画廊。我们加入了一个街头音乐家班子，卖艺挣点零钱。我努力地画画和写作，琳达拍照片。我们吃面包、奶酪，喝阿尔及利亚葡萄酒，招了跳蚤，穿着船领衫，在巴黎快乐地走街串巷。

我们看了戈达尔的《一加一》，这部影片在政治上对我产生了巨大的影响，重燃了我对"滚石"乐队的爱。仅仅几天过后，法国报纸上就遍布了布莱恩·琼斯[77]的脸：卒年二十七岁。我痛惜没能去参加"滚石"其余乐手在海德公园举办的免费纪念音乐会，到场观众超过了二十五万人，演唱会上米克·贾格尔[78]向伦敦天空放飞了三千五百只蝴蝶。我把我的画笔搁到一边，开始创作给布莱恩·琼斯的系列诗，这是我第一次在自己的作品里抒发对摇滚乐的爱。

　　长途跋涉到"美国运通"服务处去收发邮件，是那些日子里最激动人心的事之一。我总能收到罗伯特的来信，那些有意思的短信讲述了他的工作、他的健康、他的努力，以及始终不变的，他的爱。

　　他暂时从布鲁克林搬到曼哈顿去了，住在德兰西大街的一个顶楼上，同住的有特里，还有特里的一对开搬家公司的朋友，罗伯特和特里之间仍有一种相敬如宾的友谊。干搬运工让罗伯特有了零用钱，顶楼也有足够的空间供他继续艺术创作。

　　一开始他的来信似乎有点沮丧，不过从第一次看了《午夜牛郎》之后就活泼了起来。罗伯特可是不怎么看电影的，但这个电影他看进了心里。"讲的是第四十二街上的一个牛仔浪子。"他在信中这样写道，并称其为一部"杰作"。

他对这位英雄产生了强烈的认同感，牛郎的概念从此引入了他的作品，进而引入了他的生活。"牛郎，牛郎，牛郎。我猜我就是。"

他有时看起来很迷茫。读着他的信，真希望我能回家陪在他的身边。"帕蒂——那么地想哭，"他写道，"可我的泪却在心里流。它们被蒙住了。如今我找不到方向。帕蒂——我什么也不懂。"

他会乘 F 列车去时代广场，在那个他称为"颠倒花园"的地方，混迹于骗子、皮条客和妓女之间。在一间自助快照亭里，他为我拍了一张照片，他穿着我送他的海军外套，从一顶法国海军帽底下凝视着镜头。在他的照片里，这张一直是我最喜欢的。

作为回应，我为他创作了一幅拼贴，取名《我的牛郎》，将他的一封信用作了画面元素。他劝慰我没什么可担心的，却在自己作品描绘的那个性的黑社会中渐行渐远。他似乎被 S&M 的意象所吸引——"我也说不好意义何在——只是觉得好"——向我描述了作品《紧身干裤》，以及那些被他用钝刀割破了 S&M 角色的素描。"我把他的鸡巴换成了一个钩子，我打算把有骰子和骷髅头的链子挂那上面。"他还说起过用血淋淋的绷带和纱布做成的星形纹章。

他不仅仅是在无所顾忌地自我表达，他用自己的审美过滤着这个世界，他批评一个叫《男性杂志》的影片"不过是一部全男演员阵容的'剥削电影'[79]"。去 S&M 酒吧

Tool Box 时，他觉得那里"不过是墙上挂了一堆粗链子和破烂，没什么可让人兴奋的"，并希望能自己设计一个那样的地方。

时间一周一周过去，我担心他出了状况。他抱怨身体不适，这可不像他。"我嘴里难受，"他写道，"牙龈发白，隐痛不止。"有时他没钱吃饭。

信的附言里仍然充满罗伯特式的虚张声势。"我一直被人指责，说我打扮得像个牛郎，说我有牛郎的内心和身体。"

"自始至终地爱你。"他这样结尾，署名"罗伯特"，用最后一笔画了一颗蓝色的星星，那是我们的标志。

★

七月二十一日，我和妹妹回了纽约。大家都在说月亮的事。有个人已经在月亮上走过了，而我没注意到。

我拖着行李袋和作品辑，找到了德兰西大街上罗伯特住的阁楼，就在威廉斯堡大桥的下面。看到我他喜出望外，我却发现他简直脱了相。他的信不足以让我接受他这么差的现状，他忍受着战壕口炎和高烧，体重掉了不少。他试图掩饰自己的虚弱，却在每次站起来时感到晕眩。尽管如此，他在创作上一直很多产。

只有我们两个人，与他合住的那几个都到火岛度周末去了。我给他朗诵了我写的一些新诗，他进入了梦乡。我在阁楼里逛了逛，光可鉴人的地板上，散落着他在信里生动描述过的作品。他应该自信，作品很棒，男人的性。还有一张画的是我，在一大片橘色的长方形里戴着我的草帽。

我收拾了他的东西。他的彩色铅笔、铜笔刀、残余的男性杂志、亮闪闪的星星和纱布。然后我在他旁边躺下来，思考着我的下一步。

天还没亮，一连串的枪声和尖叫声就把我们吵醒了。警察叫我们把门都锁好，几小时之内不要离开。就在我们门外，一个青年被杀了。在我的归来之夜，我们距危险仅一步之遥，这把罗伯特吓坏了。

到了早上，我打开门一看，画在受害者尸体周围的粉笔线让我不寒而栗。"咱们不能待在这了。"他说。他担心我们的安全。我们几乎把大部分东西——我的粗呢包和巴黎纪念品，他的画具和衣服——都撇下了，只带了我们最宝贵的财富，我们的作品辑，穿越城区到了第八大道上的阿勒顿酒店，一个以廉价房间著称的地方。

那些天，是我俩共同经历过的最低谷。我都不记得是怎么找到阿勒顿的了。那是个可怕的地方，黑暗，失修，灰突突的窗户俯瞰着嘈杂的街道。罗伯特给了我二十美元，那是他搬钢琴挣的，绝大部分都用作了房间押金。我买了面包、花生酱和一盒牛奶，可他吃不下。我坐在那儿，看着他在铁床上出汗发抖。古老床垫里的弹簧从污渍遍布的床单底下钻出来，屋里弥漫着尿和杀虫剂的味道，剥落的墙纸就像夏天的死皮，已被腐蚀的水槽里没有一滴流水，只是在夜里，才偶有带锈的水滴出其不意地掉落。

尽管病着，他仍想做爱，或许身体的结合也算是某种慰藉，能让他出出汗。早晨他去走廊上厕所，回来时脸上明显挂着沮丧。他已有了淋病的病征。他马上开始愧疚和担心，怕可能传染给我，这也更加放大了他对我俩处境的焦虑。

谢天谢地他睡了一下午，我则在走廊里徘徊。这地方充斥着流浪汉和瘾君子。我很熟悉廉价旅店。我和妹妹住在皮加勒区一栋无电梯楼的第六层，不过我们的房间很干净，甚至还有赏心悦目的浪漫巴黎天台景观。而在这个地方，看着半裸男人在感染了溃疡的四肢上努力地寻找静脉，没有任何浪漫可言。因为酷热难耐，每个屋都敞着门，为了给罗伯特洗盖额头的布，我往返于盥洗室，有时不得不背过脸去，那感觉就像一个在上映《惊魂记》[80]的影院里试图躲闪沐浴场景的孩子，这也是让罗伯特忍俊不禁的画面。

虱子在他那凹凸不平的枕头上爬着，往来于他潮湿纠结的发卷。我在巴黎见识过不少虱子，至少我可以把它们和兰波的世界联系起来，可他的那个枕头仍让我无法接受。

我去给罗伯特弄水，从走廊那头传来一个声音喊我，那声音真是雌雄莫辨。寻声望去，一个憔悴的美男子裹着破旧的雪纺绸坐在床沿。听他讲述自己的故事，我感觉很安全。他曾是个芭蕾舞者，眼下成了吗啡瘾君子，一个纽瑞耶夫[81]和阿尔托[82]的合体。他的腿上依然满是肌肉，牙却掉得差不多了，金黄的头发，方方的肩膀，高高的颧骨，他在过去得有多风光呀。我坐在他房间门外，成了他梦幻般表演的唯一观众，他边唱着无调性版的《狂野如风》边在走廊里漂移，就像舞着雪纺绸的伊莎朵拉·邓肯[83]。

他也给我讲了一些邻居们的故事，一个屋挨一个屋的，讲他们为酒精和毒品付出了怎样的代价。我从没见过这么多共同的痛苦和失落的希望，这么多染污了自己生命的孤苦凄凉的灵魂。他好像是他们的头儿，可爱地哀悼着自己失败的事业，在走廊里舞着那一段黯淡的雪纺绸。

坐在罗伯特身边，审视着我们的命运，我几乎要懊悔追求艺术了。厚重的作品辑靠在肮脏的墙边，我的是红色的系着灰缎带，他的是黑色的系着黑缎带，真是好一份有形的负担。有好几次，甚至是在巴黎的时候，我都想把里面很多作品扔在巷子里一走了之，但当我拆开缎带，看到我们的画的瞬间，又感觉我们并没有选错路，我们只是缺少一点运气罢了。

晚上，一向对痛苦泰然处之的罗伯特哭了出来。他的牙床长了脓疮，脸通红通红的，床单都被他的汗浸透了。我找到了吗啡天使。"有能给他用的吗？"我乞求他，"能减少他一点痛苦的？"我试图把他从飞高的状态里唤醒。他暂时清醒了过来，去了我们的房间。罗伯特躺在床上，烧得语无伦次，我觉得他可能要死了。

"你得带他去找医生，"吗啡天使说，"这地方你不能再待了。这儿不适合你。"我看着他的脸。他所经历过的一切，全写在了那双冷漠的蓝眼睛里。有那么一瞬，那双眼睛重新点亮了起来。不是为他自己，而是为我们。

我们的钱不够结账的。破晓时分，我叫醒了罗伯特，帮他穿好衣服，陪他走下楼外的消防楼梯。我把他留在人行道上，我要爬楼梯回去取我们的作品辑，那是这个世界里我们仅有的东西了。

抬头望去，一些悲伤的房客正挥舞着手帕。他们从窗口探出身来，对两个逃出了人间炼狱的孩子喊着"再见，再见"。

我叫了辆出租车，先把罗伯特塞进去，然后是作品辑。在我钻进车子之前，最后看了一眼这悲壮的场景，那些挥动的手，阿勒顿酒店不祥的霓虹灯，还有在消防楼梯上唱歌的吗啡天使。

罗伯特的头枕在我的肩上。我能感到他放松了下来。"会好的，"我说，"我会再找到工作的，你也会好起来的。"

"我们能做到，帕蒂。"他说。

我们说好了再也不分开，直到两人都做好自立的准备。这个誓言，在经历了我们尚未经历的种种之后，仍然遵守着。

"切尔西酒店。"我对司机说，然后笨拙地在兜里摸着钱，也不知究竟够不够。

## 注释

1 宝石矿泉，纽约市一家经营了几十年的报亭。

2 蛋奶，是纽约特有饮品，一种用巧克力糖浆、牛奶和苏打水调制成的饮料。

3 阿娜伊丝·宁（1903—1977），法国女作家。

4 理查德·普赛提—达特（1916—1992），美国抽象表现主义画家。

5 亨利·米修（1899—1984），比利时诗人、画家，用法语写作。

6 谭崔，意译为"密续"，佛教术语。密续的内容多半是由佛陀、菩萨，或是印度教神祇，通过神秘的一对一方式教授，其中包括了仪式、咒语、修行方法，以及大乘佛教的义理，内容极为庞杂。

7 曼荼罗，意译为"坛场"，佛教术语。修炼密法时，为防止魔众侵入，画圆形、方形之区域，或建立土坛，有时亦于其上画佛像、菩萨像，事毕像废。故一般以区划圆形或方形之地域，称为曼荼罗，认为区内充满诸佛与菩萨。

8 圣詹姆斯，一家纽约画廊。

9 亡灵节，墨西哥和一些旅居美国及加拿大的墨西哥人庆祝的节日。

10 蒂姆·哈丁（1941—1980），美国民谣音乐家及作曲家。

11 洛特·伦亚（1898—1981），奥地利女歌手及演员。

12 皮雅芙（1915—1963），法国女歌手。

13 热内（1910—1986），法国作家及诗人。

14 埃莉诺·斯蒂伯（1914—1990），美国女高音歌唱家。

15 《按钮之间》，"滚石"乐队1967年的录音室专辑。

16 琼·贝兹（1941—），美国民谣歌手、歌曲作者及活动家。

17 蒂姆·巴克利（1947—1975），美国歌手及音乐家。

18 潘兴步枪，一个大学生军队兄弟组织，由当时的二级中尉（后来的上将）约翰·J.潘兴（John J. Pershing，1860—1948）在1894年创建。

19 东菲尔莫，娱乐业推手比尔·格雷厄姆（Bill Graham，1931—1991）于20世纪60年代末至70年代初经营的一座摇滚宫殿，位于纽约曼哈顿东村。

20 五点，纽约一家爵士乐俱乐部。

21 鸟园，纽约一家爵士乐俱乐部。

22 埃里克·杜菲（1928—1964），美国爵士中音萨克斯风、长笛及低音单簧管演奏家。

23 奥涅·科尔曼（1930—），美国爵士萨克斯风、小提琴、小号演奏家及作曲家。

24 理查德·莱斯特（1932—），美国导演，以其20世纪60年代的"披头士"系列电影和80年代的《超人》系列电影闻名。

25 《天涯何处无芳草》，希腊裔美国导演伊莱亚·卡赞（Elia Kazan，1909—2003）1961年导演的讲述压抑性取向的影片。

26 德库宁（1904—1997），荷兰裔美国抽象表现主义画家。

27 波洛克（1912—1956），美国抽象表现主义画家。

28 戈尔基（1904—1948），美国抽象表现主义画家。

29 康奈尔（1903—1972），美国画家、雕塑家、装置艺术先驱。

30 奇塔伊（1932—2007），美国画家。

31 威廉·布莱克（1757—1827），英国诗人及画家。

32 F.A.O. 施瓦茨，创建于1862年的老牌玩具店。

33 麦克斯威尔·帕金斯（1884—1947），美国文学图书编辑。

34 罗斯柴尔德家族，世界上久负盛名的金融家族，发迹于19世纪初。

35 麦克斯菲尔德·帕里什（1870—1966），美国插画师。

36 欧内斯特·弗拉格（1857—1947），美国古典装饰风格建筑设计师。

37 安娜·卡丽娜（1940—），丹麦裔法国女演员、导演及编剧。

38 《法外之徒》，让－吕克·戈达尔（1930—）于1964年编剧并导演的影片。

39 《玻璃动物园》，美国作家田纳西·威廉姆斯（1911—1983）的四幕剧本。

40 爱德华·戈里（1925—2000），美国作家及艺术家。

41 斯宾塞·屈塞（1900—1967），美国戏剧和电影演员。凯瑟琳·赫本多年的伴侣。

42 李·克拉斯纳（1908—1984），美国抽象表现主义女画家，杰克逊·波洛克之妻。

43 《甜姐儿》，一部1957年的美国歌舞片，奥黛丽·赫本主演，讲述了格林威治村一家书店的女店员因被发掘而被培养成世界名模的故事。

44 塔布拉，印度音乐中常见的小手鼓，一大一小两只连在一起，演奏时运用掌根的压力来改变音调。

45 蒂莫西·利里（1920—1996），美国心理学家和作家，以其对迷幻药的研究而闻名。《迷幻祈祷》是其 1966 年出版的书籍，全名为《道德经之后的迷幻祈祷》( *Psychedelic Prayers after the Tao Te Ching* )。

46 巴比育斯，法国医师、催眠专家及作家杰拉德·恩格斯( Gerard Encausse，1865—1916 ) 的笔名。

47 朱迪·琳（1947—），美国摄影师。

48 艾达·卢皮诺（1918—1995），英裔美国演员，女性导演中的先锋人物。

49 詹妮斯·乔普林（1943—1970），美国歌手及歌曲作者，被视为 20 世纪 60 年代的精神圣女、摇滚乐历史上最伟大的女歌手之一。

50 吉姆·莫里森（1943—1971），"大门"乐队主唱。

51 苏丁（1893—1943），旅法俄国画家，20 世纪上半叶欧洲表现主义代表人物之一。

52 此处为一个双关语，黑羊羔（black sheep）在英文中也有"害群之马"的含意。

53 萨尔·米内奥（1939—1976），美国电影及戏剧演员，代表作为 1955 年的影片《无因的反抗》( *Rebel Without a Cause* )。

54 即《垂死的奴隶》和《被缚的奴隶》。

55 修拉（1859—1891），法国后印象派画家。

56 卡米耶·克洛岱尔（1864—1943），法国雕塑家和平面艺术家，诗人保罗·克洛岱尔的姐姐。

57 朱尔·拉佛格（1860—1887），法国象征主义诗人，"自由诗体"的创始人之一。

58 珍珠艺术品市场，运河街上绵延一英里的艺术品市场。

59 东河，南接上纽约湾，北至长岛湾。

60 亚当·斯密（1723—1790），苏格兰伦理学家、政治经济学先锋。

61 汤姆·沃尔夫（1931— ），美国记者、作家，"新新闻主义"代表人物之一。

62 圣枝主日，复活节前的星期日。

63 科雷塔·斯科特·金（1927—2006），马丁·路德·金的遗孀，美国作家、活动家及民权运动领袖。

64 杰奎琳·肯尼迪（1929—1994），第 35 届美国总统约翰·肯尼迪的遗孀。

65 托德·布朗宁（1880—1962），美国动作片演员、导演及编剧。

66 瓦莱丽·索拉尼斯（1936—1988），美国激进女权主义作家。

67 让·谷克多（1889—1963），法国诗人、小说家、编剧、设计师、剧作家及电影导演。

68 皮埃尔·保罗·帕索里尼（1922—1975），意大利诗人、电影导演及作家。

69 罗伯特·肯尼迪（1925—1968），美国政治家，美国前总统约翰·肯尼迪的弟弟。

70 《玫瑰奇迹》，让·热内 1946 年出版的作品。

71 指霍华德。

72 《对恶魔的怜悯》，"滚石"乐队 1968 年的专辑《乞丐宴会》(*Beggars Banquet*)中的开始曲。

73 梅特林克（1862—1949），比利时剧作家、诗人及散文家。

74 撒马尔罕，乌兹别克斯坦的旧都及第二大城市，撒马尔罕州的首府。

75 雅克·亨利·拉蒂格（1894—1986），法国摄影家及画家。

76 热拉尔·德·奈瓦尔（1808—1855），法国诗人、散文家及翻译家。

77 布莱恩·琼斯（1942—1969），英国音乐家，"滚石"乐队的建队元老，卒年 27 岁。

78 米克·贾格尔（1943— ），英国音乐家、歌曲作者、唱片制作人，"滚石"乐队主唱。

79 剥削电影，一种电影类型，出现于 20 世纪 20 年代，在六七十年代中，因欧美地区放松电影审查尺度而开始普及。剥削电影以性挑逗、性爱、暴力、吸毒、裸体、血腥、荒诞、毁灭、背叛和残害为特色，在诸多层面上往往属于质量低劣之作。

80 《惊魂记》，阿尔弗雷德·希区柯克（Alfred Hitchcock，1899—1980）导演的心理惊悚片。

81 鲁道夫·纽瑞耶夫（1938—1993），前苏联芭蕾舞蹈家。

82 安托南·阿尔托（1896—1948），法国剧作家、诗人及演员。

83 伊莎朵拉·邓肯（1877—1927），美国舞蹈家。

切尔西酒店

我像麦克·哈默[1]一样坐在大堂里吞吐着酷斯[2]香烟，读着廉价侦探小说，等着威廉·巴勒斯[3]。他穿得极讲究，深色的华达呢长大衣，灰色套装，系着领带。我在位子上坐了几个小时，涂写着诗歌。直到微醺的他，衣冠不整地从"堂·吉诃德"餐厅里踉跄而出。我帮他整整领带，给他叫了辆出租车，这是我们不言的默契。

　　这期间我在看热闹，审视着熙来攘往的挂着劣质艺术品的大堂。硕大的不请自来的作品被兜售给斯坦利·巴德充了房租。对大量来自社会各阶层的劳碌才子而言，这家酒店是一个充满活力、孤注一掷的天堂。弹吉他的流浪汉和穿维多利亚礼服裙的飞高了的美女、毒瘾诗人、剧作家、潦倒的电影导演和法国演员。来过这里的都是人物，哪怕在外面的世界里一文不名。

　　电梯缓缓爬升。我在第七层下来，想看看哈里·史密斯[4]在不在，我把手放在球形门把上，除了寂静一无所获。黄色的墙壁给人一种慈善机构的感觉，好像一所中学监狱。我沿楼梯走向我们的房间，在与不知名住户共享的走廊卫生间里小了个便。我打开房门，不见罗伯特，只有镜子上的一张便条："去第四十二街了。爱你。蓝。"我看到他的东西收拾过了，男性杂志整齐地摞着，细铁丝网围栏卷起来并捆好了，喷漆罐在水槽下摆作一排。

我点热了轻便电炉，打开水龙头。你得等水放一会儿，最开始流出来的水是褐色的。那只是矿物质和铁锈而已，哈里如是说。我的东西放在最底层的抽屉里。塔罗牌、丝带、一罐雀巢咖啡，还有我用的杯子——一个童年遗风的杯子，画着威格利叔叔和兔绅士什么的。我从床底下拖出我那台Remington打字机，调整好色带，卷进一张新纸。要写的可真不少。

罗伯特坐在椅子上，背后墙上挂着一副拉里·里弗斯[5]的黑白作品。他脸色好苍白，我跪下来握住他的手。吗啡天使说过，在切尔西酒店有时能用作品换到房间。我有意主动提供作品，我相信我在巴黎画的那些素描很有实力，罗伯特的作品也无疑会让大堂里挂的其他东西黯然失色。我面前的第一道障碍，就是酒店经理斯坦利·巴德。

我淡定地走进他的办公室，准备自我推销。他正打着一个没完没了的电话，挥挥手让我出去。我出来挨着罗伯特坐在地上，默默地估量着形势。

突然间哈里·史密斯出现了，就像是从墙上走下来的。他一头狂野的银发，纠结的络腮胡子，用一双被巴迪·霍利[6]式镜片放大了的好奇的亮眼睛盯着我。他兴致勃勃地向我抛来连珠炮式的问题，几乎等不及我的回答："你是谁你有钱吗你们是双胞胎吗手腕上干吗系着丝带？"

他在等朋友佩姬·比德曼，想她能请他吃上一顿。自己的困境就够让他愣神了，他却似乎也同情我们，尤其看到罗伯特连坐起来都困难，更是立刻焦躁起来。

他站在我们面前，微驼着背，穿着破旧的粗花呢夹克、华达呢棉布裤和沙漠靴，昂着头，就像一只高智商的猎犬。尽管刚刚四十五岁，他已经像是个有孩子一般无限热忱的老头。哈里制作过《美国民间音乐选集》[7]，因而备受崇敬，从最不知名的吉他手到鲍伯·迪伦都受过它的影响。罗伯特太虚弱了说不了话，于是我一边和哈里聊着阿巴拉契亚音乐，一边等着拜见巴德先生。哈里说起他正在拍一部受到贝托尔特·布莱希特[8]启发的电影，我给他朗诵了《海盗珍妮》[9]的片段。这注定了我们之间会有事情发生，虽然我们没钱让他有点失望。他在大堂里追着我问：“你确定不是有钱人？”

“我们史密斯家就没富过。”我说。这似乎令他大吃一惊。

“你确定你姓史密斯？”

“确定，”我说，“再确定不过了，咱们五百年前是一家。”

我获准再度走进巴德先生的办公室。我主动出击了。我告诉他，我将从我老板那拿到一笔预付款，然而我也会给他机会得到远值过房租的作品。我盛赞了罗伯特，拿出作品辑作为抵押。巴德神情充满了怀疑，不过他假定我说的都是实话，也不知能看到我们的作品对他而言是否有意义，反正我有工作的保证似乎打动了他。我们握手成交，钥匙到手。1017房间，切尔西酒店的房租是一周五十五美元。

佩姬来了，他们帮我把罗伯特送到了楼上。我打开房门，1017 房间是全酒店闻名的最小房间，一间淡蓝色的小屋，有一张白色的金属床，盖着奶油色的绳绒床罩，一个水槽和一面镜子，一个小五斗橱，一台便携式的黑白电视摆在一大块褪色的钩织装饰垫布中央。我和罗伯特从来没过有电视，而它现在就放在那儿，一个充满未来感却已过时的护身符，在我们整个居住期间，插头都在那里垂荡着。

酒店里住着个大夫，佩姬给了我大夫的电话。我们有了干净的房间和援助之手。这里主要作为罗伯特养病的地方，我们到家了。

大夫来了，我等在门外。房间太小，三个人转不开，我也不想看罗伯特打针。他给罗伯特打了一针大剂量的四环素，开了些处方，并力劝我也做个检查。罗伯特患有营养不良并伴发高烧、战壕口炎、阻生智齿，还有淋病。我们应该双双打针并去做传染病登记，大夫说我可以迟些再付他钱。

我有种不舒服的感觉，觉得我有可能经由某个陌生人染上了花柳病。我不是妒忌，更多是觉得不洁。我读过的所有让·热内都有一种"得了淋病就不是圣徒"的观念。大夫婉转地谈起一种注射疗法，这又跟我的针头恐惧症纠结在了一起。但我必须把个人的担忧放到一边，我最关心的是罗伯特的健康，而他已经病得做不了任何激昂的演说了。

我一声不吭地坐在他身边，看着我们仅有的行李，觉得切尔西酒店的光线是那么特别。那不是自然光，而是从台灯和吊灯上散射开来的，强烈得令人无处躲藏，又似乎充满特有的能量。罗伯特舒服地躺着，我告诉他别担心，答应他我很快就回来。我必须对他不离不弃，我们有此誓言。

那意味着我们并不孤单。

我走出酒店，站在纪念诗人迪伦·托马斯[10]的匾牌前。那个早晨，我们逃离了阿勒顿的抑郁；现在，我们在纽约历史上最有名的酒店之一拥有了一个干净的小房间。我观察着周围的地形，1969年，第七大道和第八大道之间的第二十三街仍有一种战后的感觉。我经过一家渔具店、一家从脏兮兮的窗户里隐约传出巴黎爵士乐的二手唱片店、一台相当大的自动售货机，以及有着棕榈树霓虹灯的"绿洲"酒吧。街对面是一家公共图书馆分馆，挨着一栋规模可观的基督教青年会大楼。

我向东转入第五大道，一路走到第四十八街上的斯克里布纳书店。虽然我已经离开了很久，但我有信心他们还会留下我。我的回归有点不情不愿，不过考虑到我们的处境，斯克里布纳是一条实实在在的出路。同事们热情地欢迎了我，我去地下室分享了他们的咖啡和肉桂卷，也用我的巴黎街头生活故事逗他们开心，我强调着我们不幸遭遇中的幽默，最后找回了我的工作。他们还额外支援了我一笔预付款，以应付眼前的开销和一个星期的房租，为的是给巴德先生留下深刻的好印象。我们的作品他没看，但他留下了作品辑日后考虑，所以我们还有以物易物的希望。

我给罗伯特带了点吃的回去，那还是我回到他身边后他第一次吃东西。我把跟斯克里布纳和巴德的交易讲了一遍，我们惊讶于发生了这么多的事情，回顾了我们从灾难走向平静的小小冒险之旅。之后他突然陷入了沉默，我知道他在想什么。他没有说"对不起"，但我知道他是这个意思。他把头靠在我肩上，他想知道，如果我没有回来，我自己的日子是否会好过一些。但我回来了，两个人的日子到最后都会好起来。

我知道怎么照顾他。我擅长护理病人，知道怎么让病人退烧，这是我从母亲那儿学来的。我坐在他身旁，看着他迷迷糊糊地睡去。我很累，我没回成家，但情况在好转，我一点也不后悔。我很兴奋，我坐在那儿，听着他的呼吸，夜明灯的灯光洒在他的枕头上。在这座睡梦中的酒店里，我感受到了伙伴的力量。两年前他救了我，出人意料地出现在汤普金斯广场花园；现在我又救了他，从这一点上说，我们扯平了。

几天过后，我到克林顿街去找我们以前的大楼管理人吉米·华盛顿结账。我最后一次登上那几级厚重的石阶，知道我不会再回布鲁克林了。我在他门外站了片刻准备敲门，我能听到《蓝衣魔鬼》播放的声音，吉米·华盛顿正在跟他的女人说话。他缓缓地打开门，看到我很是惊讶。他已经把罗伯特的东西打了包，但显然他对我大部分的东西都感兴趣。我只得笑着走进他的客厅。我的蓝色扑克筹码正躺在敞开的专用匣里，我的安有手工船帆的快速帆船、装饰华丽的石膏公主被小心翼翼地摆在他家壁炉台上，我的墨西哥披肩，盖在我煞费苦心打磨并用白瓷漆刷过的木质大办公椅上。我称它为"我的杰克逊·波洛克椅"，因为我记得在一张斯普林斯的波洛克—克拉斯纳农场照片上，有一把草坪躺椅就是这样。

"东西我都替你好好保管着呢，"他有点尴尬地说，"我也不知道你还回不回来。"我只是笑了笑。他煮了点咖啡，我们经磋商达成协议。我欠他三个月的租金：一百零八美元。他可以留着我的东西和那六十美元押金，我们就两清了。他已经把书和唱片打好了包，我看到唱片塔最顶上的一张是《纳什维尔的地平线》[11]。这是在我去巴黎之前罗伯特送给我的，那首《躺下吧，女士》我听了一遍又一遍。我去收拾我的笔记本，从中发现了和罗伯特初次相遇时他买给我的西尔维亚·普拉斯[12]的《爱丽尔》。我心中一阵剧痛，因为我知道我们生命中那段纯真无邪的时光已经一去不返了。我把装着《女人：第一号》黑白照片的信封悄悄装进了兜里，照片是我在现代艺术博物馆拍的，不过我留下了那些为她画像的失败尝试，那些成卷的画布上泼溅着赭石、粉色和绿色，是我已逝雄心的纪念。我对未来太好奇了，已然无心恋旧。

正要走的时候，我注意到他家墙上正挂着我的一幅画。如果巴德不懂，至少吉米·华盛顿是懂它的。我向我的东西告别，它们更适合他，更适合布鲁克林。旧的不去，新的不来，这是毫无疑问的。

★

　　尽管对这份工作充满感激，回到斯克里布纳我还是心有不甘。只身在巴黎打拼小试了我的漂泊能力，重新调整回来就像又蜕了一层皮。珍妮特已经搬去了旧金山，我失去了我的亲密诗友。

　　结交了新朋友安·鲍威尔以后，情况总算有所好转。她有一头棕色的长发、忧伤的棕色眼睛和一种忧郁的笑容。安妮，我这么叫她，也是个诗人，不过是持美国立场的。她热爱弗兰克·奥哈拉和黑帮电影，还会拽我去布鲁克林看保罗·穆尼和约翰·加菲尔德演的片子。我们自己写大胆的 B 级片剧本，我还在午餐时间一个人表演所有的角色逗她开心。我们把业余时间全花在旧货摊上了，只为淘到地道的黑色高领衫和白羊皮手套。

　　安妮上的是布鲁克林的教会学校，而她爱着马雅可夫斯基[13]和乔治·拉夫特[14]。能有人一起聊聊诗歌、犯罪，争论罗伯特·布列松[15]和保罗·施拉德[16]谁更厉害，让我感觉很开心。

　　在斯克里布纳我每周约挣七十美元。缴完房租，剩下的钱用来吃饭。我必须要多挣一点，于是开始寻找打卡制工作以外的谋生方式。我去二手书店搜寻能拿来卖的书。我很有眼光，几块钱淘来少见的童子军儿童读物和一些签名首版书，转手一卖就挣了不少。一本崭新的 H. G.

威尔斯[17]题赠的《爱情和鲁雅轩》就抵上了一个星期的房租和地铁票钱。

在一次书店探险中，我为罗伯特找到了一本微旧的安迪·沃霍尔的《目录书》。他很喜欢，不过这也刺激了他，因为他同样在设计一个有插页和立体活动图[18]的笔记本。《目录书》里有比利·内姆[19]的摄影作品，沃霍尔工厂[20]的经典照片便是出自他手。书里有一座立体城堡、一只吱嘎作响的红色手风琴、一架立体双翼飞机和一个满身是毛的十二面体。罗伯特觉得自己在和安迪并驾齐驱。"这个很好，"他说，"不过还是我的更好一点。"他等不及地要起床创作。"不能就这么躺着，"他说，"世界正在抛弃我。"

罗伯特坐立不安但不得不躺在床上，得等到感染和发热都减轻了，才能去拔那颗阻生智齿。他恨死生病了，可过早爬起来的话，他就会旧病复发。他的恢复期理念可没我的那么"十九世纪"，对我而言，那意味着有机会长期卧床看书或是创作胡言乱语的长诗。

刚入住的时候，我对切尔西酒店的生活会是什么样子毫无概念，但我很快就意识到，最终能在这里落脚真是走了大运。以同样的房租，我们本可以在东村住一间还算宽敞的厢房式公寓，但住在这家古怪、混账的酒店里，却给了我顶级的教育环境和安全感。周围人的善意，证明了命运三女神正在协力帮助她们满腔热忱的孩子。

虽然耗费了些时日，罗伯特总算全面康复而且更加健壮了，如同我在巴黎磨砺得愈发坚韧，他也在曼哈顿茁壮成长着。他很快就上街找工作去了。我们两个都清楚，固定的工作他是干不下去的，但只要是能找到的活儿，从粉刷公寓到搬钢琴，他都不会挑三拣四。最招他恨的工作是为画廊运艺术品，给那些他看不上眼的艺术家干活，很让他恼火，但是能得到现金。我们把能攒下的每一分钱都放在抽屉最深处，向着我们的近期目标——一个大一点的房间——前进，这也是我们如此孜孜不倦付房租的主要原因。

一旦你在切尔西拥有了房间，房租缴晚一点是不会马上被轰走的，但你会加入那支躲避巴德先生的大军。我们可还想以好房客形象跻身二楼更大房间的候选人名单呢。我曾多次看见我妈妈在大晴天放下所有的百叶窗帘，以躲避高利贷和收账人，这种场景贯穿于我的整个童年，我可不愿在斯坦利·巴德面前畏畏缩缩。一般说来，人人都欠着巴德点什么，而我们什么也不欠他。

住在我们的小房间，我们就像是在舒适牢房里的囚犯。单人床倒是够两人挤着睡的，但是罗伯特没有空间工作了，我也是。


罗伯特在切尔西交的第一个朋友，是一个叫布鲁斯·鲁道的独立时装设计师。他在沃霍尔的电影《十三个最美的男孩》里露过脸，还在《午夜牛郎》里演过配角。布鲁斯个头不高，步履轻盈，跟布莱恩·琼斯别提有多像了。他黯淡的双眼下套着眼袋，隐匿在一顶黑色科尔多瓦宽边帽的阴影里，就是吉米·亨德里克斯戴的那种。他有一头略带红色的丝一般的金发，高高的颧骨和灿烂的笑容在下面若隐若现。光是长得像布莱恩·琼斯这一点对我来说就足够了，何况他还有可爱、宽厚的性情。布鲁斯有点爱卖弄风情，但他跟罗伯特之间并没什么，只是出于他友善的天性罢了。

他来找我们玩，可我们家没处坐，于是他邀请我们去楼下他那里。他有一片宽敞的工作区，遍布着兽皮、蛇皮、小羊皮和红色的碎皮边角料。长长的工作台上铺着剪裁用的纸样，墙上挂满了成衣。布鲁斯有自己的小工厂，他设计带银色流苏的黑皮夹克，制作精良,《时尚》杂志上的那种。

布鲁斯很关照罗伯特，给他热情的鼓舞。两个人都足智多谋，还能互相启发。罗伯特对融合美术与时尚很感兴趣，布鲁斯为他指点了闯入时装界之路。他在自己的工作区里给罗伯特辟出了一块地方。虽然心怀感激，罗伯特还是不愿在别人的地盘工作。

在切尔西认识的人里对我们影响最大的，可能还得说是桑迪·戴利。她是一个热心但有几分隐遁的艺术家，就住在我们隔壁的1019。那是一个全白的房间，连地板都是白色的。进门之前必须得脱鞋。从早期"工厂"里拿来的银色氢气枕头飘浮悬停在头顶，我从没见过这么美的地方。我们光着脚坐在白地板上，喝着咖啡，看着她的摄影书。有时，桑迪看上去就像她白色房间里的黑暗囚徒，她常会

124

穿一条黑色长裙，我喜欢走在她后面，看着她的裙褶拖过门厅和楼梯。

桑迪在英国工作过很长时间，就是在有玛莉·官[21]、塑料雨衣和西德·巴雷特[22]的伦敦。她留着长长的指甲，我对她能抬起留声机唱臂而不弄坏美甲的技艺大为赞叹。她手里常抓着一台宝丽来，她拍的照片质朴而优雅。罗伯特的第一台宝丽来就是跟桑迪借的，作为红颜知己，桑迪还对他最早的摄影作品提出了宝贵的批评。桑迪对我们两个人都很支持，并且能不加评判地看着罗伯特经历他作为男人和艺术家的双重过渡期。

她的环境更适合罗伯特而不是我，但那是一个从我们乱堆乱放的蜗居里出来透口气的理想去处。如果我需要洗个澡，或者仅想在一个有气氛的地方做做白日梦，她的门一直是敞开的。我常常坐在地板上，挨着我最喜欢的那个纯银打成的大碗，它就像一个闪闪发光的车轮毂，有一朵栀子花在中间。我会一遍接一遍地听《乞丐宴会》[23]，闻到它的芳香浸满整间空屋。

我也跟一个叫马修·赖克的音乐家成了朋友。他的起居空间完全是实用主义风格，除了一把木吉他和一本黑白作文簿——上面有他的歌词和以非人速度写下的前言不搭后语的感悟——其他什么也没有。他瘦削而结实，明显是个鲍伯·迪伦迷。他的发型、衣着和举止，方方面面，都映射出《全数归还》[24]的风格。经过一阵旋风般的求爱，他娶了女演员吉纳维芙·韦特[25]。她很快发现马修颇具才情，但也有点精神错乱，不是什么鲍伯·迪伦的亲戚。她跟"爸爸妈妈"[26]里的"约翰爸爸"跑了，扔下穿着饰领衬衫和锥形裤的马修在酒店大堂里如困兽般踱步。

虽然就像鲍伯·迪伦第二，却仍没人喜欢马修。罗伯特和我是喜欢他的，但罗伯特只能接受他一点点。马修是我在纽约认识的第一个音乐家，我能理解他的迪伦情结，在他写歌的时候，我也看到了把我的诗整理成歌的可能。

我不知道他的高速语言模式是不是安非他命或安非他命式思维的体现，他常会把我领进死胡同，或者逻辑晦涩的无尽曲径。我觉得我们就像爱丽丝和疯帽子，讲着没有包袱的笑话，并不得不在棋盘格地板上原路折回我自己那诡异世界的逻辑之中。

我必须加班工作，好偿还从斯克里布纳书店拿的预付款。一段时间过后，我得到了晋升，开工也比原来更早了，早上六点钟睁眼，然后走到第六大道赶 F 列车去洛克菲勒中心，地铁票要二十美分。七点钟我会打开保险柜，填写登记簿，把当天要用的东西都准备好，和总出纳轮值。我挣得稍微多一点了，不过我更喜欢的是有了自己的部门，还能去订书。晚上七点下班后，我常常走路回家。

罗伯特会迎接我，迫不及待地给我看他这一天里的作品。一天晚上，他读了我的笔记后为布莱恩·琼斯设计了一个图腾。状似箭头，因为"白兔"[27]的关系长着兔毛，还有一句《小熊维尼》的台词和一个盒式项链坠大小的布莱恩的肖像，我们俩一起把它画完，挂在了床头。

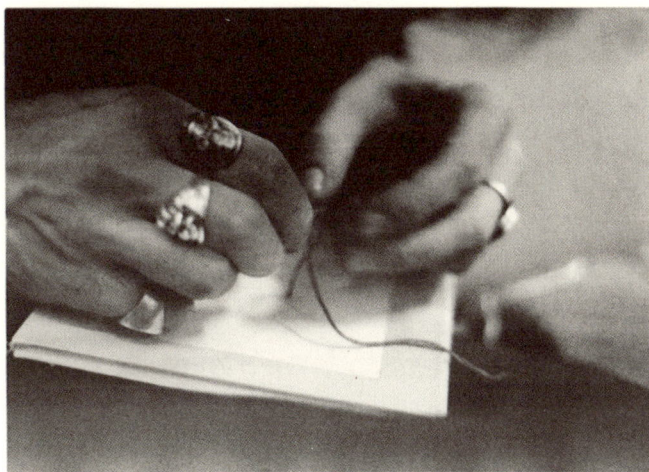

　　“谁也没有咱们这样的眼光，帕蒂。”他说。无论何时他说起这样的话，都有那么神秘的一瞬，整个世界好像只有我们两个人。


　　罗伯特的受阻智齿终于拔掉了。他疼了好几天，不过总算松了口气。罗伯特体魄强健却易受感染，我于是追在他屁股后面，让他用温盐水保持槽牙干净。他乖乖漱口，但摆出一副臭脸。“帕蒂，”他说，“你就像做盐水疗法的《本·凯西》[28]美人鱼。”

　　常跟在我们屁股后面的哈里也站在我这一边，他指出盐在炼金术实验中的重要性，随即怀疑我在忙于什么超自然的事情。

"没错，"我说，"我要把他肚子里的东西变成金子。"

笑。一种生存中不可或缺的元素，我们一点都不缺。

★

然而你能感觉到空气中的那种振动，那种加速感。这是从月亮开始的，它曾是不可企及的诗歌，现在人类已经登上月球，橡胶鞋底已踏上了那颗神的珍珠。也许这是一种对时光流逝的感悟，这个十年的最后一个夏天。有时候我只想举起双手，然后停止。停止什么？或许只是停止长大。

月球登上了《生活》杂志的封面，而所有报纸的头条都是莎朗·泰特[29]及其同伴的惨死。我没法把曼森系列谋杀案和我看过的任何黑色电影中的犯罪画面联系起来，但这种新闻点燃了酒店房客们的想象力。几乎人人都对查尔斯·曼森[30]着了迷。打一开始，罗伯特就和哈里、佩姬反复研究着每一个细节，可我真的聊不了这个。莎朗·泰特人生的最后时刻始终萦绕在脑际，我想象着她知道自己尚未出世的孩子即将被屠杀时的恐惧。我退避到我橘色作文簿上字迹潦草的诗歌里，想象布莱恩·琼斯面朝下漂浮在泳池中，已经是我能应付的最惨一幕了。

罗伯特对人类行为学着了迷，他想了解是什么驱使那些看似普通的人制造了骚乱。他追踪着曼森的新闻，但他的好奇心也随着曼森行为的日趋怪诞而减退了。马修给罗伯特看了一张报纸上的照片，曼森在自己的前额上刻了一个"X"，罗伯特偷了这个"X"，把它用在了一幅画里。

"我是对'X'感兴趣，不是曼森。"他对马修说。

"他是疯子，我对精神病不感兴趣。"

一两个星期后，我大摇大摆地走进"堂·吉诃德"，去找哈里和佩姬。那是一家毗邻酒店的酒吧餐厅，一推门就是酒店大堂，这使它感觉就像我们的酒吧，已经开了几十年了。迪伦·托马斯、特里·萨瑟恩、尤金·奥尼尔[31]和托马斯·沃尔夫[32]都在这里喝高过。

我穿着圆点花纹的人造丝海军蓝长裙，戴着草帽，这是我的"伊甸园之东"[33]造型。我左手的桌边，詹妮斯·乔普林正和她的乐队谈笑风生；我的右前方，是格雷丝·斯利克[34]和"杰弗逊飞机"以及"乡下人乔和鱼"的成员；面对门的最后一张桌上坐着吉米·亨德里克斯，他戴着帽子，埋头吃着东西，对面坐了一位金发女郎。音乐家在这里遍地都是，在他们跟前的桌子上，堆满了虾和青酱、西班牙海鲜饭、桑格里酒壶和龙舌兰酒瓶。

我惊奇地站在那儿，却没感觉自己是不速之客。切尔西是我的家，"堂·吉诃德"是我的酒吧。这里没有保安，没有无处不在的特权感。他们是来参加伍德斯托克音乐节的，可酒店却浑然不觉，这真把我折磨坏了，我对这个音乐节和它是怎么一回事都一无所知。

格雷丝·斯利克站起身来，与我擦身而过。她穿着及地的扎染长裙，一双深紫色的眼睛就像莉兹·泰勒[35]。

"你好。"我说。我注意到我比她高。

"好。"她说。

我回到楼上，感到这些人身上有一种无法解释的亲切感。纵使我有这种先见，当时却无法领会。我也无法预见到，有朝一日我会走上他们的道路。那时候的我，还是一个细高的二十二岁的书店文员，挣扎在几首未完成的诗歌中。

那天晚上，我兴奋得夜不能寐，无尽的可能性仿佛正在我头顶盘旋。我抬起头，像小时候那样盯着石膏天花板。在我看来，头顶上那团振动的图案正在逐渐变得明朗。

我生命的曼荼罗。

★

巴德先生归还了押金。我打开房门，看见我们的作品辑正靠在墙边，黑色的系着黑丝带，红色的系着灰丝带。我解开那两条丝带，仔细地看着每一幅画。我都不确定巴德是否打开看过。当然，即便他看了，也不是像我这样看的。每一张素描，每一幅拼贴，都再度坚定了我对我们能力的信念。都是好作品，我们住在这儿问心无愧。

巴德没有把作品留下作为抵偿，这让罗伯特很泄气。那个下午他搬东西的活儿也取消了，他开始焦虑我们接下来该怎么过活。他躺在床上，穿着他的白T恤、工装裤和平底皮凉鞋，看起来像极了我们相遇那天的样子。但当他睁开眼睛看着我的时候，却没有了微笑。我们就像是撒网的渔夫，网很结实，可冒险活动常常无功而返。我认为我们得加紧行动，找到一个肯投资罗伯特的人。就像米开朗基罗，罗伯特只是需要一个他自己的教皇。那么多有影响力的人在切尔西进进出出，我相信我们会找到一个赞助人的。切尔西的生活就像是个自由市场，每个人身上都有卖点。

与此同时，我们决定要在这一晚忘却心中的烦恼。我们从积蓄里拿了一点出来，步行到第四十二街，在一个宝丽来快照亭里，用两毛五分钱拍了一条"四连拍"；又到"班尼迪克特"要了一份热狗和木瓜饮料，然后融入了花花世界。上岸假期里的海员小伙、妓女、离家出走者、憔悴的游客和外星人绑架事件五花八门的受害者。这是一条城市木板路，沿途是电影院休息厅、纪念品摊位、古巴餐厅、脱衣舞俱乐部和午夜当铺。花五毛钱，你就可以潜入一家挂着脏丝绒帷幕的剧院，看上几部穿插软色情片的外国电影。

我们去了卖二手平装书的摊位，那儿尽是沾着油渍的低俗小说和美女杂志。罗伯特永远在寻觅拼贴素材，我则留意着费解的 UFO 小册子或是封面惊悚的侦探小说。我淘到一本王牌出版社"双小说"系列版本的《吸毒者》，是威廉·巴勒斯用笔名威廉·李写的，我再没有把它转手；罗伯特找到一些素描作品辑中的散页，是芬兰汤姆[36]画的戴摩托头盔的雅利安男孩。

只花了两美元，我们就双双收获了幸运。我们手拉手往家走，有那么一刻我落在了后面，看着他走在前头。他的水手步态总是那么触动我，我知道有一天我会停下脚步，而他会继续前行，但在那一天到来之前，没有什么能把我们分开。

　　夏天的最后一个周末，我回家去看望父母。我步行到港务局，欢喜地登上开往南泽西的大巴，期待着能见到家人和到马利卡希尔的二手书店去。我们都是爱书之人，我也总能找到点什么在城里转手卖出去，我就曾找到过威廉·福克纳签名的第一版的《马丁诺医生》。

　　父母家的气氛一反常态的阴郁。弟弟托德就要当海军了，妈妈虽然极度爱国，但托德可能会被送去越南，这令她忧心如焚。爸爸为"美莱村大屠杀"[37]而深深不安。"人类对人类的暴行。"他这样引用了罗伯特·伯恩斯[38]。我看着他把一株垂柳种在后院，那似乎象征了他对我们这个国家所选方向的悲哀。

　　后来人们会说，十二月里"滚石"阿尔塔蒙特音乐节[39]上的谋杀标志了六〇年代理想主义的终结，而对我来说，它打断了 1969 年夏天的两重性：伍德斯托克与曼森崇拜，我们困惑的化装舞会。

★

　　我和罗伯特很早就起了。我俩已经为我们的两周年纪念日攒好了钱。头天晚上我就准备好了两人要穿的衣服，在水槽里洗了个干净。他手有劲，负责拧干，搭在我们晾衣服用的铁床头板上。为了在这一天盛装打扮，罗伯特拆了一件用竖长画框撑着两件黑色T恤的作品。我也卖掉了那本福克纳，又加上一周的房租，在第五大道的JJ Hat Center给他买了一顶博尔萨利诺帽子。那是一顶软呢帽，我看着他梳好头发，站在镜前把帽子戴来戴去。他戴着纪念日帽子开玩笑地欢蹦乱跳，喜形于色。

罗伯特把我正在看的书、我的毛衣、他的香烟和一瓶奶油苏打水都装进一只白色的大袋子里。他不介意背着这些，因为这给他增添了一分水手的感觉。我们登上了F列车，一直坐到终点。

我一直都很喜欢去科尼岛。光是能坐地铁到海边，想想就够神奇的了。我全神贯注地读着一本"疯马"[40]的传记，读着读着忽然又回过神来，看着罗伯特。他戴着四〇年代风格的帽子，穿着黑色网眼T恤和平底皮凉鞋，就像《布赖顿硬糖》[41]里的人物。

到站了。我一跃而起，充满了孩子般的期盼，把书迅速放回袋子。他拉起我的手。

对我来说，再也没什么比坚毅纯真的科尼岛更美好的了。那地方正对我们的胃口：褪色的拱廊、剥落的昔日指示牌、棉花糖和插在小棍上的戴羽毛亮片礼帽的丘比娃娃。我们漫游在杂耍表演最后的喘息里，他们照常以驴脸男孩、鳄鱼人和三腿女孩这样的怪胎秀招徕着顾客，但已光彩不再。怪胎世界对罗伯特仍有吸引力,哪怕最近他已在他的"皮衣男孩"[42]作品中淡忘了他们。

我们在木板栈道上溜达,找一个用箱式照相机的老人拍了照。照片得等一个小时才能显影,于是我们走到长长的钓鱼码头尽头,那儿有一个卖咖啡和热巧克力的棚屋。收银机后面的墙上,贴着耶稣、肯尼迪总统和宇航员的图片。这是我最喜欢的地方之一,我还常常做白日梦,想在这里工作,想住在内森餐厅对面的老廉租公寓楼里。

码头沿途,小男孩和爷爷们正在捉蟹。他们把生鸡肉放在一个拴了绳子的小笼里作诱饵,然后猛投出去。这个码头后来在八〇年代的一场大暴风雨中被卷走了,不过罗伯特最喜欢的内森餐厅依然健在。一般说来,我们的钱只够买一个热狗和一杯可乐,他会吃掉大部分热狗,我干掉大部分酸菜。但这一天,什么我们都有钱买双份。我们穿过沙滩去向大海问好,我给他唱起了"杰出"乐队的《科尼岛宝贝》,他在沙滩上写下我们的名字。

那天我们毫无顾忌地做回了自己。这一刻能凝固在一台箱式照相机里,真是我们的幸运。这是我们第一张真正的纽约肖像,我们的本来面目。几星期前我们还跌在谷底,但我们的蓝星——罗伯特这么叫它——正在升起。我们坐上 F 列车,踏上漫漫归途,回到我们的蜗居,把床铺好,开心地待在一起。

哈里、罗伯特和我坐在"堂·吉诃德"餐厅的卡座里，分享着虾和青酱开胃菜，聊着"魔力"（magic）这个词。罗伯特常用这个词来形容我们俩，形容一首成功的诗或者一幅画，最终还会用在选择照片小样上。"就是这张有魔力。"他会这样说。

哈里把亚历斯特·克劳力[43]带入了罗伯特迷恋的视野，宣称这位黑色魔法师就是他的父亲。我问要是在桌上画一个五角星，他能不能让他爸爸现身？还是佩姬的一句话把我们全带回了现实。"你们这些二流术士，哪个能变出点钱来把账付了吗？"

我说不上佩姬具体是干什么的，只知道她在现代艺术博物馆工作。我们曾经开玩笑说，我和她是酒店里仅有的受到正式聘用的人。佩姬这个人亲切、爱闹，一条紧扎的马尾，一双深色的眼睛和一件穿旧了的鞣制革皮衣，似乎什么人都认识。她的两眉之间有一颗痣，艾伦·金斯堡戏称那是她的第三只眼，她很可能还在垮掉派的电影里跑过龙套。我们这帮人可真是物以类聚，总是在同时说话、反驳、辩论，嘈杂而有爱地争吵着。

罗伯特不怎么和我吵架。他很少提高嗓门，但他要是真生气了，能从他的眼睛、眉间或是僵硬的嘴唇上看出来。当遇到需要商量的棘手问题，我们就到第八大道和第二十三街转角的那家"不好的甜甜圈店"里去。那就是一个爱德华·霍珀[44]版的Dunkin'Donuts甜甜圈店。咖啡是煳味儿的，甜甜圈也不新鲜，但你可以踏踏实实地待上一

135

整晚。我们觉得在那儿不像在我们的房间里那么憋屈，也没人来打搅我们。随便在哪个时段，你都能看到形形色色的人，嗑了药迷迷糊糊的男人、夜班的妓女、流浪汉和易装癖。你可以无声无息地走进这个环境，在最简单的一瞥中找到灵感。

罗伯特总会点一个撒糖粉的果酱甜甜圈，我会要法式环形甜煎饼。不知为什么，这要比普通的甜甜圈贵上五分钱。每次我一想点这个，他就会说："帕蒂！你不是真的那么喜欢吃这个，你只是心情不好。你想点这个只是因为它是法式的。"罗伯特给它起名叫"诗人环形甜煎饼"。

还是哈里最终确定了"环形甜煎饼"（cruller）的词源。根本不是来自法语，而是荷兰语：在忏悔日[45]吃的外部有凹槽纹的环状物，以泡芙酥皮制成，质地轻软。用料都是大斋期[46]里不让吃的鸡蛋、牛油和糖。于是我宣布它叫"圣甜甜圈"，"现在我们知道为什么甜甜圈中间有个洞[47]了。"哈里想了一会儿，然后假装生气地斥责："不，不对，那是荷兰语，"他说，"不带这么翻译的。"神圣也好，不神圣也罢，反正它和法式甜点的这点联系被永久地粉碎了。

一天晚上，哈里和佩姬邀请我们同去拜访作曲家乔治·克莱因辛格[48]，他在切尔西有一套房间。我一向不愿去拜访别人，尤其是成年人。但哈里诱惑我，说乔治写了《阿奇和梅希塔贝尔》的音乐，那可是一个讲蟑螂与野猫友谊的卡通故事。克莱因辛格那里，与其说是酒店房间还不如说是热带丛林，就像是安娜·卡万[49]帮他布置的。要说最引人注目的，是他收集的那些外国蛇，其中还有一条十二英尺长的蟒。罗伯特被这些蛇惊得目瞪口呆，我则被吓得够呛。

在别人轮流爱抚那条蟒的时候，我在蕨类植物、棕榈树和笼中的夜莺之间，恣意地翻着乔治乱堆的乐谱。在档案柜顶上的一摞谱子里，我兴高采烈地发现了《胫骨巷》[50]的活页原谱。真正让我大跌眼镜的是我找到的证据表明，这个谦逊友好的养蛇绅士不是别人，正是《矮胖的大号》的作曲家。他确认了这个事实。那可是我童年时代挚爱的音乐啊，当他拿原谱给我看时，我几乎落下泪来。

切尔西就像一个《阴阳魔界》[51]里的娃娃屋，有一百个房间，每个房间都是一个小宇宙。我徘徊在走廊里，寻找着它的精灵，那些已故的或者健在的。我的冒险有点顽皮：轻轻敲开虚掩的门，瞥一眼维京·汤姆森[52]的三角钢琴，或是在阿瑟·克拉克[53]的名牌前傻站着，期待他能突然出现。我偶尔会撞见格特·希夫，这个德国学者或者抱着毕加索的画册，或者挎着喷了淡香水的维瓦[54]。每个人都有卖点，每个人看起来又都好像没什么钱。甚至就连成功人士，过得充其量也就像个奢侈的流浪汉而已。

我爱这个地方，爱它那破旧的优雅，以及它所独有的历史。还有传言说，切尔西常被水淹的地下室里还囚着奥斯卡·王尔德的大皮箱。浸没在诗歌和酒精里的迪伦·托马斯，曾在这里度过了生命的最后时光。托马斯·沃尔夫奋笔疾书了《你不能再回家》的数百页手稿。鲍伯·迪伦在我们这层楼写出了《眼神哀凄的低地女人》[55]，据说嗑了药的伊迪·塞奇威克[56]在用烛火粘她浓密的假睫毛时还把房间给点着了。

在这些维多利亚式娃娃屋的房间里，曾有那么多人写作、交谈和抽搐过，曾有那么多裙摆在这破旧的大理石楼梯上掠过，那么多的过客曾在这里结婚、成名和死去。当我在一层又一层的楼道里无声地碎步疾跑时，我嗅到了他们的灵魂，渴望和一队不复存在的"抽烟毛虫"[57]好好聊聊。

哈里用嘲弄、险恶的眼神盯着我。我开始笑起来。

"你笑什么啊？"

"因为很痒啊。"

"你能感觉到？"

"是啊，当然了。"

"太有意思了！"

罗伯特偶尔也来玩这个游戏。哈里会试图把他盯趴下，会说"你的眼睛可真绿呀！"这样的话。斗眼神的比赛能持续几分钟，而罗伯特总以他的坚忍克己胜出。哈里死活也不肯承认罗伯特赢了，他会就那样地突然跑掉，结束之前的对话，就像从没有过什么斗眼神的比赛。罗伯特的脸上会闪现一抹会意的笑容，显得很开心。

哈里一开始对罗伯特感兴趣，但他最终还是跟我走得更近了。我经常自己去找哈里。他所有的精制拼缝的塞米诺族印第安人裙子都在屋里散放着。他对那些裙子格外小心，但似乎很高兴看我穿上，不像他收藏的乌克兰手绘鸡蛋，碰都不让我碰。他捧着它们，仿佛那是一个个的小婴儿，蛋上画着裙子上的那种错综复杂的图案。他倒是让我玩过他收藏的魔杖，那些萨满魔杖雕刻复杂，裹在报纸里，大部分都有十八英寸长。不过我最喜欢的是最短的那根，像指挥棒那么长，像一串被祈祷者摸亮了的老念珠一样泛着光泽。

　　我和哈里同时滔滔不绝地大谈着炼金术和查理·帕顿[58]。他以布莱希特的《马哈哥尼城的兴衰》为依据创作了一部悬疑片，正在慢慢拼接它数小时长的素材。我们谁也不知道他到底拍了些什么，但迟早我们都会被召唤来，在它冗长的开篇中效力。他放了他拍的凯欧瓦族印第安人的仙人掌仪式，还有西弗吉尼亚州老百姓唱的歌。他们的声音给了我一种亲切感，大大地启发了我，我编了一首歌，在它消散于他凌乱房间发霉的空气之前唱给他听。

　　从生命之树到脑下垂体，我们无所不聊。我大部分的知识都来自直觉，我有一种灵活应变的想象力，也时刻做好了游戏的准备。哈里会出题来考我，答案必须是一个基于事实但又不实的知识点。

　　"你在吃什么？"

　　"吃芸豆。"

"为什么要吃芸豆？"

"为了气毕达哥拉斯[59]。"

"在星空下？"

"在圆的外面。"

开始时很简单，我们会一直往下进行，只要最后能说出那句介于五行打油诗和诗歌之间的妙语，除非我失了手，用错了典故。哈里从来不犯错，因为他似乎什么都懂一点，是无可争议的信息操控之王。

哈里还是一个翻绳专家。心情好的时候，他会从衣兜里掏出一条几英尺长的绳圈，用它翻出一个星星、一个女人，或是一个人就翻出双人翻绳的花样。在酒店大堂，我们都围坐在他脚边，像大开眼界的孩子一样，看着他用灵巧的手指把绳圈扭转、打结，制造出唤醒回忆的图案。他用数百页的笔记记录了这些翻绳图案及其象征意义。哈里会讲解这些珍贵的信息来款待我们，遗憾的是我们谁也没听懂，他敏捷的手法把我们全看得迷掉了。

一次，我正坐在大堂看《金枝》[60]，哈里注意到我拿的是一本破旧的两卷式首版。他坚持我们一定要到塞缪尔·韦泽[61]来一次远征，到更棒的、内容大大丰富了的第三版近旁去感受感受。韦泽出版社收藏着纽约最精华的深奥问题图书。我同意只要他和罗伯特不是晕乎乎的我们就去，因为以我们这样的三人组到了外面的世界，到了一个神秘的书店里，那破坏性可是极大的。

哈里跟韦泽兄弟很熟，他们给我钥匙打开了玻璃匣，让我能仔细看看那套著名的 1955 年版的《金枝》，它由十三本很重的绿色精装书组成，有着《玉米精灵》和《替罪羊》这样引人浮想的标题。哈里随韦泽一同消失在某间会客室里了，多半是去辨认什么神秘手稿。罗伯特在读《吸毒恶魔的日记》[62]，我待在葛吉夫[63]区。

我们似乎在那逛了好几个小时。哈里也消失了很久，当我们在一楼中央再见到他时，他正呆若木鸡地站在那。我们观望了好一阵儿，他一动都没动。最后，罗伯特困惑地走上前去问他："你干什么呢？"

哈里用着了魔的山羊般的眼神盯着他。"在阅读。"他说。

我们在切尔西遇到过许许多多奇怪而有趣的人，但不知为什么，每当我闭上眼睛回想起他们，哈里总是第一个出现在眼前。也许因为他是我们认识的第一个人吧。不过更有可能是因为那是一个充满魔力的时期，哈里是信魔法的。

◆→←◆

罗伯特最大的心愿就是能闯入安迪·沃霍尔的世界，虽然他并不渴望成为他的幕僚或是他电影里的明星。罗伯特常常说他懂得安迪的把戏，认为自己如果能跟他聊聊，安迪就会发现他也是一个不相上下的人才。尽管我相信他值得安迪一见，却觉得他和安迪不可能进行什么重要谈话，因为安迪就像条鳗鱼，能从任何意味深长的对峙中完美脱身。

这个任务把我们带到了这座城市的百慕大三角——"布朗尼"、"马克斯的堪萨斯城"[64]和"工厂"，彼此之间近到可以步行。"工厂"，已经从最早的第四十七街搬到了联合广场33号。"布朗尼"是街角的一家健康食品餐厅，沃霍尔的人在那里吃午饭，晚上泡在"马克斯"。

桑迪·戴利第一个陪我们去了"马克斯"，我们太怯场，自己不敢去。我们什么规矩也不懂，桑迪就充当了一位优雅、冷静的向导。"马克斯"里的政治和高中的非常像，所不同的只是红人不是拉拉队员或球队英雄，而且舞会皇后肯定是个"他"，但打扮得像个"她"，也比大多数女人更懂如何做女人。

"马克斯的堪萨斯城"位于第十八街与公园大道南的夹角。据说那是个餐厅，实际上我们之中没什么人能有钱在那里吃饭。老板米奇·拉斯金对艺术家是出了名的好，甚至提供了一个免费的鸡尾酒时间自助餐，只收一杯酒的钱。据说，这顿包含水牛城鸡翅的自助餐养活了诸多艰难求生的艺术家和易装皇后。我不常去，因为我要上班，不喝酒的罗伯特因为太骄傲也不会去。

那门口有一个黑白的大遮阳棚，两侧有更大的标志宣告你即将进入"马克斯的堪萨斯城"。里面布置很随意，装饰着巨大的抽象作品，都是画家送给米奇的，来抵他们已达超自然规模的酒吧账单。所有的一切，除了白墙之外，都是红的：卡座、桌布、餐巾，甚至连他们的招牌鹰嘴豆都是用小红碗盛的。他们的海鲜牛排餐——龙虾加牛排——颇具吸引力。沐浴在红色灯光中的密室是罗伯特的目的地，而最终的目标是那张传奇的圆桌，桌边仍存留着那位缺席的银色国王的玫瑰色气息。

初次拜访，我们只完成了一半任务。我们坐在卡座上，分享了一份沙拉，还吃了并不宜食用的鹰嘴豆。罗伯特和桑迪要了可乐，我喝了一杯咖啡。气氛相当死气沉沉。桑迪经历过"马克斯"还是地下世界社交中心的那段时光，那时候，安迪·沃霍尔被动地和他魅力非凡的白色鼬皮女王伊迪·塞奇威克一起统治着圆桌。女侍臣们漂亮妖媚，往来应酬的骑士们都是奥丹[65]、唐纳德·莱昂斯、劳申伯格[66]、达利、比利·内姆、利希滕斯坦[67]、杰拉德·马伦加[68]和约翰·张伯伦[69]这样的人。在最近的记忆里，圆桌边还坐过像鲍伯·迪伦、鲍伯·纽沃斯[70]、妮可[71]、蒂姆·巴克利、詹妮斯·乔普林、维瓦和"地下丝绒"[72]这样的王室成员，这是你所能期待的最极致的黑暗魅力了。而那奔流在主动脉里，加速了他们的世界又最终将之捣毁的，是安非他命。安非他命放大了他们的偏执狂，盗取了他们与生俱来的能量，耗尽了他们的信心，也蹂躏了他们的美丽。

安迪·沃霍尔和他的最高法院再也不在那儿了。自从瓦莱丽·索拉尼斯向他开枪之后，安迪就没怎么出门，不过以他的性情也可能是厌倦了。撇开他的缺席，这地方在

1969年秋天时仍然值得一去。对于想得到通向安迪第二个银色王国的钥匙的人来说，密室就是天堂，那里经常被描述成一个商业而非艺术之所。

我们的首次"马克斯"之旅平淡无奇地结束了，因为桑迪的缘故我们挥霍了一把，坐出租车回的家。天正下雨，我们可不想看着她的黑裙摆拖在泥里。

有一阵子，一直是我们三个一块去"马克斯"。在那几趟远足里桑迪没投入什么感情，而是为我的闷闷不乐和坐立不安充当了缓冲。最后我想通了，把去"马克斯"看做是和罗伯特相关的例行公事。我从斯克里布纳下班后七点多到家，然后我们就去一家餐厅吃烤芝士三明治。我和罗伯特会给对方讲自己这天里的故事，分享各自刚完成的新作，接下来还会花很长时间想该穿什么去"马克斯"。

桑迪没有琳琅满目的衣橱，但对自己的形象非常在意。她有好几条"国王路[73]之王"奥西·克拉克[74]设计的完全相同的黑色晚礼服。那些裙子就像长度及地的优雅T恤，不加垫衬而微微修身，搭配以长袖和汤匙领。它们对她的社交形象是如此不可或缺，我常常幻想着能给她买整整一衣橱的衣服。

我打扮成了一个要在法国新浪潮电影里出镜的临时演员的模样。我有好几种形象，比如条纹船领衫加红色小围巾，就像伊夫·蒙坦德[75]在《恐惧的代价》[76]里戴的那种；绿色连裤袜加红色芭蕾鞋，一种左岸垮掉派造型；或者像奥黛丽·赫本在《甜姐儿》里的那样，黑色长毛衣、黑色连裤袜、白袜子加 Capezio 黑舞鞋。无论是哪个方案，我一般需要十分钟左右准备。

罗伯特打扮得就像一件活的艺术品。他会卷上一小根大麻，抽上一口，一边看着他仅有的几件衣服，一边沉思着他的佩饰。他为社交需要储存了些大麻，大麻能减少他的紧张，但抽离了他的时间感。每次等罗伯特决定该在皮带扣上挂几把钥匙，都可笑得令人抓狂。

桑迪和罗伯特都对细节极其注意。为了找到合适的佩饰，他俩能展开一场美学宝藏大搜寻，在马赛尔·杜尚、塞西尔·比顿[77]、纳达尔[78]或赫尔穆特·牛顿[79]的照片里掘地三尺。有时候为做比较性的研究，桑迪会拍些宝丽来照片，招致一场"宝丽来快照算不算艺术"的讨论。最后时刻总是面临莎士比亚式的问题：他该还是不该戴三条项链？而最后的答案是——一条太不醒目，两条没有冲击力；于是第二场辩论随即开始——是该戴三条，还是一条都不戴？桑迪明白罗伯特这是在解一道艺术方程式。我也明白，但对我来说却是去与不去的问题，在这些做决定的复杂进程里，我仿佛也变成了一个飞高了的少年。

★

万圣节之夜，当满怀期待的孩子们穿着鲜艳的纸戏装跑过第二十三街时，我穿着我的"伊甸园之东"礼服走出我们的蜗居，踏着黑白格地板的白格，三步并作两步地跃下台阶，站在了我们的新房间门前。巴德先生很守信用，把 204 房间的钥匙放到我手心里，慈爱地点点头。这个房间的隔壁就是迪伦·托马斯写下他临终之言的地方。

万圣节，我和罗伯特把我们仅有的财产归置到一起，把它们推进电梯，送到二层。我们的新房间在酒店的背面。浴室就在门厅里，墙面有点粗糙，但房间真的很漂亮，有两扇窗户，能眺望到老砖楼和正在蜕去仅剩的叶子的大树。屋里有一张双人床，一个配镜子的水槽和一个无门的壁橱区。这些改变让我们浑身是劲。

罗伯特把他的喷漆罐在水槽下摆成一排，我从我的衣服堆里翻找出一条摩洛哥长丝巾，挂了壁橱区。屋里有一张大木桌，罗伯特可以用来当工作台。因为是在二层，我总算可以走楼梯上下楼了——我讨厌坐电梯。这里还给我一种感觉，大堂就像房间的延伸，因为它真的就像我的基地。罗伯特不在的时候我就写东西，享受着邻居们迎来送往的喧嚣，他们也常常给我们鼓励。

罗伯特几乎整晚都熬在那张大桌子跟前，埋头设计一本新的立体插页书的头几页。他用了三张我在照片亭拍的戴着马雅可夫斯基帽的照片，周围环绕以薄麻布做的蝴蝶和天使。他在作品里提到我的时候，我总会喜不自禁，就好像通过他我会被别人记得一样。


我们的新房间，相比适合罗伯特还是更适合我。我需要的东西都有了，但屋子不够两个人一起工作。桌子给他用了，我就在我那片墙上贴了一张 Arches 牌缎纹纸，开始画我们两个在科尼岛上的画。

罗伯特画着他无法实现的装置草图，我能感觉到他的沮丧。布鲁斯·鲁道看出了罗伯特做项链的商业潜力，在他的鼓励下，罗伯特将注意力转移去做项链了。他一直都喜欢做项链，先是为他母亲，然后为他自己。我们在布鲁克林时为彼此做过特别的护身符，那些护身符也慢慢越做越精巧。在 1017 房间住的时候，我们书桌最上层的抽屉里装满了丝带、线、小象牙骷髅、银珠和玻璃彩珠，都是从跳蚤市场以及西班牙宗教商店像白捡一样收集来的。

我们坐在床上，串非洲贸易珠[80]和涂过清漆的破念珠串上的散珠。我串的项链属于粗放型，罗伯特的则错综复杂。我帮他编皮绳，他在皮绳上加入珠子、羽毛、蝴蝶结和兔脚[81]。然而床并不是最佳工作地点，因为珠子会掉进床罩皱褶或者木地板裂缝里找不到了。

罗伯特在墙上挂了几条成品项链，把剩下的挂在了门背后的衣钩上。布鲁斯对这些项链的痴狂促使罗伯特又拓展了一些新品种。他渴望能去串次等宝石的珠子，在白金上嵌兔脚，或是浇铸银质和金质的骷髅头，不过眼下我们也只能是找到什么就用什么。我们没什么本钱，不得不尽己所能地创新，罗伯特是个高手，能把微不足道的玩意变成神来之笔。他的本地供应商是街对面的兰姆斯顿廉价品店和与切尔西几门之隔的"国会大厦"渔具店。

"国会大厦"是买雨具、竹制飞钓竿和"大使"牌卷线器的好地方，但我们要找的都是小玩意。我们买了发夹、羽饰诱饵和小铅块。"马斯基"鹿尾毛诱饵做项链最棒了，因为有很多颜色可选，还有斑尾的和纯白的。店主会叹着气把我们买的东西装进一只棕色小纸袋，就像装便宜小糖果用的那种。显而易见我们不是合格的渔夫，但他渐渐认识了我们，以低价卖给我们坏掉了但羽毛完好的诱饵，还有展开式托盘的二手钓鱼箱，装我们的东西最合用了。

我们也留意着在"堂·吉诃德"里吃有壳海鲜的人。他们一付完账，我就用餐巾把龙虾爪收走。罗伯特将它们刷洗、打磨、喷漆，然后串在一条项链上，在小绳之间加上铜珠，我会说一小段感谢龙虾的祈祷文。我做手镯，用鞋带皮编的，再加上一些小珠子。我们做的所有东西罗伯特都会很自信地戴着。别人纷纷表示出兴趣，罗伯特也希望卖掉它们。

自助餐厅里没有龙虾，却是我们最喜欢去的地方之一。那里快捷、便宜，又有家常菜的风味。罗伯特、哈里和我经常一起去，叫上这俩人所用的时间比吃一顿饭可长多了。

例行程序是这样的：我得先去接哈里。他找不着他的钥匙了，我在地上找，在某本专业难懂的书底下发现了钥匙。他就开始看这本书，然后这本书又让他想起了另一本他想找的书。在我找第二本书的时候，哈里会卷上一根大麻。罗伯特到了，和哈里一起抽起来。我知道这下完蛋了，他们只要一抽那个，本来用十分钟能干完的事就得花上一小时。随后罗伯特决定穿他那件用牛仔上衣剪掉了袖子制成的背心，然后回我们的房间去拿。哈里认为我的黑丝绒连衣裙白天穿太阴郁了，我们走楼梯下去的时候，罗伯特坐电梯上来，我们手忙脚乱地上楼下楼，就像在表演《塔菲是个威尔士人》[82]。

一走过渔具店就是"霍恩与哈达特"[83]，自助餐厅中的皇后。就餐程序是：先找好位子，再拿个托盘，然后到后墙处，那边有成排的小窗口，往投币口里塞一些硬币，打开玻璃舱门，取出三明治或是新鲜的苹果派。一间真正的特克斯·埃弗里[84]动画风格餐厅。我最喜欢的是鸡肉馅饼或罂粟籽面包配奶酪芥末酱生菜叶。罗伯特喜欢他们的两个特色菜：奶酪烤通心粉和巧克力奶。罗伯特和哈里都对我不喜欢"霍恩与哈达特"著名的巧克力奶表示困惑，但对一个喝博斯科[85]和奶粉长大的女孩来说，那玩意太浓，所以我只喝咖啡。

我总是吃不饱。我代谢食物很快，不吃饭就出门的话，罗伯特能比我扛得更久。我们要是没钱了，也就不吃饭了。即使有些微微颤抖，罗伯特也还能扛上一阵儿，我却感觉自己就要昏过去了。一个细雨蒙蒙的下午，我萌生了吃一个奶酪生菜三明治的渴望。我仔细清点了我俩的财物，不多不少找出了五十五美分，穿上我的灰色风衣，戴着马雅可夫斯基帽，溜出房间向自助餐厅走去。

我拿着托盘，塞进了硬币，窗口却没有打开。我又试了一次，还是一样，然后我才发现单价已经涨成六十五美分了。至少可以说，我失望透了，而就在这时耳边响起了一个声音："要帮忙吗？"

我转身一看，竟是艾伦·金斯堡。我从没见过他，但我们这位伟大诗人和行动主义者的脸，我不会认错。看着卷曲的深色大胡子衬托下的那双尖锐的深色眼睛，我点了点头。艾伦补足了那十美分，还请了我一杯咖啡。我默默地随着他坐到桌边，然后甩开腮帮子吃起三明治来。

艾伦做了自我介绍。他聊起了沃尔特·惠特曼[86]，我说我是在卡姆登那边长大的，惠特曼就葬在那儿，他突然俯过身来紧盯着我。"你是女的？"他问。

"是啊，"我说，"有问题吗？"

他只是笑着："抱歉，抱歉，我把你当成一个美男了。"

我立马明白了是怎么一回事。

"呃，那意思是三明治得还你是吗？"

"不用还，吃吧，是我失误。"

他告诉我，他正在为刚去世的杰克·凯鲁亚克写一首长篇挽诗。"就死在兰波生日的三天之后。"我说。我们握了手，然后各回各家。

后来，艾伦成了我的良师益友。我们经常回忆起两人的初次邂逅，有一次他还问我会怎样形容我们的相遇。"我会说，你在我饥饿的时候喂饱了我。"我告诉他。确实如此。

我们的房间越来越乱了。现在屋里不光有我的作品辑、书和衣服，还有罗伯特之前存在布鲁斯·鲁道屋里的物资：细铁丝围栏、金属丝网纱、成卷的绳子、喷漆、胶水、纤维板、成卷的壁纸、浴室瓷砖、油地毡和一摞一摞的旧经典男性杂志。哪一样他也不肯扔。他表现男性题材的方式是我不曾见过的，他把从第四十二街搞到的杂志上剪下来的东西，和用作视觉引线的交叉的线条一起融合在拼贴里。

我问他为什么自己不拍照片。"哦，那太麻烦了，"他会说，"我花不了那个时间和精力，再说洗照片也太费钱。"他在普拉特艺术学院的时候玩过摄影，但对暗房里那套耗费时间的程序实在缺乏耐心。

与此同时，搜寻男性杂志也是一番严峻考验。我在前面找科林·威尔逊[87]的平装书，罗伯特跟在后面，感觉有点提心吊胆，就好像我俩在干什么坏事。那些地方的经营者都没什么好脾气，你要是拆开了一本塑封的杂志就必须把它买下来。

这种交易让罗伯特紧张。杂志很贵，五块钱一本，他往往要冒险去赌杂志的内容。最终选定了一本，我们就赶紧回到酒店。罗伯特会以查理[88]剥掉巧克力锡纸、希望找到一张金箔票那样的期待之情拆掉杂志的玻璃纸。罗伯特说，这和他当年瞒着父母邮购漫画书封底上的礼包好有一比。他会密切关注邮件，加以拦截，把他的宝贝拿进浴室，锁上门，打开盒子，掏出魔术玩具、X光眼镜和微型海马。

他有时候很走运，杂志里有好几页都能用到手头的作品上，或者有一页特别棒，能触发一个全新的创意，但通常情况下杂志都让人扫兴，他会把它们扔到地上，懊恼、悔恨于他浪费了我俩的钱。

有时他对意象的选择也令我困惑，就像在布鲁克林那会儿。幸而，他的创作过程并不那样。我会从时尚杂志上剪下剪报，为纸娃娃做成精巧的衣服。

"你应该拍你自己的照片。"我说。

这话我说了一遍又一遍。

我有时候会自拍几张，不过是拿到 Fotomat[89] 冲印的。我对暗房一窍不通。看朱迪·琳工作的时候，我大致知道冲印的过程。朱迪是普拉特艺术学院毕业的，致力于摄影事业。去布鲁克林看她的时候，我们有时会花一天时间拍照，我给她当模特。作为艺术家和模特，我俩倒是挺有默契，因为我们的视觉审美不约而同。

从《青楼艳妓》[90] 到法国新浪潮的所有东西我们都喜欢。她为我们想象中的电影拍剧照，虽然我不抽烟，还是会去偷罗伯特几根"酷斯"，好表现某个特定形象。为拍我们的布莱斯·桑得拉斯[91] 组照，我们要搞得烟雾缭绕，而拍我们的让娜·莫罗[92]，则需要一支香烟和一条黑衬裙。

我把朱迪拍的照片拿给罗伯特看，他惊讶于我所表现出的各种气质。"帕蒂，你不是不抽烟嘛，"他会一边这样说一边胳肢我，"你是不是偷了我的烟啊？"我怕他会生气，因为香烟很贵，不过当我再去找朱迪时，他却令我惊喜地把他那皱巴巴烟盒里最后的两支都给了我。

"我知道我是伪烟民，"我说，"不过我没伤害到任何人，再说我必须得强化我的形象。"这都是为了让娜·莫罗。

　　罗伯特和我继续夜访"马克斯"。我们最终进到了密室，坐在墙角里丹·弗莱文[93]的发光雕塑下面，沐浴着红色的灯光。守门人多萝西·迪安[94]喜欢罗伯特，会给我们放行。

　　多萝西是个小个子黑人，冰雪聪明。她戴着小丑眼镜，穿着经典款无领开襟毛衣，念过最好的学校。她站在密室门前，就像守卫方舟的阿比西尼亚[95]祭师，没有她的允许谁也甭想进去。罗伯特用尖刻的幽默回报她的尖酸刻薄，我和她则井水不犯河水。

　　我知道"马克斯"对罗伯特很重要。他对我的创作给予了那么多支持，我无法拒绝他这个晚间仪式。

　　米奇·拉斯金准许我们坐上几个小时，一点点地抿着咖啡和可口可乐，别的几乎什么也不点。有的晚上真是没劲透了。我们筋疲力尽地回到家，罗伯特会说再也不要去了。有的夜晚则别开生面，犹如一场充满了三〇年代柏林疯狂能量的黑暗夜总会表演，在失意的女演员和愤怒的易装皇后之间，爆发尖叫连连的女人之战。他们像是在为一个幽灵试镜，那个幽灵就是安迪·沃霍尔。我怀疑他根本就不在乎这些人。

　　就在那样的一个晚上，丹尼·菲尔茨[96]走过来邀请我们到圆桌去坐。这个简单的举动表示着我们得到了一段考验期，这对罗伯特来说是重要的一步。他优雅地做出回应。他只点了点头，然后领着我坐到桌边，他丝毫没有表现出这对他有多重要。丹尼对我们的亲切和体贴，我一直都感激在心。

罗伯特很放松，因为他终于来到了他想去的地方，而我真是浑身上下都不自在。姑娘们漂亮而冷酷，大概因为表现出兴趣的男性比例太小了。我敢说他们是在容忍我，同时也被罗伯特所吸引。他成了他们的目标，他也进入到他们的核心集团。他们似乎全都想追求他，无论男女，但那个时候，驱动着罗伯特的是野心而不是性。

能越过这个意义不凡的小跨栏，令罗伯特欢欣鼓舞。但我个人认为，这个圆桌，甚至是这段黄金岁月，本身就是注定要失败的。它被安迪解散，又由我们集成，无疑还要为给下一个圈子腾地方而再次解散。

我环视着密室里沐浴在血红灯光下的每一个人。丹·弗莱文已用他设计的装置回应了越南战争不断上升的伤亡人数。密室里没有一个人会死在越南，纵然也没几个人能幸免于一个时代的残酷瘟疫。

★

我抱着洗好的衣服回家时，以为还能听到蒂姆·哈丁唱那首《害群之马》。罗伯特在干一次搬家的活儿时，弄到一台旧唱片机作为报酬，用它来放我们最喜欢的专辑，那是他给我的惊喜。自从离开霍尔街之后，我们就没再有过唱机了。

这是感恩节前的星期天，一个阳光充足的干燥温暖的秋日。我收拾好了要洗的衣服，穿着旧棉裙、羊毛袜和厚毛衣，向第八大道悄然疾行。我问过哈里有没有衣服要我帮他代洗，可他装出一副很恐惧的样子，杜绝让我碰到他的平脚内裤，打发我赶紧走。我把衣服塞进洗衣机，放了不少小苏打，然后走到两个街区之外的 Asia de Cuba 去喝牛奶咖啡。

我把洗净的衣服叠好。属于我们的那首《怎能执着梦一场？》唱响了。我们都是追梦人，罗伯特是事有所成的那个。我能挣钱，而他有干劲又专注。为他自己和为我，他总是有所计划，他希望我们能继续创作，但地方不够，墙上所有的空间都用上了，他也没可能去实现他画的装置蓝图，他用的喷漆对我的慢性咳嗽很不利。有时他会到切尔西的楼顶上去，但天气越来越冷，风也越来越大了。最后他决定，要为我俩找一块空地，然后就开始翻阅《村声》[97]并四处打听。

他撞了大运。我们有个邻居，一个穿着皱巴巴长大衣的忧愁的大胖子，在第二十三街上来回遛他那条法国斗牛犬，他和他的狗，长着一模一样松弛褶皱的脸。我们偷偷叫他"猪人"。罗伯特注意到他的住处就在"绿洲"酒吧再过去几个门。一天晚上，他停下来爱抚他的狗时，罗伯特和他聊了起来。罗伯特问他知不知道他这栋楼里可有空房，"猪人"告诉他整个第二层都是他的，而起居室现在只用来放东西。罗伯特问他能不能转租，一开始他很不情愿，但他的狗喜欢罗伯特，然后他就同意了，从一月一日开始把客厅以每月一百美元的价格租给我们。给他一个月的租金当订金，他可以把房间保留到年底，并把地方清理出来。这笔钱要从哪儿来，罗伯特心里也没底，但还是握手成交了。

罗伯特带我去看了那地方。那里有能眺望第二十三街的落地大窗，我们还能看到基督教青年会和"绿洲"酒吧霓虹灯的顶部。他要的都有了：至少是我们房间的三倍大，光线充足，还有一面钉了百十来个钉子的墙。"咱们可以把项链挂在那儿了。"他说。

"咱们？"

"是啊，"他说，"你也能在这里工作，这将是咱们的地盘，你又能开始画画了。"

"第一幅就要画'猪人'，"我说，"咱们欠他大人情，钱的事就别担心了，咱们会搞到的。"

不久后，我以微不足道的价格拿下了一套二十六本的亨利·詹姆斯全集，书况棒极了，我在斯克里布纳认识的一个顾客应该想要。护封完好无损，凹版印刷看起来很新，而且书页也没黄，这下子我净挣了一百多美元。我悄悄把五张二十美元的钞票放进一只袜子，在袜口系了丝带，交给罗伯特。他打开袜子，"真不知道你是怎么弄到的！"他说。

罗伯特把钱给了"猪人"，甩开膀子清理了阁楼的前一半。这真是个不小的活儿。我下班后会过去看一下，看到他站在"猪人"那及膝高的让人不得要领的垃圾堆里：落满尘土的日光灯管、数卷绝缘材料、好几架子的过期罐头、瓶子空了一半的各种不明清洁剂、吸尘器的吸尘袋、大量弯曲的百叶窗帘、几个发霉的箱子里溢出的几十年来的税务申报表，还有一捆捆用红白两色细绳捆扎的沾着污渍的《国家地理杂志》，我抢先把那些细绳解下来编手镯用了。

他把那地方清理、擦洗还油漆了一遍。我们从酒店借来桶，装满了水，提过去。干完了，我们就静静地站在那儿，想象着各种可能。我们从没享受过这么多阳光，即使那巨大的玻璃窗被他涂黑了一半，阳光依然倾泻进来。我们拣出了一个床垫，几张工作台和椅子。我用轻便电炉烧开加了桉树叶的水，用它拖了地。

罗伯特从切尔西带过来的第一件东西就是我们的作品辑。


"马克斯"里的情况也在好转。我不再那么主观，并且习惯了那儿。不知为什么我被接纳了，哪怕从没真正地融入过。圣诞将至，那里充斥着一种悲哀的气氛，就好像每个人都突然想起自己无家可归一样。

即使在这里，在这片所谓的易装皇后的热土上，韦恩·康蒂[98]、霍利·伍德劳恩[99]、坎迪·达林[100]和杰姬·柯蒂斯[101]也难以被轻易地归类。他们是表演艺术家、女演员和喜剧演员。韦恩机智诙谐，坎迪漂亮可人，霍利有激情，不过我最看好的是杰姬·柯蒂斯。在我心中，她是最具潜力的。她能成功地暗中操纵整个谈话，只为说上一句贝特·戴维斯[102]的犀利对白。她也懂得怎样去穿家常便服，但化起妆来，她就是一个七〇年代版的三〇年代女星。闪闪发光的眼睑、闪闪发光的头发、闪闪发光的蜜粉。我讨厌那些闪闪发光的玩意，跟杰姬坐在一起，就意味着要沾上一身的小斑点回家。

节日来临之际，杰姬显得心烦意乱。我给她叫了一客"雪球"，一份令人垂涎的高消费款待。那是一种小丘状的加料巧克力蛋糕，里面填着香草冰淇淋，表面铺洒着椰蓉。她坐在那儿吃着，大颗大颗闪闪发光的泪珠扑簌簌地掉进正在融化的冰淇淋里。坎迪·达林悄无声息地走到她旁边，伸出涂着光洁指甲油的手指在冰淇淋里蘸着，用她宽心的声音提供着些许安慰。

杰姬和坎迪过上了她们想象中的女演员生活，也带上了某种特别酸楚的滋味。她们身上都有米尔德丽德·罗杰斯的一面，《人性的枷锁》[103]里粗俗的文盲女招待。坎迪有金·诺瓦克[104]的外表，杰姬有她的表演风格。她们都领先于她们的时代，但也都不够长命，没能看到那个被她们领先的时代。

"无界的先锋们。"安迪·沃霍尔如是说。

圣诞夜下雪了。我们走到时代广场，去看白色的公告牌宣告着："战争结束啦！如果你希望这样。约翰和洋子祝你圣诞快乐。"公告牌就高悬在罗伯特常买男性杂志的那个书亭上方，在"孩子"和"班尼迪克特"这两家通宵餐厅之间。

抬起头，我们看到了这幅纽约场景图中纯真的人性。罗伯特拉着我的手，雪花在我们周围盘旋，我瞥见他的脸。他眯着眼，赞许地点着头，羡慕地看到艺术家在第四十二街上受到如此欢迎。对我来说这是一条信息，对罗伯特而言，却是方法。

受到了新的鼓舞，我们走回第二十三街去看我们的天地。项链已经挂在钩子上了，他还在墙上钉了几幅我们的画。我们站在窗前，看着雪花缤纷地落在"绿洲"酒吧弯弯曲曲的棕榈树霓虹灯上。"你看，"他说，"沙漠也下雪了。"我想起了霍华德·霍克斯[105]的电影《疤面煞星》里的一个场景：保罗·穆尼[106]和他的女人望着窗外的霓虹灯，灯上写着"这世界属于你"。罗伯特攥紧了我的手。

六〇年代行将结束。我和罗伯特庆祝了我们的生日。罗伯特二十三岁了，紧随其后我也二十三岁了。完美的质数。罗伯特给我做了一个"圣母玛丽亚领带架"，我送了他一条皮绳，上面拴了七个银色骷髅头。他戴上了那串骷髅头，我戴上了领带。我们已准备好迎接七〇年代。

"这十年将是我们的。"他说。

维瓦带着一种嘉宝式的冷若冰霜气呼呼地闯进大堂，试图唬住巴德先生，免得他来要她未付的房租。电影导演雪莉·克拉克[107]和摄影师黛安娜·阿巴斯[108]分头走进来，都带着一种不安的使命感。乔纳斯·梅卡斯[109]带着他不离手的相机和神秘的微笑，拍着切尔西上上下下生活中鲜为人知的角落。我站在那里，拿着一只黑乌鸦标本，那是像白给一样从美国印第安博物馆买来的，我想他们不想要它了。我决定叫它雷蒙德，借《洛克斯·索罗斯》的作者雷蒙德·鲁塞尔[110]之名。我正在寻思这间大堂可真像一个有魔力的入口，那扇厚重的玻璃门便如同被风推动一般打开了，一个穿着黑红双色披风的熟悉身影走了进来。是萨尔瓦多·达利。他紧张地环视了一下大堂，然后，看到了我的乌鸦，他笑了。他把优雅的瘦骨嶙峋的手抚在我头上说："你就像一只乌鸦，哥特乌鸦。"

"呵呵，"我对雷蒙德说，"切尔西的又一天。"

一月中旬，我们去见了史蒂夫·保罗[111]，他是约翰尼·温特[112]的经理人。史蒂夫是个魅力非凡的企业家，他给了六○年代的纽约一个伟大的摇滚俱乐部——"现场"。它坐落在时代广场附近的小街上，成为来访音乐家和深夜即兴演出的集结地。他穿着蓝色丝绒，带着永远的茫然，有点像奥斯卡·王尔德，也有点像柴郡猫[113]。他在为约翰尼谈一份唱片合同，并把他安置进了切尔西的一套房间。

领带架，1969 年 12 月 30 日

一天晚上，我们在"堂·吉诃德"撞到了一起。和约翰尼只聊了一小会儿，我便为他的智慧和天生的艺术鉴赏力着了迷。话语间，他是那么坦诚、仁慈又古怪。我们应邀去看他在"东菲尔莫"的演出，我从没看过哪个表演者能怀着如此的自信与观众互动。他毫无畏惧，愉快地和观众对峙，像苏非派僧侣一样地旋转舞蹈，在舞台上趾高气扬地走路，摆动着面纱般拂在面前的一头白发。他用一把行云流水的吉他、一双斜视的眼睛和邪恶顽皮的笑容，把观众全震住了。

土拨鼠日[114]那天，我们参加了酒店为约翰尼开的小派对，庆祝他与哥伦比亚唱片公司签约。大半个晚上，我们都在跟约翰尼和史蒂夫·保罗闲侃。约翰尼垂涎罗伯特的项链，主动要求买一条，他们还说要让罗伯特为他设计一件黑色网眼披风。

我在那儿坐着，发觉自己身体发飘，并且可以延展变形，就好像我是泥捏的似的。也没人过来告诉我，我身上发生了什么变化。约翰尼的头发像两条长长的白耳朵一样垂着，史蒂夫·保罗穿着他的蓝丝绒，歪在一堆枕头里，以慢动作一根接一根地抽着大麻，和在房间里跳进跳出的马修形成鲜明对比。这种天翻地覆让我受不了，我逃到第十层的旧公共浴室里，把自己锁了起来。

我也不确定自己身上到底发生了什么。我的体验最贴切地再现了《爱丽丝漫游仙境》里"吃掉我，喝掉我"的那个场景。我试图像她那样，以淡定和好奇来回应这迷幻的考验。我推断有谁给我用了某种形式的致幻剂。我以前从没吃过任何迷幻药，而我有限的知识也只是来自对罗伯特的观察，或是戈蒂埃[115]、米修和托马斯·德·昆西[116]在书中描述过的药物引起的幻象。我在角落里缩成一团，不知如何是好。我当然不想被人看到我缩小了，尽管那只是我自己的幻觉。

罗伯特自己八成也飞高了，找遍了酒店才发现我，他站在门外和我说话，帮助我找到回来的路。

最后我打开了门。我们走了走，然后回到我们的安乐窝。第二天一天我们都躺在床上。我起床后夸张地穿起雨衣，戴上墨镜。罗伯特非常体谅，一点也没消遣我，甚至都没调侃那件雨衣。

我们度过了美好的一天和不寻常的激情之夜。我高兴地在日记里记下这个夜晚，添加了一抹未成年少女式的小情怀。

之后的几个月里，我们的生活变化之迅速，难以言说。我们似乎从未如此亲密过，然而很快，幸福又会因罗伯特对钱的焦虑而阴云密布。

他找不到工作，他担心我们将无力负担两处地方。他继续游走于各家画廊，常常垂头丧气、士气低落地回来。"作品他们都不正眼看一看，"他抱怨道，"到头来却想勾搭我。我宁可去挖沟也不会跟这些人睡觉。"

他去了就业服务处，想找一份兼职，但无功而返。虽然偶尔也能卖出去一条项链，但打入时装界还是八字没一撤的事。钱的问题让罗伯特越来越沮丧了，挣钱的任务落到了我的肩上。对经济状况的担忧，也部分地再度驱使他动了做牛郎的念头。

他告诉过我，我在巴黎的时候他考察过牛郎市场。他早先的尝试是基于好奇和《午夜牛郎》的浪漫，但他发现在第四十二街这行很不好干。他决定转移到曼哈顿东区的布鲁明戴尔百货公司附近，那是乔·达拉桑德罗[117]的地盘，那里更安全。

我求他不要去，但他决意一试。我的眼泪也不能阻止他，于是我站在那里，眼看着他为外面的夜晚穿戴打扮。我想象着他站在街角，因兴奋而面色潮红，为给我们赚回钱来而向一个陌生人献身。

"一定小心。"我能说的只剩下这个了。

"别担心，我爱你，祝我好运。"

除了青春自己，谁又能懂青春的心？

★

我醒来时他已经走了。桌上有给我的便条。"睡不着，"上面写着，"等我。"我坐了起来，正给我妹妹写信的时候，他神色慌张地进了门。他说必须给我看样东西，我迅速穿好衣服，跟着他来到我们的工作室，三步并作两步上了楼。

一进屋，我就快速地扫视了一遍。他的能量似乎让空气都在振动。镜子、灯泡，还有摆在一截黑色油布上的几节链子。他已经开始做一件新装置了，但他把我的注意力引向了靠在项链墙上的另一件作品。对绘画失去兴趣之后，他就不再绷画布了，不过他保留了一个画框。他把从男性杂志上剪下来的东西满满地贴在了上面，那画框被年轻男子的脸和躯体包裹着。他几近颤抖。

"不错吧，啊？"

"嗯，"我说，"天才啊。"

那是一件相对简单的作品，却似乎蕴含着与生俱来的能量，毫无过火之处，一件完美之作。

地板上乱扔着剪下的纸片。房间里弥漫着胶水和清漆的味道。罗伯特把画框挂到墙上，点上一根烟，我们一起在沉默中看着它。

据说小孩子会混淆有生命和无生命的东西，我相信他们分得清。小孩子能赋予一个娃娃或锡兵玩具以有魔力的生命，和他们一样，艺术家会赋予作品活力。无论是为艺术还是为生活，对手头的东西，罗伯特都会注入他创造性的冲动和神圣的性能量。他把一个钥匙环、一把厨刀，或是一个简单的木头画框都变成了艺术。他爱他的作品，也爱他的物什。他曾用一幅画换了一双马靴——那双靴子毫不实用，却几近灵之美。他像一个马夫打扮一条灰毛猎犬那样热忱地为它擦拭、抛光。

一天晚上，在我们从"马克斯"回家的路上，美履事件发展到了极致。从第七大道一转过来，我们就在人行道上邂逅了一双熠熠生辉的鳄鱼皮鞋。罗伯特将鞋一把捡起来揽进怀里，视为珍宝。那是一双深棕色的鞋，丝质的鞋带，没有穿过的痕迹。罗伯特把它们悄悄放进了一个装置作品里，以至于需要穿的时候还经常得把装置拆开。在鞋的尖头里塞上一卷纸巾，它就变得合脚多了，虽然跟工装裤和高领衫不怎么相配。他用黑色网眼 T 恤换了一件高领衫，在皮带上加了一大串钥匙，袜子也不穿了。他就准备这样夜访"马克斯"，兜里没有坐出租的钱，脚上却光鲜灿烂。

"鞋子之夜"，我们这样称呼它，对罗伯特来说是一个信号，在阡陌纵横之地，我们走对了路。


格雷戈里·科尔索[118] 走到哪儿都能惹乱子，但因他有创造杰出美感的同等潜力，也很容易得到原谅。

大概是佩姬把我介绍给格雷戈里的，因为他们两个很要好。我对他产生了莫大的好感，更不用说认为他是我们最棒的诗人之一了。我的床头柜上就放着一本他的《死亡生日快乐》，都快被翻烂了。格雷戈里是垮掉派诗人中最年轻的一个，他有一种沧桑的英俊，像约翰·加菲尔德那样神气十足。他不太拿自己当回事，但对他的诗歌绝对认真。

格雷戈里喜欢济慈和雪莱，他会摇摇晃晃地走进大堂（裤子挂在胯上），颇具表现力地咏诵他们的诗句。在我为连一首诗都写不完而悲哀时，他就对我引用保罗·瓦莱里的诗句："诗人不是完成诗歌，而是中止诗歌，"然后又补充说，"别担心，你会写好的，孩子。"

我问他："你怎么知道？"

他回答："我就是知道。"

格雷戈里带我去了"圣马克教堂诗歌计划"[119]，那是东十街名垂青史的教堂里的诗人聚会。在诗人们朗诵诗歌的时候，格雷戈里会从半路里杀将出来，用"不行！不行！冷血！加点感情！"这样的叫喊不时地打断乏味。

我把他的反应都看在眼里，记在心上，为了有朝一日我读自己的诗时绝不会读得乏味。

格雷戈里给我开了书单，告诉我要必备哪本字典，鼓励我，挑战我。格雷戈里·科尔索、艾伦·金斯堡和威廉·巴勒斯都是我的老师，他们穿过切尔西大堂的时候，每一个都像是我新的大学。

★

"我不想再像个牧童似的了，"罗伯特审视着镜中自己的头发说，"你能给我剪成五〇年代摇滚明星那样么？"我非常喜欢他那头不羁的卷发，但还是拿出了我的大剪刀，一边剪，一边在心里唱着乡村摇滚。在罗伯特对着镜中的新形象流连时，我难过地捡起他的一缕头发，夹进一本书里。

二月，他带我去"工厂"看《垃圾》[120]的毛片。这是我们第一次受到邀请，罗伯特满怀期待。电影一点没打动我，也许它对我而言不够法国。新"工厂"的冷淡氛围让罗伯特吃了一惊，安迪本人并没露面也令他失望，不过他还是在沃霍尔的圈子里往来应酬、游刃有余。见到布鲁斯·鲁道让我释然了不少，他把我介绍给他的朋友黛安娜·波德鲁斯基，她在片中饰霍利·伍德劳恩的妹妹。这个性情甜美的南方姑娘，穿着宽大的非洲和摩洛哥衣裳。我认出了她，黛安娜·阿巴斯在切尔西拍过她一张照片，在照片里她更像个男孩。

就在我们要坐电梯走的时候，"工厂"的经理人弗雷德·休斯用一种居高临下的口吻对我发话："噢——，你的发型很琼·贝兹嘛，你是民谣歌手吗？"不知怎么的，虽然我很钦佩琼·贝兹，但这话让我很不爱听。

罗伯特拉着我的手。"别理他。"他说。

我发现自己的情绪很糟。在那些个夜晚，当脑子里开始没完没了地上演那些讨厌的事时，我就会想起弗雷德·休斯说的话。见他的鬼，我心想，就这么被随便定义了让我很不爽。

隔着水槽，我看着镜中的自己，意识到从十来岁起我就没剪过别的发型。我坐在地板上，摊开我仅有的摇滚乐杂志。我买这些杂志一般是为了鲍伯·迪伦的新照，但此时此刻我不是在找他，我把我翻到的基思·理查兹[121]都剪了下来，研究了一会儿，然后拿起了剪刀，大刀阔斧地脱离了民谣时代。我在走廊的浴室里洗头，甩干。这种感觉可真解脱。

切尔西酒店，204 房间，1970

罗伯特回到家后又惊又喜，"你着什么魔了？"他问。我只是耸耸肩。可当我们去了"马克斯"，我的发型引起了不小的轰动。这一顿大惊小怪让我受宠若惊，虽然我还是我，但我的社会地位突然间获得了提升。我的基思·理查兹发型活脱脱成了一块话题磁铁。我想起了高中时代认识的那些姑娘，她们梦想成为歌手，最后却成了美发师。这两种职业我都不渴望，但在接下来的几个星期里，我却给很多人剪了头发，并在"辣妈妈"[122]里放声歌唱。

"马克斯"里有人问我是不是双性人。我问他什么意思。"你知道，就是米克·贾格尔那种。"我觉得那肯定挺酷的，我想这个词是集美丑于一身的意思。不管它到底是什么意思吧，仅仅剪了个头，我就奇迹般地在一夜之间变成了双性人。

机会突然降临了。杰姬·柯蒂斯请我出演她的戏《祸水红颜》。我替代一个男孩，饰演彭妮·阿卡德[123]的男性同伴，喷吐着这样的台词：他可以上她或者甩了她/他上了她然后甩了她。

"辣妈妈"是最早的实验剧场之一，比小百老汇剧院[124]还要小上一些。大学的时候我倒是演过一些戏，在欧里庇德斯[125]的《希波吕托斯》里演过费德拉，在《男朋友》[126]里演过杜博内夫人。我喜欢表演，但我怕背台词，还有他们糊在我脸上的厚厚的舞台妆。虽然我觉得跟杰姬和她的伙伴们一起工作应该挺有意思，但我真的对先锋一窍不通。杰姬没让我试镜就要了我，所以我也不知道接下来会怎么样。

★

　　我坐在大堂里，努力显得我不是在等罗伯特。他消失在他牛郎世界的迷宫里，我揪着心，精神实在没法集中，我坐在我的老地方，身子趴在我橙色的笔记本上，上面有我为布莱恩·琼斯写的各种诗。我一副《南方之歌》[127]的打扮——草帽、流浪兔夹克、工作靴和锥形裤——正苦心研究着那些遣词造句，这时一个非常熟悉的声音打断了我。

　　"干吗呢，亲爱的？"

　　我抬头看到一张陌生的脸，炫耀地戴着一副完美的墨镜。

　　"写东西。"

　　"你是诗人？"

　　"可能吧。"

　　我挪回我的座位里，表现出不感兴趣的样子，假装没认出他来，但他拉长声的话腔我可没认错，还有他那可疑的笑容。眼前这个人是谁我一清二楚，他就是《别回头》[128]里的那个人，除迪伦以外的那个。鲍伯·纽沃斯，和事佬及破坏分子，鲍伯·迪伦的至交。

　　他是画家、歌手、歌曲作者和冒险家。他是很多同时代的伟大智者和音乐家的心腹——比我早了一个时代。

　　为了故作镇定，我站起来，点点头，没说再见，径直朝门口走去。他对我大声喊道：

　　"嘿，你跟谁学的这么就走了？"

我转过身来:"跟《别回头》学的。"

他笑了,邀我去"堂·吉诃德"喝一小杯龙舌兰。我不爱喝酒,但为了摆酷,我一饮而尽,没加柠檬也没加盐。他很健谈,我们从汉克·威廉姆斯[129]聊到了抽象表现主义。他似乎对我很有好感,拿过我手里的笔记本翻了起来。我猜他看到了我的潜力,因为他问:"你有没有想过写歌?"我不知道该怎么回答。

"下次见面我想要你写首歌出来。"我们走出酒吧时他说。

他只需说这些就够了。他走后,我发誓要给他写首歌。我给马修瞎写过一些歌词,给哈里编过几首阿巴拉契亚式小曲,但没真的上过心。现在我有了一个真正的任务和一个值得为之写歌的人。

罗伯特很晚才回家,闷闷不乐的,对我跟陌生男人去喝酒还有点不高兴。不过第二天一觉醒来,他也觉得像鲍伯·纽沃斯这样的人对我的作品有兴趣是一件鼓舞人心的事。"说不定他会是让你开始唱歌的人呢,"他说,"不过你要始终记得是谁第一个让你唱的。"

罗伯特一直都喜欢我的嗓音。在布鲁克林时他就要我唱歌伴他入睡,我会给他唱皮雅芙和《童谣》[130]里的歌。

"我不想唱歌,我只想给他写歌。我想当诗人,不是歌手。"

"你两个都能当。"他说。

罗伯特几乎一整天里都在纠结,在爱意和喜怒无常间反复摇摆。我能感觉到有什么事情正在酝酿,但罗伯特不愿说。

接下来的几天安静得令人紧张。他总在睡觉，当他醒着的时候，会要求我给他读我的诗，尤其是我为他写的诗。一开始我担心他可能受了伤害，在他长久的沉默中，我又想到他有可能是在外面认识了什么人。

我认出了这种沉默，这是个信号，我们以前经历过。虽然我们没谈这事，却慢慢为必将到来的变化做好了准备。罗伯特和我依然很亲密，但把事情都摆到桌面上来说，对两人而言又不太容易。反常之处是他似乎想把我拉得更近些，也许这是结束前的亲密，就像男人在与情妇分手之前会给她买首饰一样。

星期天是满月。罗伯特烦躁不安，突然说要出去。他盯着我看了很久，我问他没什么事吧，他说他也说不上。我把他送到街角，我站在那里看着月亮。后来，我感到焦虑，去喝了杯咖啡。

月亮已经变得血红。

他终于回来了，把头枕在我肩头睡了过去。我没有正面面对。不久之后，事实将证明他已经跨过了那条界线。他已跟一个男人在一起了，而且不是为了钱。我能够在某种尺度上认可他，我的盔甲仍有脆弱的地方，而罗伯特，我的骑士，尽管他并不想那样，却已经刺穿了它好几处。我们开始送彼此更多的礼物。自己做的，或是在典当行灰蒙蒙的橱窗犄角里发现的小玩意，都是些别人不想要的东西：用头发编成的十字架、失去光泽的护身符，以及用丝带和皮子做成的俳句情人节卡片。我们给彼此留下便条、小蛋糕，各种东西，仿佛我们能堵上那个窟窿，重建那堵摇摇欲坠的墙，填补我们为迎接新的体验而掀开的伤口。

我们有好几天没见过"猪人"了，但听到过他家狗的哀号。罗伯特报了警，警察撬开了门。"猪人"已经死了。罗伯特进屋去辨认了尸体，警察把"猪人"和他的狗都带走了。阁楼的后部现在变成了两倍大。虽然觉得可怕，罗伯特还是忍不住地觊觎它。

我们肯定会被轰出去，因为我们没有租约。罗伯特去找了房东，把我们的事情和盘托出。房东想到屋里有挥之不去的死人和狗尿味，可能很难再租出去，于是取而代之把整个楼层以三十美元的价格租给了我们，比我们在切尔西的房租还少，还多给了两个月时间用来清洁和粉刷。为安抚"猪人"的神灵，我画了一幅画，起名叫《我见到一个人，他在遛他的狗》，画画完后，罗伯特对"猪人"的哀逝似乎也能坦然接受了。

显然，我们无法既住在切尔西又同时负担"绿洲"酒吧上的这整整一层楼。我真是不想离开切尔西，不想离开那些诗人、作家、哈里和我们门厅里的浴室。关于此事我们谈了很多。前部小一点的空间归我，后部的归他。我们攒的钱还要用来缴水电费。我知道这是一件更划得来的事，前景甚至激动人心。我们两个都将有地方创作，彼此间还能很亲近。但这也是一件很难过的事，尤其对我。我喜欢

切尔西酒店，204 房间，1970

住在切尔西，而且我知道我们一旦离开，一切都会改变。

"我们会怎么样呢？"我问。

"我们会永远在一起。"他回答。

罗伯特和我都不曾忘记从阿勒顿到切尔西的出租车上的誓言。显然我们还没准备好去独立生活。"我就在隔壁。"他说。


我们必须一起努力，一分一分地去挣钱。我们要攒出四百五十美元，一个月的房租和一个月的押金。我更不大能见到罗伯特了，他跑这跑那地挣着二十美元。我已经写了一些唱片评论，现在收到了一摞一摞的免费唱片。评论完我喜欢的，我就把这些唱片都拿去东村的一个叫"自由人"的地方。他们每张给我一块钱，所以我要是有十张就能拿个好收成。实际上我卖掉的唱片要比写了评论的多，我一点不多产，并且写的尽是像帕蒂·沃特斯[131]、克利夫顿·切尼尔[132]或阿尔伯特·艾勒[133]这样晦涩的音乐人。我不愿评价太多，也不想要提醒人们去注意可能被忽略的艺术家，我和他们之间的关系也只到钱这一层面。

我讨厌收拾和打扫。罗伯特心甘情愿挑起这个重担，他清理垃圾、擦擦洗洗、上下粉刷，就像在布鲁克林时那样。与此同时，我的时间都给了斯克里布纳和"辣妈妈"。晚上排练过后，我会和他在"马克斯"碰头。我们现在有了自信，可以像老炮们一样在圆桌边重重地一屁股坐下了。

　　《祸水红颜》5月4日试映，那是肯特学生遇害[134]的日子。"马克斯"里没人爱谈政治，"工厂"的内部政治除外。政府营私舞弊和越南战争的错误已成为大家的普遍共识，但试映还是被肯特州立大学的阴霾所笼罩，一个并不怎么愉快的夜晚。

　　随着这部戏的官方首演，事态有了好转，每场演出罗伯特都来，也经常带来他的新朋友，其中有个叫廷克贝尔的姑娘。她住在第二十三街的"伦敦露台"公寓，还是一位"工厂"女郎。罗伯特被她的活力和风趣吸引，不过她外表顽皮，却牙尖嘴利。我好脾气地容忍了她的话中刺，只当她是他的马修。

　　廷克贝尔介绍我们认识了大卫·克罗兰德。外形上，大卫和罗伯特可真是一对，他又高又瘦，有着深色的卷发、

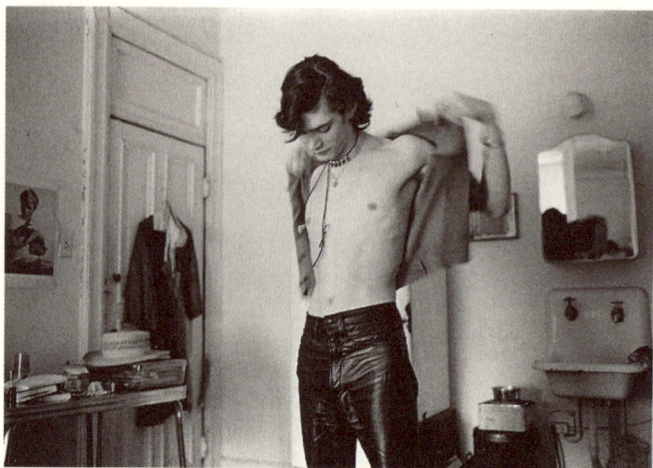

苍白的肤色和深邃的棕眼睛。他家境很好，在普拉特艺术学院学过设计。1965 年，安迪·沃霍尔和苏珊·博顿利在街上发现了他，吸收他来演电影。苏珊，著名的"国际丝绒"，正在被训练成为一个超级明星，成为伊迪·塞奇威克的接班人。大卫和苏珊有过一段激情过往，1969 年苏珊离开了他，他逃到了伦敦，去了电影、时装和摇滚乐的温床。

苏格兰电影导演唐纳德·卡梅尔[135]关照着大卫。卡梅尔身居伦敦花柳界的中心，他刚和尼古拉斯·罗格[136]一起，跟米克·贾格尔在电影《演出》里合作了一把。作为"男孩公司"的顶级模特，大卫很自信，不会轻易怯场，有人责备他利用姿色，他反击说："我没有利用姿色，是别人在利用我的姿色。"

他从伦敦转战巴黎，五月初的时候回到了纽约。他和

廷克贝尔住在"伦敦露台",廷克贝尔迫不及待地把我们全都介绍给他认识。大卫很可爱,认同罗伯特跟我是一对。他喜欢去我们那玩,说那是我们的艺术工厂,看我们的作品时还流露出真诚赞赏的神情。

有了大卫,我们的日子似乎轻松些了。罗伯特享受他的陪伴,也喜欢大卫欣赏他的作品。正是大卫,帮他弄到了一笔重要的早期收入,那是 *Esquire* 杂志上的一幅跨页肖像,人物是泽尔达[137]和斯科特·菲茨杰拉德,眼睛都被喷漆覆盖着。罗伯特拿到了三百美元,比他过去哪一次挣的都多。

大卫开一辆红色内饰的白色科维尔,载着我们在中央公园周边兜风。这是我们第一次坐轿车——不是坐出租,也不是我爸爸在新泽西的公车站接我们。大卫慷慨而谨慎,他不是有钱人，但还是比罗伯特富裕多了。他会带罗伯特出去吃饭，他埋单。作为回报，罗伯特会送他项链和小幅的素描。他们之间有一种完美的自然引力，大卫把罗伯特带入了他的世界，一个罗伯特迅速就接受了的社会。

他们开始越来越多地待在一起。我看着准备出门的罗伯特，他就像一个为狩猎做着准备的绅士，对一切都精挑细选。他会整齐地叠好彩色的手帕塞进后裤袋，他的手镯，他的马甲，他久久地慢条斯理地梳理头发。他知道我喜欢他的头发乱一点，我也知道他降服他的发卷并非为了我。

罗伯特在社交场里如鱼得水。他结交了"工厂"里纵横交错的人脉，并和诗人杰拉德·马伦加成了朋友。杰拉德曾挥舞着鞭子与"地下丝绒"共舞，他带罗伯特去体验"快乐胸膛"性用品店这样的地方，还邀他去纽约最顶尖的文学沙龙之一。罗伯特一定要拉我去参加达科他[138]的一个沙龙，地点在查尔斯·亨利·福特[139]的公寓里，他编辑了极具影响力的《视野》杂志，把超现实主义介绍到了美国。

我的感觉就像是周日在哪个亲戚家吃晚餐。在各样的诗人读着冗长的诗歌时，我好奇，福特是否暗中希望回到他青年时代的沙龙——格特鲁德·斯泰因[140]在那里发号施令，列席者是布勒东[141]、曼·雷[142]和朱娜·巴恩斯[143]这样的人物。

那晚，他一度探过身来对罗伯特说："你的眼睛蓝得不可思议。"我觉得这太好笑了，罗伯特可是出了名的绿眼睛。

罗伯特在社交场上的适应性持续地令我称奇。我刚认识他的时候他曾是那么的害羞，而当他跨越了"马克斯"、切尔西和"工厂"的挑战，我眼看着他淋漓尽致地做回了自己。

★

我们的切尔西时光就要结束了。新家离酒店只有几个门之遥，但我知道一切都将不同。我相信我们会完成更多的作品，但也会失去某种亲密，我们将不再挨着迪伦·托马斯的房间，我在切尔西大堂的位置也会被别人占据。

把给哈里的生日礼物做完，是我在切尔西最后要做的几件事之一。这首配图诗歌《炼金术花名册》诠释了哈里和我曾经探讨过的关于炼金术的种种。电梯在维修，于是我走楼梯去了705房间。还没等我敲门，五月天还穿着滑雪毛衣的哈里就把门打开了，他拿着一盒牛奶，好像要把它倒进大睁的眼睛里一样。

他兴致勃勃地把我的礼物里里外外看了一遍，随即给它归了档。这是一种荣誉，也是一种诅咒，毫无疑问它将会永远消失在他档案馆的巨大迷宫里。

他决定放点特别的东西来听，放一段他多年前录的罕见的佩奥特仪式。那是一台 Wollensak 盘带机，他想把磁带放进去，但机器出了问题。"这磁带比你的头发还纠结。"他不耐烦地说。说罢他突然盯住我，然后在抽屉和箱子里仔细翻找，直到发掘出一把灰白长鬃的象牙镶银发刷。我立即跃跃欲试，"别动！"他呵斥道。然后他坐到椅子上，我坐在他脚边，两人都一言不发。在全然的寂静中，哈里把我头发上的结全梳开了。我怀疑这把发刷是他妈妈的。

之后他问我有没有带钱。"没带。"我说。他假装抓狂。不过我了解哈里，他只是想化开此刻的亲密。无论何时你与哈里共度美好一刻，他都非要把它再颠覆一下不可。

五月的最后一天，罗伯特把他的新朋友们招呼到了他那边的阁楼。他用我们的唱机播放着"摩城"[144]，看起来是那么开心。这层楼比我们的房间要大好几倍，连跳舞的地方都有。

我待了一会儿就走了，回到了我们在切尔西的老房间。我坐在那里哭了，然后在我们的小水槽前洗了洗脸。那是第一次也是唯一的一次，我感到我为了罗伯特牺牲了某种自我。


我们迅速进入新的生活模式。我还像在切尔西一样，在走廊的黑白格地板上踩着格子走路。一开始我们都睡在小一点的那边，大一点的那边罗伯特还没弄好。第一个晚上我最终还是自己睡的，一开始都还不错。罗伯特让我拿着唱机，我就一边听皮雅芙一边写东西，但我发现这下子我睡不着了，无论发生过什么，我们都已经习惯了相拥而眠。大约凌晨三点的时候，我裹着薄棉布床单，轻轻地敲了敲罗伯特的门，他马上就打开了。

"帕蒂，"他说，"你怎么这么久才过来？"

我慢悠悠地走进去，努力装得若无其事。他显然一晚上都在工作，我发现了一幅新画，是一个新装置的组成部分，一幅我的照片摆在他床边。

"我就知道你会过来。"他说。

"我做噩梦了，睡不着，再说我得去上厕所。"

"你去切尔西啦？"

"没有，"我说，"我尿在一个空的外卖杯里了。"

"帕蒂，不是吧。"

如果你真必须要去的话，午夜里走到切尔西可不近呢。

"来吧，China[145]，"他说，"快到这边来。"


一切都让我心烦意乱，而最糟糕的还是我自己。罗伯特会到我这边的阁楼来，他会训我。没有了他的安排，我的生活状态越发混乱了。我把打字机架在一个板条箱上，地面上散落着半透明的薄纸，上面尽是写了半截的歌，还有对马雅可夫斯基之死和鲍伯·迪伦的沉思。房间里扔着待评的唱片。墙上钉着我的英雄们，可是我的努力似乎不够英勇。我坐在地板上努力地写作，写不出来就剪我的头发。我以为会发生的事情没有发生，我绝不期待的事情却到来了。

我回了一趟自己的家。我应该朝哪个方向去，还要好好地想一想。我怀疑自己正在做的是否正确，是否都是轻浮之举？这就是肯特州学生遇害的那一晚，我所经历的纠缠不休的负罪感。我想当一个艺术家，但我的工作也得有意义才行。

全家人围坐在桌边。父亲给我们读柏拉图，母亲做了肉丸三明治。我家的餐桌上一直有种同志间情谊。席间，我意外地接到了廷克贝尔的电话。她突兀地告诉我，罗伯特正和大卫搞在一起。"他们俩这会儿就在一块呢。"她有点得意地说。我只告诉她，打这个电话很没必要，我已经知道了。

我呆呆地挂掉了电话，却不禁疑惑：也许她只是把我的猜测说出来了而已。我拿不准她为什么要给我打电话，她不像是要帮我，我们没那么好。我琢磨她要么是心胸狭窄之辈，要么是搬弄是非之人，也可能她说的并不是真的。坐在回来的巴士上，我决定什么也不说，给罗伯特一个机会，以他自己的方式告诉我。

他又有了那种惶惑的神色，就像在布伦塔诺书店把布莱克冲进厕所的那次。他已经去过第四十二街了，还看上了一本有意思的新的男性杂志，但是要十五美元。他倒是有那个钱，可他想确定一下它值不值。当他撕掉那层玻璃纸的时候，店主回来逮了他个正着，随即大喊大叫，要求罗伯特买下杂志。罗伯特被搞得心烦意乱，把杂志朝店主扔了过去，那人追着他往外跑，罗伯特跑上了地铁，从书店一路奔回家。

"全都因为那本该死的杂志。"

"那杂志好吗？"

"我也不知道，看起来不错，但被那人那么一弄我就不想要了。"

"你应该自己拍照片，不管怎么说都会比那些好。"

"我也不知道，我想也不失为一种可能。"

几天过后我们去了桑迪家。罗伯特不经意地拿起她的宝丽来相机。"这个能借我玩玩么？"他问。

★

罗伯特端着宝丽来。那些肢体动作，手腕的猝然一动，把照片拽出来时的声响和期盼，六十秒之后看他到底拍到了什么。这流程的即时性正对他的脾气。

一开始他只是摆弄这台相机。他不太确信这玩意适合他，再说相纸太贵了，十张照片就要花大约三块钱，在1971年这是个可观的数目。但相比照片亭，算是又上了几个台阶，照片冲印的束缚也解除了。

我是罗伯特的第一个模特。他跟我在一起比较自在，他也需要时间去掌握技术。这台相机的机械操作很简单，但选择有限。我们拍了数不清的照片，一开始他不得不对我严格控制。我会怂恿他拍《全数归还》封面的那种：鲍伯·迪伦被他最喜欢的东西围绕着。我摆好了我的骰子、"罪人"牌照、一张科特·韦尔[146]的唱片和我的《无数金

185

发女郎》，还穿了一条安娜·马格纳尼[147]那样的黑衬裙。

"破烂太多啦，"他说，"我就光拍你吧。"

"可我喜欢这些。"我说。

"咱们不是拍唱片封面，咱们是搞艺术。"

"我恨艺术！"我喊着，他按下了快门。

他是自己的第一个男主角。谁也不能质疑他拍自己，他有分寸。他只需看着自己，就知道想要什么效果。

他对自己的第一批照片很满意，但相纸成本太高，他被迫放下了相机，不过也没放得太久。

罗伯特花了大把时间改进他的工作空间和作品展示方式。但有时候他也会一脸愁容地看着我，"这样还行吗？"他会问。我叫他别担心，说实话，我自己也有一堆事情，罗伯特的性魅力问题实在不是我眼下所关心的。

我喜欢大卫，罗伯特正在创作佳作，同时这也是我第一次能够随心所欲地表达自我。我的房间折射出我内心世界生机勃勃的凌乱，像铁路货车车厢，也像仙境。

一天下午，格雷戈里·科尔索来了。他先去找了罗伯特，两人一起抽了烟，所以当他到我房间时太阳已经快下山了。我正坐在地板上敲着我的 Remington 打字机，格雷戈里进了屋就开始慢慢数落我的房间，我的尿杯和破玩具。"怎样，我这儿就这风格。"我拖过一把旧扶手椅。格雷戈里点起一根烟，从那一堆我扔掉的诗里捡着看，看着看着睡着了，烟头在椅子扶手上留下一个小小的烫痕，我倒了点雀巢咖啡浇灭它。他醒了，喝掉了剩下的咖啡。我支援了他急需的几块钱。正要走的时候，他看到了我在小地毯上方挂着的一个法国的旧耶稣受难像，在耶稣脚下，有一个装饰了象征死亡的文字的骷髅头。"这意思是'要记得我们不能永生'，"格雷戈里说，"但诗歌可以。"我点了点头。

他走了，我坐回我的椅子，抚摩着那个烟疤，我们最棒的诗人之一留下的新鲜的烫痕。他总是惹麻烦，甚至可能搞出大乱子，然而他能呈献给我们像刚出生的小鹿一样纯洁的作品。


秘密压抑着罗伯特和大卫。两人都以保持那点神秘为乐，但我认为大卫太外向，他们俩的关系就快瞒不了我了，他们之间开始变得紧张。

我、罗伯特、大卫和大卫的朋友露露·德拉法雷斯[148]双双去参加了一个派对，事态也在那里濒临危急。我们四个跳了舞。我喜欢露露，这个魅力不凡的红头发是伊夫·圣罗兰[149]著名的缪斯女神，是斯基亚帕雷利[150]的模特跟一个法国伯爵生的女儿。她戴了一只很重的非洲手镯，手镯摘掉时，我看到她的细手腕上系着一条红线，她说那是布莱恩·琼斯拴的。

那晚似乎还不错，只是罗伯特和大卫总是不停地跑开。突然，大卫抓起露露的手，将她拉出了舞池，唐突地离开了派对。

罗伯特追了上去，我跟在后面。大卫和露露正要钻进出租车时，罗伯特哭喊着叫他不要走。露露看了看大卫，不解地问："你们俩是好着呢吗？"大卫砰地关上车门，扬长而去。

已然到了这步田地，罗伯特不得不告诉了我那个我已经知道的事实。我平静地默默坐在那里，听他挣扎着寻找合适的字眼向我解释刚才的事。看着罗伯特如此纠结，我一点快感也没有。我明白这之于他的艰难，于是告诉了他廷克贝尔说的话。

罗伯特暴怒了。"你怎么什么也没说？"

让罗伯特受刺激的是，廷克贝尔不仅告诉我他在劈腿，还说他是同性恋。罗伯特好像忘了我其实知道这件事。这是他第一次被公开地贴上性标签，对他而言肯定很不好受。在布鲁克林，他和特里的关系也只限于我们自己知道，而不是广为人知。

罗伯特哭了。

"你确定？"我问他。

"我什么都不确定，我想搞我的创作，我知道我行，我就知道这些。"

"帕蒂，"他说着抱住我，"这些跟你都没有任何关系。"

从那以后，罗伯特基本就不跟廷克贝尔说话了。大卫搬到了第十七街，离华盛顿·欧文[151]的故居不远。我靠墙睡在我这边，罗伯特睡在他那边，我们的生活还以一贯的速度继续着。

后来，我自己静下来好好想了想，那股劲儿也到这时才涌上来。我心里难受极了，失望于他没把我当成可信赖的人。他说过我无需担心任何事，可最后我还是担心着，然而我也明白他为什么没有告诉我。我想，他不得不去解释自己的欲念，还要去界定自己的性身份，这对他来说肯定很困难。他有对男人的强烈欲望，但我从没感觉被爱得少了，中断我们的肉体关系对他来说也非易事，我懂的。

罗伯特和我依旧坚守着我们的誓言，谁也不会离开对方。我从不曾通过性行为的透镜去看他，他在我心中的形象完整无缺，他是我这辈子最完美的艺术家。

鲍伯·纽沃斯像逍遥骑士[152]般地骑车进了城。他跨下车来，和那些画家、音乐家、诗人齐聚一堂，各种族群大集合。他就是行动的催化剂。他会一阵风似的飘进来，把我带去各处，去接触别的艺术家和音乐家。我是个新人，而他却欣赏和鼓励我在写歌上的笨拙尝试。我想做出点东西来证明他的信任没有白费。受到盲威利·麦克特尔[153]和汉克·威廉姆斯这样讲故事人的启发，我编写了一首长篇民谣口头诗。

1970年6月5日，他带我到"东菲尔莫"去看了"克罗斯比、斯蒂尔斯、纳什和扬"。乐队不是我喜欢的那种类型，但见到尼尔·扬[154]让我很感动，他的歌曲《俄亥俄》给了我极深的印象。它似乎把艺术家作为负责的评论者的角色更加具体化了，同时也向四个以和平的名义丧生的年轻肯特学生致敬。

之后我们又去了伍德斯托克，"乐队"正在那儿录制《怯场》[155]，录音师是托德·朗德格伦[156]。罗比·罗伯逊[157]正全神贯注地录制歌曲《巫医》，其余的人多数都陆续散去参加某个重口味的派对了。我和托德熬夜聊到了天亮，发现我们都有上达比的祖籍，我祖父家离他出生和长大的地方很近。我们还有很多相似之处——清醒、工作型、主观、怪里怪气、不受青睐。

博比继续向我敞开他的世界。

通过他我认识了托德、画家布赖斯·马登[158]和拉里·普恩斯[159]，还有比利·斯旺[160]、汤姆·帕克斯顿[161]、埃里克·安德森[162]、罗杰·麦克奎恩[163]和克里斯·克里斯托弗森[164]等音乐家。他们就像鹅群一样，调转方向朝切尔西走去，等待詹妮斯·乔普林的到来。能进入这群人的私密世界，我唯一的通行证就是博比的一句话，而他的话是无可置疑的。他把我以"诗人"的身份介绍给詹妮斯，从那以后詹妮斯就经常喊我"诗人"。

我们都到中央公园的沃曼溜冰场去看詹妮斯的演出。票都卖光了，爆满的人群溢出了周围的石栏。我和博比站在台侧，被她那激动人心的能量迷住了。突然间，天空落下瓢泼大雨，紧接着电闪雷鸣，舞台上的人员散去，演不了了，巡演技工开始拆除设备。观众拒绝离去，开始发出嘘声。

詹妮斯心烦意乱。"他们嘘我，哥们。"她向博比哭诉着。

博比拂去她眼前的头发。"他们不是在嘘你，亲爱的，"他说，"他们嘘的是这雨。"

这群热忱的音乐家留在了切尔西，他们常会拿着木吉他到詹妮斯的套房去。我获准去看他们排练她新专辑的歌曲。詹妮斯是这只摩天轮的皇后，坐在她的安乐椅上，拿着一瓶金馥力[165]，哪怕是在下午。迈克尔·波拉德[166]总是伴其左右，他们就像一对心心相印的双胞胎，语言模式都一样，每句话都加个"哥们"。我坐在地板上，听克里斯·克里斯托弗森唱起她的《我和博比·麦吉》，詹妮斯唱和声。我本是冲着这样的时刻去的，但那时太年轻，正专注于自己的思绪，几乎捕捉不到这些瞬间。

罗伯特在他一边的乳头上穿了个洞。他是在桑迪·戴利家，依偎在大卫·克罗兰德的臂弯里请一个医生弄的。她用十六毫米胶片拍下了整个过程，一个极端的仪式，罗伯特的《情歌恋曲》[167]。我相信在桑迪的完美指导下，它会被拍得很美，但我觉得这个过程令人反感，就没去看。他肯定会感染的，后来果然被我说中。我问罗伯特什么感觉，他说又好玩又诡异。然后我们三个去了"马克斯"。

我们和唐纳德·莱昂斯一起坐在密室里。和"工厂"里那些男性领军人物一样，唐纳德也是来自自治镇的爱尔兰天主教家庭，念哈佛的时候他是个才华横溢的古典派，注定要在学术界有所建树，但他被在剑桥读艺术的伊迪·塞奇威克迷住了，放弃了一切，追随她来到了纽约。唐纳德一喝酒就会变得极其犀利，跟他一起的朋友不是被他损死，就是笑死。状态最好的时候，他会滔滔不绝地谈论电影和戏剧，引用晦涩难懂的拉丁文和希腊语原文，以及大段大段的 T. S. 艾略特。

唐纳德问我们要不要去楼上看"地下丝绒"的开幕演出。这场演出标志了他们在纽约的重组，也是"马克斯"举办的第一场摇滚现场演出。我还没看过他们，这让唐纳德很震惊，坚持要我们跟他一起去楼上，听他们的下一组歌曲。

我即刻就和那音乐产生了共鸣，它有一种震撼的冲浪者节拍。我以前从没仔细听过卢·里德[168]的歌词，现在，尤其通过唐纳德的耳朵，我意识到它们有着如此强烈的诗意。"马克斯"楼上的空间很小，可能还容不下一百人，随着"丝绒"演出渐行渐深，我们也开始动了起来。

罗伯特和大卫跳起了舞。他穿了一件薄薄的白衬衫，敞开到腰际，我都能看到衬衫下面那金色的乳环。唐纳德拉起我的手，我们勉强算是跳上了。大卫和罗伯特才是名副其实地在跳舞。和唐纳德多次聊天之后，我得知他喜欢荷马、希罗多德[169]和《尤利西斯》，而对"地下丝绒"，他已不仅仅是喜欢了，他们是纽约最棒的乐队。

独立日这天，托德·朗德格伦问我要不要同去上达比看望他母亲。我们在空地上放了烟花，还吃了 Carvel 冰淇淋。后来我站在他妈妈身边，在后院里看着他和他妹妹玩。她疑惑地看着他染成五颜六色的头发和丝绒喇叭裤，"我生了个外星人。"她突然冒出这么一句，这让我吃了一惊，因为他看起来是那么务实，至少对我而言。当我们开车回到市里，两人都深感找到了亲人，我们俩都像外星人。

那晚更晚些时，我在"马克斯"碰到了托尼·英格拉西亚，一个从"辣妈妈"出来的编剧。他邀我在他的新戏《岛屿》里朗诵一个角色，我心存疑虑，不过他把剧本给了我，承诺我不会有厚厚的舞台妆和闪闪发光的东西。

对我来说这似乎是个挺容易的角色，我不必与剧中其他任何角色发生联系。我演的人物叫利昂娜，完全的自说自话型，扎安非他命针，语无伦次地扯着布莱恩·琼斯。我一直就没搞明白这个剧讲的是什么，但它是托尼·英格拉西亚的史诗。就像《满洲候选人》[170]，大家都参与了。

我穿着那件磨旧的船领衫，在眼周围打了黑色的眼影，我必须表现出我最惨的样子。我估计那模样跟一只有毒瘾的浣熊差不了多少。我有一场呕吐的戏，那不成问题，我只要在临吐前几分钟含上一大口磨碎的豌豆和玉米粉糊糊就行了。但有天晚上排练时，托尼给我拿来了一个注射器，若无其事地说："只打水就行了，你懂的，从胳膊里拔一点血出来，这样观众就以为你真在注射。"

我差点晕过去。我甚至都看不了那个针筒，更别说往胳膊上扎了。"这个我来不了。"我说。

他们都很震惊。"你没扎过吗？"

就凭我的打扮，所有人都理所当然地觉得我吸毒。我拒绝扎针，最后他们在我胳膊上涂了热蜡，然后托尼教给我该怎么做。

罗伯特觉得这事太好玩了，觉得我应该被这样窘一次，还没完没了地拿这事取笑我。他当然知道我有针头恐惧症。他喜欢看我上台表演，每一场排练他都会来看，盛装打扮的他也能够胜任角色。托尼·英格拉西亚端详着他说："看起来挺棒啊，希望他也会演戏。"

"给他找个座就行了，"韦恩·康蒂插嘴道，"他什么也不用干。"


罗伯特一个人睡的。我去敲他的门，门没锁。我站在那儿看着他睡觉，就像我第一次见到他时那样，他依然是当初那个一头牧羊人乱发的男孩。我坐到床边时他醒了，他一只胳膊肘撑在床上，笑了。"想钻进来吗，China？"他开始胳肢我，我们扭打在一起，笑个不停。然后他跳了起来，"咱们去科尼岛吧，"他说，"把咱俩的照片再拍一次。"

我们把喜欢的事做了个遍。我们在沙滩上写名字，去了内森餐厅，在太空游乐园里溜达。我们找到上次那个老人，又给我们拍了一次照片，在罗伯特的坚持下，我骑上了老人的毛绒道具小马。

我们一直玩到黄昏才登上回程的 F 列车。"我们还是我们。"他说。他握着我的手，我靠在他肩上，在回家的地铁上睡着了。

可惜，我俩新照的照片丢了，不过我自己骑小马的那张，寂寞又有点挑衅的那张，留了下来。


罗伯特坐在板条箱上，我给他读着我的新诗。

"你应该让更多的人听到。"他像往常一样地说。

"有你听呢。这就够了。"

"我想让每个人都听到你。"

"不，你难道要我在该死的茶会上读吗？"

但不可否认，我被罗伯特说动了心，他从杰拉德·马伦加那里得知，周二有诗人吉姆·卡罗尔[171]主持的一段自由表演时间，他向我保证我也能上台朗诵。

我同意一试，选了两首我觉得适合表演的诗。我已经记不清我读了些什么，却清楚地记得罗伯特穿了什么：一条他自己设计的金色皮套裤[172]。我们讨论过该配什么样的遮阴布，最终又决定不要那玩意了。这天是巴士底日[173]，我开玩笑地预言那些诗人一看他就会掉脑袋。

我一下子就喜欢上了吉姆·卡罗尔。他看起来很美，留着一头赤金色的长发，瘦而健硕，穿着黑色的高帮匡威运动鞋，性格也很好。依我看，他就是兰波和神圣的傻瓜帕西法尔[174]的合体。

我的写作风格，正在从法国散文诗的拘谨，转向布莱斯·桑得拉斯、马雅可夫斯基和格雷戈里·科尔索的故作勇敢。他们为我的作品注入了幽默和有那么点神气活现的劲头。罗伯特向来是我的第一个听众，单是读给他听就让我培养出不少自信。我听垮掉派诗人和小奥斯卡·布朗[175]的朗诵录音，研究韦切尔·林赛[176]和阿特·卡尼[177]这样的抒情诗人。

一天晚上，《岛屿》最后一次排练完毕，我无意中遇到了吉姆，他正在切尔西外面闲逛，吃着刨冰。我问他要不要同去甜甜圈店喝一杯难喝的咖啡，他欣然前往。我告诉他我喜欢在那里写东西。第二天晚上，吉姆带我到第四十二街上的"比克福德"喝了破咖啡，他告诉我杰克·凯鲁亚克喜欢在那里写东西。

吉姆住在哪儿我不太清楚，不过他在切尔西酒店挥洒了大把的时间。第三天晚上他跟我回了家，最终留宿在我那里。已经有太久的时间我没对罗伯特以外的人有过感觉了。

罗伯特并没有感到隔阂，因为我能认识吉姆也多亏了他的帮忙。他们很合得来，而且令人高兴的是，我们住在罗伯特隔壁似乎没有什么不自然的地方。罗伯特经常住在大卫家，他好像很高兴看到我不再是孤单一人。

我以自己的方式全心全意地对吉姆。他睡着了我给他盖毯子，早晨我给他买好甜甜圈和咖啡。他没什么钱，对自己无伤大雅的海洛因瘾也毫无愧意。有时候我也会陪他一起去买毒品。我对这些毒品一无所知，只在《凯恩之书》里读到过，亚历山大·特罗基[178]在书中描述了一个瘾君子，他在一条往来于纽约诸河的驳船上写作，海洛因在他的灵魂之河上穿梭。吉姆在他长着雀斑的手上注射毒品，就像一个黑暗版的哈克贝利·芬[179]。我把目光转向别处，问他疼不疼。他说不疼，不用担心。然后我会坐在他身边，听他吟诵沃尔特·惠特曼[180]，坐着坐着就睡着了。

在我白天工作的时候，罗伯特和吉姆会去时代广场散步。他们俩对第四十二街上的阴曹地府有着共同的热爱，闲逛中还发现两人都对作牛郎有共鸣。吉姆赚钱是为了买毒品，罗伯特是为了缴房租。即使到了这时候，罗伯特也还在质问自己的动机，他被认定的性身份让他不舒服，他质疑自己作牛郎到底是为了钱还是为了快感。这些话题他都可以和吉姆聊，吉姆不会批判他。他们都从男人身上挣钱，而吉姆对此毫不在乎。对他而言，那只是生意罢了。

"你怎么知道你不是同性恋？"罗伯特会这样问他。

吉姆说他肯定不是。"因为我一直都是要钱的。"


快到七月中时，我为我的第一把吉他付了最后一笔款。那是在第八大道上的一家当铺用预付订金、余额结清后取货的方式买的，一把 Martin 牌的小型木吉他，一把典型的客厅吉他[181]。琴上有一枚小小的青鸟贴花，还有一条五彩的编织背带。我买了一本鲍伯·迪伦的歌谱，学了几个简单的和弦。一开始听起来还不算太差，但越弹就越难听了。

我不懂吉他是必须要调音的。我把吉他拿到马修那去，他帮我调好了琴。然后我才想到，不管这把琴何时跑了音，我都可以找到一个音乐家帮忙，只要他们愿意。切尔西里的音乐家有的是。

我已经写好了诗歌《不明之火》，遇到博比，我把它变成了我的第一首歌。我挣扎着想在吉他上找几个和弦来伴奏，然后把它唱给罗伯特和桑迪听。

> 死亡来了，穿着女士长裙掠过走廊
>
> 死亡来了，穿着礼拜服骑行在高速路上
>
> 死亡来了，我束手无策
>
> 死亡走了，必定也留下了什么
>
> 一场不明之火带走了我的宝贝

桑迪尤其兴高采烈。那掠过走廊的长裙说的就是她。

参加《岛屿》的演出，让我对自己的表演能力有了信心。我一点也不怯场，而且乐于设法从观众身上得到回应，但我在心里告诫自己，我不是一块表演的材料。当演员似乎和当兵差不多——你必须为更高的利益牺牲自己，你必须相信这个事业。我就是无法放弃更多的自我去作一个演员。

扮演利昂娜，封存了我那尚未建立的瘾君子的知觉。不知道我能不能算一个演员，反正获得恶评是我的强项。这出戏在社会上反响不错。安迪·沃霍尔每晚都来，也很有诚意与托尼·英格拉西亚合作。田纳西·威廉姆斯[182] 手挽着坎迪·达林出席了最后的演出。如鱼得水的坎迪，为能出现在这位伟大的剧作家身边而狂喜不已。

我或许可以故作勇猛，但我知道我缺乏演员同事们的那种热情和悲剧美。那些与多家剧院合作的演员，无一不尽心尽力，在埃伦·斯图尔特[183]、约翰·瓦卡罗和名声赫赫的查尔斯·拉德拉姆[184]这样的导师手下苦干。我虽没有选择他们追求的方向，却对我学到的东西心存感激。还要过一段时间，我才能把我的剧场经验付诸实践。

因为中央公园的那场大雨，詹妮斯·乔普林在八月里又回来了，她看起来开心极了。詹妮斯对录音充满了期待，围着紫红、粉色和紫色的羽毛围巾华丽地进了城，她去哪儿都围着它们。演出非常成功，结束后我们都去了下百老汇附近的一个艺术家酒吧"雷明顿"。她的随行人员把屋里坐得满满的：迈克尔·波拉德、《全数归还》封面上那个穿红裙的姑娘萨莉·格罗斯曼[185]、布赖斯·马登、"挖掘者"的埃默特·格罗根[186]和女演员塔斯黛·韦尔德[187]。点唱机正在放查理·普赖德[188]。詹妮斯几乎整晚都和一个她喜欢的帅哥待在一起，但就在打烊之前，那人却和一个更漂亮的诌媚女人溜掉了。詹妮斯受了很大刺激，"这种事老是发生在我身上，哥们，又是一个寂寞之夜了。"她在博比的肩头抽泣着。

博比叫我把她送回切尔西，照顾着点她。我把她送回她的房间，在她哀叹自己命不好的时候陪在她身旁。走之前，我告诉她我为她写了一首小歌，并且唱给她听。

> 我苦干着
>
> 为让世界看到我的能力
>
> 哦，我想我从不曾梦想
>
> 我必须如此
>
> 世界旋转，照片一张张
>
> 我多喜欢随着人群大笑
>
> 当爱从座无虚席的剧场
>
> 悄然溜走
>
> 可宝贝啊
>
> 人群散去
>
> 睡觉时却发现自己孤独一人
>
> 不敢相信
>
> 我不得不献出你

她说："这就是我，哥们。这就是我的歌。"我要走了，她对着镜子整理着她的围巾，"我看起来怎么样，哥们？"

"你就像颗珍珠，"我回答，"珍珠般的姑娘。"

吉姆和我在唐人街度过了不少时光。每次跟他出去都像一场流动的冒险，像骑着盛夏的浮云。我喜欢看他和陌生人打交道。我们会去"鸿发",因为那儿便宜,饺子也不错,他还会和那儿的老人们聊天。他们给上什么就吃什么,或者你指别人桌上你想吃的,因为菜单都是中文的。他们擦桌子时会先往桌上泼热茶,然后拿抹布擦,整个屋里都飘着乌龙茶香。有时候吉姆只是接过一个话茬,和某位尊者模样的老人聊起来,而老人们会带我们穿越他们生命的迷宫,穿越鸦片战争和旧金山的鸦片馆。然后我们会从默特街远足到马尔伯里,再到第二十三街,回到我们的时代,仿佛一切都没有发生过。

我送了他一架自鸣筝当生日礼物,还在斯克里布纳趁午休时间为他写了一首长诗。我希望他能当我的男朋友,但结果证明没什么指望。试着去表达激情使我变得更多产了,同时我也相信我写得更好了,但我还是永远都成不了他的灵感源泉。

吉姆和我有过一些非常甜蜜的时光。低潮肯定也有一些,但我的记忆是为怀旧和幽默服务的。我们度过的那些涣散的日夜,像济慈一般异想天开,又如折磨我们的虱子一般粗鲁。彼此都断定虱子是被对方传来的,切尔西酒店每一个无人看管的浴室里,都有我们用 Kwell 除虱香波洗头的乏味经历。

他这人不怎么可靠,遇事会逃避,而且有时会飞得太高无法对话,但他也宽容、单纯,而且是一个真正的诗人。我知道他不爱我,但我还是爱慕着他。最终他渐行渐远,只给我留下了一缕赤金色的长发。

罗伯特和我去找哈里。哈里正在跟一个朋友合计，该由谁来保管一只特别的灰色玩具羊羔。它的个头有一个小孩高，带轮子，系着一条长长的红丝带，是艾伦·金斯堡的伙伴彼得·奥洛夫斯基[189]的。他们把它托管给我，我想这一定会让罗伯特抓狂，因为我保证过再不收留孤独的垃圾或是坏掉的玩具了。"你必须拿着，"罗伯特说着，把丝带交到我手中，"这是史密斯收藏的经典物品。"

几天后，马修不知打哪儿冒了出来，还带来一箱子四十五转唱片。他迷上了菲尔·斯佩克特[190]，好像每张菲尔制作的单曲这里都有。他紧张地瞥向屋里，"你有什么单曲唱片吗？"他不安地问。

我起身翻遍了洗衣间，找到了我装唱片的盒子，一个奶油色的布满了音符的盒子。他立刻开始清点我俩的收藏。"我就知道，"他说，"我就知道咱们这数对头。"

"什么数对头？"

"一晚上听一百张唱片。"

这对我还真讲得通。从《我把心卖给了收废品的》[191]开始，我们一张接一张地放唱片。每首歌都是那么好听。我一跃而起开始跳舞，马修像个疯狂的 DJ 一样不停地给唱片翻面。唱片放了一半时，罗伯特进来了，他看了看马修，看了看我，又看了看唱机。

"惊艳合唱团"[192]正在唱着，我说："你还在等什么呀？"

他的外衣滑落到地板上。接下来还有三十三张唱片要放。

　　这是一个臭名昭著的地方，二〇年代曾是电影协会影院；三〇年代是鲁迪·瓦利[193]主持的沙哑尖厉的西部乡村俱乐部；四〇和五〇年代，伟大的抽象表现主义艺术家和导师汉斯·霍夫曼[194]在三层有一个小课堂，为杰克逊·波洛克、李·克拉斯纳和威廉·德库宁这样的人传道授业；六〇年代，这里是"一代人俱乐部"，吉米·亨德里克斯常在这儿泡着，俱乐部关张后，他接手了这地方，把它建成了第八街52号深处的顶级录音棚。

　　八月二十八日，这里举办了一个开业派对，沃托克商行负责媒体宣传。我通过沃托克的简·弗里德曼得到了梦寐以求的请柬。她也为伍德斯托克音乐节做过宣传，我们是在切尔西通过布鲁斯·鲁道认识的，她对我的作品很有兴趣。

　　能去那儿让我很兴奋。我戴上草帽朝市中心走去，但当我到了地方，却怎么也不敢进去了。正巧吉米·亨德里克斯出现在楼梯上，发现我像个土气的怪人一样坐在那里，他咧嘴笑了。他得赶飞机去伦敦参加怀特岛音乐节。我告诉他我胆太小了不敢进去，他温和地笑着，说可能和别人以为的正相反，他很腼腆，参加派对也总让他紧张。他在楼梯上陪我待了一会儿，告诉我他想要用这个录音棚做些什么。他梦想着能聚集世界各地的音乐家，这样他们就能带着他们的乐器来到伍德斯托克，在地上坐成一圈，弹啊，弹啊。什么调、什么速度、什么旋律都不重要，他们能一直弹，直弹到度过不和谐阶段，找到一种共同的语言。最终，他们将在他的新录音棚里，把这种抽象的世界性音乐语言录下来。

"和平的语言。你喜欢吗？"我喜欢。

我不记得我是不是真的走进了那间录音棚，不过吉米的梦想再也不可能实现了。九月，我跟妹妹和安妮一起去了巴黎。桑迪·戴利跟航空公司有关系，帮我们拿到了便宜的机票。这一年里巴黎已经变了，我也变了，似乎整个世界都在慢慢蜕去纯真。或许，是我看得太清楚了一点。

我们走在蒙帕纳斯大道上，我看到了令我痛心的新闻头条：Jimi Hendrix est mort. 27 ans.[195] 我知道这是什么意思。

吉米·亨德里克斯再也没机会回到伍德斯托克创造世界性的语言了，他也再不可能到"电动女士"去录音了。我感到我们痛失了一位好友，我回想起他的背影，那绣花的马甲，还有他迈上楼梯的长腿，那也是他最后一次迈进这方天地。

十月三日，史蒂夫·保罗派车接我和罗伯特去"东菲尔莫"见约翰尼·温特。约翰尼会在切尔西住几天。他演出结束后，我们都去了他的房间。他才在吉米·亨德里克斯的守夜活动上表演过，我们又一起哀悼了这位吉他诗人的离去，在一起谈论他的过程中寻得一点点安慰。

然而第二天晚上，我们还将在约翰尼的房间里再一次地相互慰藉。我的日记里只写了几个字：詹妮斯·乔普林。她因毒品使用过量死在了洛杉矶"里程碑"酒店的 105 房间，时年二十七岁。

约翰尼受了刺激。布莱恩·琼斯、吉米·亨德里克斯、詹妮斯·乔普林。他马上就联想到了他们名字里的字母 J，恐惧与悲痛一并涌上心头。他特别迷信，担心下一个就会是自己。罗伯特试图安抚他，但又对我说："这真不能怪他，这事确实太诡异了。"他建议我看看约翰尼的塔罗牌怎么说。我看了，牌上暗示有一个矛盾力量的漩涡，但没说会有危险。不管牌不牌的，约翰尼的脸上并没有死亡的气息。他这个人可不寻常，是个机灵鬼，即使"J 俱乐部"的多起死亡令他焦躁，发狂地在屋里走来走去，他也是一副决不会坐以待毙的样子。

★

我感觉精神涣散，好像又被卡住了，手边都是没写完的歌和丢弃的诗。我会去尽可能地深入，然后碰壁，撞上我自己想象中的壁垒。后来我认识了一个哥们，告诉了我他的秘籍，特别简单。撞到墙时，破墙而入就行了。

托德·朗德格伦带我到"村之门"[196] 去看一个叫"圣洁的变态赌王"的乐队。托德已经做完了自己的专辑《小不点》，正在留意想制作点别的有意思的东西。像尼娜·西蒙和迈尔斯·戴维斯[197] 这样的大牌会在"村之门"的楼上演出，更小众的乐队被安排在地下室。我一直没听过"圣洁的变态赌王"，我知道《逍遥骑士》里用了他们的《鸟之歌》，不过肯定有意思，因为能吸引托德的总是些不寻常的东西。

听一支迷幻乡巴佬乐队，恍若置身于一场热烈喧嚣的阿拉伯民间舞会。我看好那个鼓手，他就像是个在逃犯，在警察查看别处的时候出溜到了鼓的后面。演出行将结束时，他唱了一首叫做《怒不可遏》的歌，随着他在鼓上的重击，我心想，这个人真正体现了摇滚乐的精髓和灵魂。他身上兼具了美、力量和动物磁性。

我们去了后台，别人把我介绍给这位鼓手。他说他叫"瘦影"。我说："认识你很高兴，'瘦影'。"我提起我在给一本叫 Crawdaddy[198] 的摇滚杂志写稿，我想写一篇文章介绍他。这个主意似乎让"瘦影"很高兴。我开始推销我的观点，说他多么有潜力，摇滚乐如何如何需要他，他只是点点头。

"哦，这我倒没好好想过。"他回答得简明扼要。

我肯定 Crawdaddy 会接受一篇写摇滚乐未来救赎的文章，"瘦影"也同意到第二十三街来接受采访。他被我那乱糟糟的屋子给逗乐了，四肢摊开躺在我的小地毯上，讲起了他自己。"瘦影"说他是在拖车上出生的，很是编了一番故事给我。他很善言，在这场快乐的角色倒置中，他变成了故事的讲述者。他的故事可能比我的更荒诞不经，他的笑很具感染力，他坚毅、聪明，也富于直觉。在我眼里，他就是那个长着牛仔嘴的家伙。

接下来的日子，他会深夜出现在我门外，腼腆而诱人地咧嘴一笑，我会抓起我的外套和他一起出去散步。我们从不走得离切尔西太远，然而这座城市却似乎消失在了灌木丛里，零落的碎片像风滚草般在风中变形。

十月里，一股冷空气掠过纽约，我要命地咳嗽了起来。我们阁楼里的暖气很不稳定，就好像这不是给人住的地方，一到夜里暖气就凉了。罗伯特经常住在大卫那儿，我则会把我们所有的毯子都盖上，看《小露露》漫画，听鲍伯·迪伦，一直熬到很晚。我还闹智齿，整个人能量耗尽。大夫说我贫血，叫我吃红肉、喝黑啤，这也是波德莱尔孤独地拖着病体在布鲁塞尔的冬日里艰难跋涉时所得到的建议。

我比可怜的波德莱尔要足智多谋一些。我穿了一件口袋很深的格子呢外衣，从格里斯泰迪斯[199]偷了两小块牛排，打算用祖母的生铁锅在轻便电炉上煎了它们。在街上我意外地撞到了"瘦影"，两人开始了第一次非夜间的步行。我实在担心肉会坏掉，最后不得不向他招认，我口袋里有两块生牛排。他看着我，试图分辨我是不是在瞎说，然后把手伸进我的兜里，在第七大道当街掏了一块牛排出来。他佯装训诫地摇摇头说："好吧，亲爱的，咱们吃了它。"

我们上了楼，我点起电炉，我们吃了刚出锅的牛排。从那以后，"瘦影"就关心起我吃没吃饱的问题来。几天后他来看我，问我爱不爱吃"马克斯"的龙虾，我说我还真没吃过呢，他似乎很震惊。

"你没吃过那儿的龙虾？"

"没有，我就没在那儿点过餐。"

"什么？穿衣服。咱们去弄点吃的。"

我们坐出租车去了"马克斯"。他毫不打怵地闲庭信步走进密室，不过我们没去坐圆桌。接下来他为我点餐。"给她来一份你们这里最大的龙虾。"我感觉到所有人都把目光投向了我们，同时忽然想到，我从没和罗伯特以外的任何男人来过"马克斯"，何况"瘦影"还是个大帅哥。当我那只带着融化的黄油的巨大龙虾端上来时，我又忽然想到，这个乡下帅哥可能并没有钱付账。

我正吃着龙虾，发现杰姬·柯蒂斯在冲我打手势。我猜她也想吃点龙虾，那不成问题。我把一只肥肥的虾钳包在餐巾里，随她走进了女洗手间。杰姬劈头盖脸就开始审我。

"你怎么跟萨姆·谢泼德[200]在一块？"她脱口而出。

"萨姆·谢泼德？"我说，"哦，不，这人叫'瘦影'。"

"亲爱的，你不认识他啊？"

"他是'圣洁的变态赌王'乐队的鼓手。"

她在手包里手忙脚乱地一通乱翻，散粉扬得到处都是。"他是小百老汇最大牌的编剧，林肯中心正有他一出戏在演，他都得了五个奥比奖[201]了！"她一边不假思索地说着，一边画着眉毛。我怀疑地盯着她，这突然间暴露的真相，就好像朱迪·加兰德[202]和米奇·鲁尼[203]的某部音乐剧里的情节转折。

"哦，不过对我来说无所谓："我说。

"别傻了，"她说着激动地抓着我，"他能把你带进百老汇。"杰姬的那种表达方式，能把很随意的互动都变得像B级片里的镜头。

杰姬把龙虾钳又还给了我。"不用了，谢谢，亲爱的，我瞄的是更大的猎物。你干吗不带他来我这桌坐坐，我很想跟他打个招呼。"

呃，我并不垂涎百老汇，也不打算把他当成一座雄性奖杯到处炫耀，不过至少我知道他肯定是付得起账了。

我回到桌边，死死地盯着他。"你是叫萨姆吧？"我问。

"嗯，对，是这么回事。"他像W. C. 菲尔茨[204]一样慢声慢语地说。这时甜品上来了，一客加巧克力酱的香草圣代。

"萨姆是个好名字，"我说，"能发达。"

他说："吃你的冰淇淋吧，帕蒂·李[205]。"


在罗伯特忙碌的社交生活里，我觉得我越来越不协调。他带我去喝茶，去吃饭，偶尔还去参加派对。那些餐桌上所摆的餐具，一套里含的叉勺就比五口之家需用的还多。我就不明白了，吃饭的时候我俩干吗就得分开坐，不明白我干吗就得跟不认识的人聊天。我只是苦闷地等着下一道菜端上来，没人像我这么不耐烦。然而当我看着罗伯特以一种我不曾见过的安逸自在与人交流，给别人点上烟，说话的时候吸引住他们的目光，又不得不钦佩他。

他慢慢进入了一个更上流的社会。在某些方面，他的社会转型比性转型更难令我消化。对于他双重的性，我只需去理解和接受就好了，而若要在社交方面跟得上他，我将不得不改变我自己的生活方式。

有些人，生性叛逆。读了南希·米尔福德[206]写的泽尔达·菲茨杰拉德的故事，我对她桀骜不驯的精神产生了共鸣。我记起与母亲经过商店橱窗时，我曾问人们为什么不砸开它。她解释说，社会上有心照不宣的行为准则，那是我们作为社会人和平共处的方式。我们来到了一个一切都被前人安排好了的世界，一想到这个我就感觉受到了禁锢。我竭力压制着破坏性的冲动，不断以创造性的冲动取而代之。不过，那个憎恨规则的小我并没有死。

我向罗伯特讲起童年的我有砸碎橱窗的愿望，他还取笑我。

"帕蒂！不行啊，你是个坏种啊。"他说。不过我不是。

另一边，萨姆和这个小故事产生了共鸣。他倒是毫不费力就能想象出我穿着棕色的小鞋，渴望引发一阵骚乱的样子。当我告诉他有时我有想踹橱窗的冲动，他只是说，"踹吧，帕蒂·李，我会保释你的。"和萨姆在一起，我可以做我自己。他比任何人都懂那种不能释放天性的滋味。

罗伯特对萨姆不感兴趣。他正鼓励我变得优雅，因而担心萨姆只会纵容我的玩世不恭。他们对对方都小心翼翼，一直都没能弥合这道裂隙。在外人眼里，这或许因为他们不是一路人，但在我看来，这是因为他们两个同为我内心最关注的强大男人。抛开进餐礼仪不说，我在他们两人身上发现了某种我也有的东西，带着幽默和骄傲接受了他们之间的矛盾。


　　受到大卫的鼓舞，罗伯特拿着他的作品从这个画廊跑到那个画廊，毫无结果。而在百折不挠之下，他也找到了另外的选择，决定在他生日那天在切尔西酒店的斯坦利·阿莫斯画廊展览他的拼贴作品。

　　罗伯特做的第一件事就是去兰姆斯顿。那里比伍尔沃思小些，也便宜些。我俩都喜欢找尽借口去突袭他们的过时库存：纱线、纸样、扣子、日化用品、《红皮书》[207]、《电影故事》[208]、香炉、节日贺卡、家庭装的大包糖果、发夹和丝带。罗伯特一摞一摞地买他们的经典款银色相框，一美元一个，非常受欢迎，你甚至能看到苏珊·桑塔格这样的人也在买。

　　为了发出独一无二的请柬，他拿出了在第四十二街买的软色情扑克，把展览信息印在了背面，然后装在从兰姆斯顿买的一个牛仔风格的仿皮证件夹里。

　　这次展览的是罗伯特的怪胎主题拼贴，不过他还为展览准备了一幅相当大的祭坛背壁装饰画。我的一些个人物品也被他用在了画面里，包括我的狼皮、一条绣花丝绒女式围巾和一个法国的耶稣受难像。因为他挪用了我的东西，我们还小吵了一架，不过肯定是我让步了，再说罗伯特认为反正也不会有人买走它，他只是希望别人能看到。

展览地点在切尔西酒店510套房。房间里挤满了人，罗伯特和大卫一起来的。环顾四周，我能追溯到我们在这间酒店的整个历史。罗伯特最大的拥护者之一，桑迪·戴利，正眉开眼笑。那幅祭坛背壁装饰画让哈里大吃一惊，他要在他的电影《马哈哥尼》里把它拍进去。《头发》[209] 的联合导演杰罗姆·拉格尼 [210] 买走了一幅拼贴画。收藏家查尔斯·科尔斯 [211] 约好日后讨论购买事宜。杰拉德·马伦加和勒内·里卡德 [212] 在跟唐纳德·莱昂斯和布鲁斯·鲁道聊着。在罗伯特的作品跟前，大卫就是一个举止优雅的主持人和代言人。

那些画都是我看着罗伯特创作的，观察赏画的人群则是另一种情感体验。它已经走出了我们的私密世界，这是我一直希望的，但与别人分享，多少还是刺痛了我的占有欲，而比这种感觉更重要的，是我看到了罗伯特的喜悦，他的脸上写满了肯定，如同瞥见了他曾如此坚决找寻、又如此努力达成的未来。

和罗伯特预言的正相反，查尔斯·科尔斯买走了那幅祭坛背壁装饰画，我再也没能拿回我的狼皮、我的围巾和我的耶稣受难像。

★

"那女人死了。"博比从加州给我打来电话，告诉我伊迪·塞奇威克死了。我不认识她，但在少女时代，我在《时尚》杂志上看到过一张她的照片，她在床上竖趾旋转，背后挂着一幅马的画。她看起来淡定自若，好像全世界只剩了她一人。我把它撕下来贴到了我的墙上。

博比似乎为她的早逝悲痛不已。"为这位小姐写首诗吧。"他说，我答应了。

为像伊迪这样的姑娘写挽诗，我必须在自己身上找到某种姑娘的感觉，我必须思量身为女人意味着什么，由这个在白马跟前跳舞的女孩领路，我走进了我存在的核心。

我陷入了一种垮掉派的情绪。各种权威书籍一小摞一小摞地堆着。《神圣的野蛮人》[213]，《愤怒的青年》。仔细翻翻，我还找到了一些雷·布雷姆泽[214]的诗，他让我真正地开始进入状态。雷有一种人声萨克斯风的气质，当语言像线性的音符般涌出，你能感受到他那份即兴的从容。受到启发，我放了一些柯川的唱片来听，但没产生什么好效果。我只是自娱自乐罢了。杜鲁门·卡波特[215]曾谴责凯鲁亚克是在码字而非写作，但凯鲁亚克已将他的身心注入了一卷卷的电传打字纸，在他的打字机上猛敲。而我，我才是在码字。我懊恼地一跃而起。

我翻开垮掉派的选集，找到了乔治·曼德尔[216]的《诱人的海》。我轻声地读，然后放声朗诵，去感受他字里行间的大海和浪潮加速的节奏。我一鼓作气，又读了科尔索和马雅可夫斯基，然后又回到大海，好让乔治推我离岸。

罗伯特蹑手蹑脚地走进来，坐下，点着头。他全神贯注地倾听着，我那永远不会朗诵的艺术家。随后他俯身从地上捡起了一些诗页。

"你可得对你的作品好一点。"他说。

"你都不知道我在干吗，"我耸耸肩，"可我没法不这样，我现在就像一个乱劈乱砍的盲人雕塑家。"

"你需要向世人展示你的能力，干吗不朗诵一场呢？"

写作正在加重我的挫败感，它不够激烈和实在。他告诉我他有主意了。"我给你办一场朗诵会，帕蒂。"

我真没敢期待这么快就办诗歌朗诵会，但这个想法勾起了我的兴趣。我一直在写诗愉悦自己和身边可数的几个人，也许是时候该看看自己能否通过格雷戈里这关了。在心里，我知道自己已经准备好了。

我也在给 Crawdaddy、《马戏团》和《滚石》这样的摇滚杂志写稿。那个时代，音乐记者尚为一种有高尚追求的职业。保罗·威廉姆斯[217]、尼克·托希斯[218]、理查德·梅尔策[219]和桑迪·珀尔曼[220]这些作者都为我所敬重。我以波德莱尔为榜样，他曾写过一些关于19世纪艺术与文学的最具气质的评论文章。

在我收到的一堆有待评论的唱片里，有一套洛特·伦

214

亚的双张专辑。我决意要让大家都知道这位伟大的艺术家，于是给《滚石》的扬·温纳[221] 打了电话。我以前从没跟他说过话，他似乎被这个请求搞糊涂了，但当我指出在专辑《全数归还》的封面上，鲍伯·迪伦手里拿的就是洛特·伦亚的专辑时，他发了慈悲。有我之前写伊迪·塞奇威克的诗打前阵，我努力阐释了伦亚作为艺术家和一个刚柔相济的女人的双重角色。我倾注在这篇文章上的情感也流入了我的诗歌，给了我另一种自我表达的方式。我没指望他们真能发表这篇文章，但扬来电话，说我虽然口气像个卡车司机，却写了一篇优美的好文。

给摇滚杂志写稿也让我接触到了我欣赏的作者们。那些人中，桑迪·珀尔曼给了我一本《摇滚时代 II》，那是乔纳森·艾森编的选集，收录了一些前一年里最优秀的音乐评论，最触动我的是一篇莱尼·凯[222] 关于无伴奏合唱的温情而博学的文章。它带我一起寻根溯源，回到了青春期的街角，男孩们聚在一起唱三声部的节奏布鲁斯歌曲。它也和当时的一些愤世嫉俗、自命清高的批评论调形成反差。我决定要找到他，感谢他写了这样一篇鼓舞人心的文章。

莱尼在市中心布利克街上的"乡村老歌"工作，在一个周六的晚上我顺路拜访了他。店里的墙上挂着车轮毂，还有好几架子的四十五转老唱片。基本上只要你能想到的歌，都能从那几堆落着土的唱片里刨出来。在后来的拜访中，只要店里没客人，莱尼就会播放我俩都喜欢的单曲，我们会随着"多维尔兄弟"[223] 的《布里斯托尔顿足舞》起舞，或是跟着莫琳·格雷的《就在今天》跳"八一"舞。

"马克斯"里的圈子在更替，"地下丝绒"的夏日驻场吸引了新的摇滚乐卫士。圆桌边经常坐满了音乐家、摇滚媒体人和像丹尼·戈德堡这样音乐的商业密谋革新者。你能在莉莲·罗克松[224]、丽莎·罗宾逊、丹尼·菲尔茨和那些正在把密室慢慢据为己有的人身边找到莱尼。你仍然可以期待霍利·伍德劳恩神气十足地走进来，安德烈娅·费尔德曼[225]在桌子上跳舞，杰姬和韦恩挥洒漫不经心的光辉，但他们作为"马克斯"焦点的日子已经屈指可数了。

我和罗伯特在那里待得少多了，我们追求着自己的圈子，然而"马克斯"还是折射出了我们的宿命。罗伯特开始拍"沃霍尔居民"的照片，即使他们正在离去。我通过写作和最终的演出，与身在其中的那些人一起，慢慢陷入了摇滚乐的世界。



萨姆在切尔西搞到了一个带阳台的房间。我喜欢待在那儿，能在酒店里重新拥有一个房间真好。我想什么时候洗澡都可以。有时候我们就坐在床上读书，我读"疯马"，他读塞缪尔·贝克特。

就我们共同生活一事，萨姆和我长谈过一次。那时他向我透露他结婚了，才刚生了儿子。或许那是青年时代的草率，我并没认识到我们不负责任的方式会对别人造成怎样的影响。我见了他的妻子奥兰，一个年轻有才的演员。我从没指望他离开她，我们也都心照不宣地共处着。他常常出门，留下我独自待在他的房间里和他的东西为伍：他的印度毛毯、打字机和一瓶 Ron del Barrilito 三星级朗姆酒。

听说萨姆已婚，罗伯特很震惊。他最后会离开你的，他这样说，但这我早就知道。他认为萨姆是个靠不住的牛仔。

"你也不会喜欢杰克逊·波洛克。"我回嘴说。罗伯特只耸了耸肩。

我在写一首献给萨姆的诗，向他对房车的迷恋致敬。这首诗叫《坏小子之歌》。我从打字机里把它拽出来，在房间里踱着步，大声地朗读。成功了。它有了我所找寻的能量和韵律。我去敲罗伯特的门，"想听我念点东西吗？"我说。

尽管我们这段时间没在一起，罗伯特和大卫好，我和萨姆好，可我们还是有交集的——我们的创作。正如罗伯特许诺的，他决意为我办一场朗诵会。他代表我去找了杰拉德·马伦加，杰拉德正计划二月在圣马克教堂里朗诵，他慷慨地同意让我来为他开场。

即使对那些造诣最高的诗人，由安妮·瓦尔德曼[226]主导的"诗歌计划"也是一个值得向往的论坛。从罗伯特·克里利[227]到艾伦·金斯堡，再到泰德·贝里根[228]都在那里朗诵过。如果我真的打算表演我的诗歌，那里就是最好的地方。我的目标不是简单地把诗读好，或者不丢人现眼，我的目标是要在圣马克一炮打响。我是为了诗歌，我是为了兰波，我也是为了格雷戈里。我要在书面语中注入摇滚乐的迅猛和正面进攻。

托德建议我要勇猛，给了我一双蛇皮的黑靴子。萨姆建议我加上音乐。我把切尔西的音乐家想了一圈，然后想起莱尼·凯说过他会弹电吉他。我跑去找他。

"你会弹吉他，是吧？"

"对，我喜欢弹吉他。"

"好，那你能用电吉他表现一场车祸吗？"

"行啊，可以。"他毫不迟疑地说，并且同意为我伴奏。他带着他的 Gibson Melody Maker 电吉他和一个小号 Fender 音箱来了第二十三街，我正在背我的诗，他进来了。

朗诵会计划于 1971 年 2 月 10 日举行。朱迪·琳拍了一张我和杰拉德在切尔西酒店前微笑的照片，准备用在宣传单上。我搜寻着与那天有关的吉兆：满月、贝托尔特·布莱希特诞辰，都不错。出于对布莱希特的爱，我决定用《尖刀麦克》作为我朗诵的开篇。莱尼伴奏。

那是无与伦比的一夜。杰拉德·马伦加是个有着非凡感召力的诗人表演艺术家，吸引来了众多沃霍尔世界的精英，从卢·里德到勒内·里卡德，从布丽基德·柏林[229]到安迪本人。莱尼的朋友们也来给他捧场：莉莲·罗克松、理查德与丽莎·罗宾逊、理查德·梅尔策、罗尼·霍夫曼和桑迪·珀尔曼。还有一个切尔西代表团，包括佩姬、哈里、马修和桑迪·戴利。与会诗人有约翰·乔诺[230]、乔·布雷纳德[231]、安妮·鲍威尔[232]和贝尔纳黛特·梅尔[233]。托德·朗德格伦带来了GTOs[234]的克里斯蒂娜小姐。格雷戈里在他靠过道的座位上不安地挪动着，等着看我的表演。罗伯特和大卫一起进来，坐在前排的中间。萨姆从包厢围栏里探出身来，催我开始。气氛紧张了起来。

安妮·瓦尔德曼把我们介绍给观众。我周身都兴奋了。我把这个夜晚献给了从凯恩到热内的罪人们。我选了《誓言》这样的诗，它以一句"耶稣是为别人的罪而死，不是我的"开始，又用《不明之火》做了和缓的转折，我为罗伯特朗诵了《魔鬼长了个肉刺》，为安妮朗诵了《为我泪流成河》。《挂图布鲁斯》是以杰西·詹姆斯[235]女友的视角写的，加上了副歌，比我以前写的都更像一首歌。

在莱尼的强悍节奏和弦和电音回授的伴奏下，我以《坏小子之歌》结束了朗诵。这是圣马克教堂里第一次奏响电吉他，激起了欢呼与奚落。这里是诗歌的圣地，所以有一些反对者，不过格雷戈里兴高采烈。

在庆功派对上我迎来了雷鸣般的时刻。为了这场演出，我调动了自己可能藏匿的所有傲慢，可是到了后来，我体内就充满了肾上腺素，举止像一只小公鸡了。我没有感谢罗伯特和杰拉德，也没和其他人应酬，我只是和萨姆匆匆逃走，去喝了两杯龙舌兰，吃了龙虾。

我度过了我的辉煌之夜，真让人兴奋，不过我想还是该从容淡定些，把它忘了的好。我不知道该如何对待这样的经历。我知道我伤害了罗伯特的感情，他却始终难掩我带给他的骄傲。但我也必须考虑到，我似乎还有着截然不同的另一面，我不确定它和艺术之间是怎样一种关系。

因为那场诗歌朗诵，突然间各种邀请纷至沓来。Greem 杂志[236]同意出版一组诗；在伦敦和费城要开推介朗诵会；"中土图书"要出一本平装诗歌小册子；还可能和史蒂夫·保罗的"蓝天唱片"[237]签约。一开始这些都让我很受用，后来似乎就变成了尴尬，它的反作用甚至比赞美我发型的更加极端。

这些，让我觉得，来得太容易了。罗伯特都没这么轻易得到过什么，我信奉的诗人们也不曾有过这些。我决定放弃。我回绝了唱片合约，不过我离开了斯克里布纳，到史蒂夫·保罗那里当了他的女"星期五"[238]。我有了更多的自由，钱也挣得多一点了，史蒂夫却始终在问我，为什么选择给他做饭和扫鸟笼而不是去灌唱片。我不太相信自己就是扫鸟笼的命，但我也知道签下那份合约并不合适。

我想起了从玛丽·桑多兹[239]写的《疯马：沃格拉拉族的怪人》里学到的东西。"疯马"相信他会在战斗中取胜，但如果他停下脚步从战场上拿走战利品，他就将被击败。他在他坐骑的耳朵上文了闪电的图形，这样当他骑在马上时，看到它就能提醒自己。我要在眼前的事上实践这一课，小心地不拿走那并非理所当然属于我的战利品。

我决定文一个类似的文身。我坐在大堂里，正在笔记本上画着闪电的图案，一个奇特的女人走了进来。她顶着一头红色乱发，肩上趴着一只活的狐狸，她满脸都是精细的文身。我意识到如果去掉这些文身，人们将会看到一张瓦莉的脸，那《左岸之恋》封面上的女郎。很久以前她的照片就在我的墙上占据一席之地了。

我直截了当地问她能不能帮我文膝盖。她盯着我，点头默许。几天后，我们安排好在桑迪·戴利的房间里由她给我文身，戴利会把过程拍下来，她以前拍过罗伯特扎乳环，这次就像轮到我完成入会仪式了一样。

我想自己去，不过萨姆也想在场。瓦莉的技艺很原始：一枚衔在嘴里的大号缝衣针、一根蜡烛，还有一瓶墨蓝色墨水。我决心默默忍住，我安静地坐着，她在我膝盖上刺着闪电。刺完了我之后，萨姆也请她在他的左手上刺一个。她一针一针地在他拇指和食指之间的"蹼"上刺着，直到一轮新月挂上天际。

一天早上，萨姆问起我的吉他哪去了，我告诉他我给了我的妹妹金柏莉。那天下午，他带我去了"村"里的一家吉他行。墙上挂着木吉他，就像在当铺里那样，只有臭脾气的店老板才是一副不想失去其中任何一把的样子。萨姆叫我随便选哪个都行，我们看了很多 Martin，其中有些吉他还镶嵌着珍珠母，很漂亮，但真正入我眼的是一把破旧不堪的黑色 Gibson，一把 1931 年大萧条时期的产物。背板被砸过也被修过，调弦钮的齿轮也锈了，但它身上的某种东西俘虏了我。我想是因为看它这副样子，除了我也再没别人想要了吧。

"你肯定想要的就是它吗，帕蒂·李？"萨姆问我。

"别无所求。"我说。

萨姆花二百美元买下了它。我想店主会偷着乐吧，不想他却追到街上对我们说："要是你什么时候不想要了，我再把它买回来。"

萨姆给我买了把吉他，这真是个温情的表示。它让我想起了加里·库珀[240]演的一部叫《火爆三兄弟》（Beau Geste）的电影。他演了一个法国外籍军团的士兵，以牺牲自己的名誉为代价，保护了养育他的女人。我决定给这把吉他起名叫"Bo"，Beau 的简写，这样它就能让我想起萨姆，那个其实是爱上了吉他本身的男人。

"Bo"这把我至今敝帚自珍的吉他，成了我吉他中的功臣，我大部分的歌都是用它写的。第一首就写给了萨姆，也许我预见到了他的离去吧。工作和生活中的内疚感在向我们步步逼近。

萨姆和我还像以前一样亲密，但对他来说迟早是要离开的，这个我俩都明白。

一天晚上我们沉默地坐着，思考着同一件事情。他一跃而起，把他的打字机抱到床上。"咱们写一个剧本吧。"他说。

"写剧本我可一窍不通啊。"我答道。

"容易，"他说，"我来开头。"他这样地描述了我在第二十三街的房间：车牌、汉克·威廉姆斯的唱片、玩具羊羔、地上的床垫，然后介绍了他自己的角色，"瘦影"。

然后他把打字机往我这一推，说："该你了，帕蒂·李。"

我决定给我的角色起名叫卡瓦勒。这名字来自一个叫阿尔贝蒂娜·萨拉森[241]的法裔阿尔及利亚作家，她像热内一样，是一个不停游走于文学和犯罪之间的早熟的孤儿。她的书里我最喜欢那本《卡瓦勒》，法语中逃亡的意思。

萨姆说得对。写剧本没什么难的，我们就是给对方讲故事，角色是我们自己，把我们的爱情、想象力和轻率鲁莽在《牛仔嘴》里译成密码。或许这不是一个中规中矩的剧本。我们把这场奇遇的结尾仪式化了，为萨姆创造了一个逃亡的壮丽出口。

卡瓦勒在故事里是个罪犯，她绑架了"瘦影"，把他藏在她的小窝里。这两个人，也爱，也打，也创造了一种他们自己的语言——即兴诗歌。当写到要用一种诗性的语言即兴创作一场辩论的部分时，我临阵退缩了。"我来不了这个，"我说，"我不知道该说什么。"

"说什么都行，"他说，"即兴创作谈不到写错。"

"那要是写砸了呢？要是我把节奏破坏了呢？"

"破坏不了，"他说，"这就像打鼓。你错过一拍，就再创造一拍。"

在这样简单的对话中，萨姆教给了我即兴创作的秘诀，这秘诀我用了一辈子。

四月底，《牛仔嘴》在第四十六街西的美国普雷斯剧院首演了。在剧中，卡瓦勒试图把"瘦影"塑造成她心中的摇滚乐救世主。"瘦影"一开始为这个主意而陶醉，也为卡瓦勒而倾倒，但最后不得不告诉她，他圆不了她的梦。"瘦影"回到了他的世界、他的家庭和他的责任身边，丢下了卡瓦勒，也释放了她。

演出的成功令萨姆兴奋，但将自己暴露在舞台上也让他倍感压力。在罗伯特·格劳蒂尼[242]的指导下，排练效果很不寻常，大家兴致昂扬并且不受观众的约束。第一场预演是给当地小学生看的，当孩子们笑着、欢呼着鼓励我们时，那真是一种释放。我们就像是在跟他们合作。但在官方评论里，却说得萨姆好像是觉醒了，不得不让现实中人面对他的现实问题。

第三天晚上，萨姆消失了，我们终止了演出。就像"瘦影"一样，萨姆回到了他的世界、他的家庭和他的责任身边。

然而置身剧中也教我认识了自己。我想不出卡瓦勒那个"长着牛仔嘴的摇滚基督"形象能怎样用于我所做的事，但在我们歌唱、辩论和逗对方说话的时候，我发现家中的我已站在了舞台上。我不是演员，我没法在生活和艺术之间划清界限，台上的我一如在台下。

在离开纽约去新斯科舍省[243]之前，萨姆给我在信封里留了些钱。他让我照顾自己。

他看着我，我的这位印第安风格牛仔。"你知道，你在我身上投注的梦想并不是我的梦想，"他说，"也许那些梦想对你更有意义。"

我站在人生的十字路口，不知该走哪边。罗伯特没有因为萨姆走了而洋洋得意。史蒂夫·保罗给我提供了跟其他音乐家一起去墨西哥写歌的机会，罗伯特也鼓励我去。墨西哥有两样是我喜欢的：咖啡和迭哥·里维拉。六月中我们抵达了阿卡普尔科[244]，住在一栋大海景别墅里。歌我没写多少，咖啡倒是喝足了。

一场危险的暴风雨把大家都赶回了家，不过我没走，后来经洛杉矶回到纽约。我就是在那儿看到了一个巨大的"大门"乐队新专辑《洛杉矶女人》[245]的广告牌，上面是一个被钉在电线杆上的女人。一辆车从身边驶过，车上的电台里传出他们的新单曲《驾驭着暴风雨的骑士》。我自责，我几乎忘记了吉姆·莫里森对我产生过多么重要的影响，是他引领我走上了把诗歌融入摇滚的道路，我决定要去买这张专辑，为他写一首有力量的作品。

但我刚回到纽约，他在巴黎去世的消息就从欧洲慢慢传开了。有那么一两天，没有人能确定究竟发生了什么。吉姆死在了他的浴缸里，死因神秘。那是七月三日，布莱恩·琼斯的祭日。


当我走上楼梯的时候，就知道情况不妙了。我能听到罗伯特哭喊着："我爱你！我恨你！我爱你！"我撞开了罗伯特工作室的门，他正盯着一面椭圆形的镜子，镜子的一侧是一条黑鞭子，另一侧是他数月前喷绘的一个魔鬼面具。

他正在经历一场糟糕的迷幻体验，善与恶的较量。魔鬼在向他逼近，改变了他的面容，变得像那只面具一样扭曲、血红。

我对这种局面毫无经验。想起我在切尔西吃药那次他是怎样帮助我的，我一边平静地和他说话，让他镇定下来，一边把面具和镜子从他眼前拿开。一开始他像看陌生人一样看着我，但很快他吃力的呼吸就缓和了。他筋疲力尽地随我坐到床上，把头枕在我腿上睡了过去。

他的双重性让我忧心，我更多是怕他受到困扰。刚认识他的时候，他的作品映射出一种对上帝兼爱天下的信仰。然而他偏离了轨道，天主教徒对善与恶的固恋重新跳了出来，就好像他必须要二选一似的。他已经和教堂决裂，现在它正在他体内坍塌。迷幻体验放大了他的恐惧，他已与更黑暗的力量无可挽回地结了盟，他的浮士德协议。

罗伯特喜欢把自己说成魔鬼，半开玩笑，或只为显得与众不同。我坐着看他系上一块皮质的遮阴布。他无疑更像酒神而不是撒旦，渴求着自由和被强化了的体验。

"你不用非得邪恶才与众不同，"我说，"你就是与众不同的，艺术家本来就自成一格。"

他抱了抱我。那块遮阴布抵住了我。

"罗伯特！"我尖叫着，"你太坏了。"

"我本来就坏。"他眨着眼睛说。

他出门了，我也回到了我那边。透过窗户，我看着他匆匆走过基督教青年会。这个艺术家兼牛郎，也是个好儿子和辅祭。我相信他会再度接受这样的理念：世界上没有纯恶，也没有纯善，只有纯粹本身。

罗伯特没有钱可以投入爱好，他继续同时以几种不同形式进行创作。经济条件允许的时候他就拍电影，有现成的材料他就做项链，他还用能找到的材料创作装置作品。不过摄影对他产生的吸引力是毋庸置疑的。

我是他的第一个模特，他自己是第二个。他从拍我（也包含我的宝藏或他的祭奠道具）开始，逐渐发展为拍裸像和半身像。大卫最终替我分担了一些任务，他是罗伯特最完美的缪斯。大卫上相而且灵活，对罗伯特的一些特别构想态度也很开放，比如一丝不挂而穿着袜子、赤身裹在黑网里，或在嘴里塞上一个领结。

他仍然在用桑迪·戴利的宝丽来 360 Land 相机。设置和功能都很有限，但技术简洁，也无需测光表。他会在照片上涂一层粉色的蜡质涂层加以保护，若是忘了涂，照片就会慢慢褪色。他会把宝丽来的整个套装都用上：相纸盒、拉片，有时甚至会用上以感光剂处理过的半成品。

因为相纸的价格，他必须使每张照片弹无虚发。他可不喜欢犯错或者浪费相纸，这大大锻炼了他锐利的视角和果敢的作风。他一丝不苟又精打细算，首先是出于无奈，其次是习惯使然。看着他突飞猛进是一件欣慰的事，尤其我也参与其中。作为艺术家和模特，我们的信念很简单。我相信你，我也相信自己。

★

一个新的重要人物走进了罗伯特的生活。大卫把罗伯特介绍给了大都会艺术博物馆的摄影馆馆长约翰·麦肯德里，他的老婆是马克西姆·德拉法雷斯[246]，纽约上流社会的领军人物。约翰和马克西姆为罗伯特提供了一个入口，进入了一个他所能期待的最具魅力的世界。马克西姆是一位技艺精湛的厨师，她会举办复杂的晚宴派对，那些呈上席的鲜为人知的菜肴，都拜赐于她了解的英国几世纪以来的烹调知识。对每一道精致的菜品，客人们的妙语连珠也别具风味。她桌边代表性的常客有：比安卡·贾格尔[247]、马里萨和贝里·贝伦森[248]、托尼·珀金斯[249]、乔治·普林顿[250]、亨利·盖尔德扎勒[251]、黛安娜和埃贡·冯·弗斯腾伯格王子夫妇[252]。

罗伯特想带我去接触这个社会阶层，他觉得我可以和这些有意思的、懂艺术的人搭上线，希望这能对我们有所帮助。和平时一样，这事在我和他之间不只制造了幽默的冲突。我的穿着不得体，在他们中间我觉得尴尬，再不然就是无聊，我在厨房转悠的时间比待在餐桌边的多。马克西姆对我很耐心，而约翰似乎能真正理解我作为一个局外人的感受，或许他也感到不合群吧。我真的挺喜欢他，他也想方设法让我能够自在一点。我们会同坐在他家的拿破仑式坐卧两用长沙发上，他用原汁原味的法语读兰波的《彩图集》给我听。

由于在大都会艺术博物馆的特殊地位，约翰能够进入藏品库，那里放着博物馆的全部摄影藏品，其中很多都从没向公众开放过。约翰的专长是维多利亚时代摄影，他知道我也特别喜欢。他邀请罗伯特和我去零距离地参观那些作品。扁平的文件箱从地板一直摞到天花板，金属搁架和抽屉里装着早期摄影大师们的佳作：福克斯·塔尔博特[253]、艾尔弗雷德·施蒂格利茨[254]、保罗·斯特兰德[255]和托马斯·埃金斯[256]。

可以掀开照片上的薄纸，真正地触摸到它们，感受那相纸和艺术家的手法，给了罗伯特极大的冲击。他专注地研究着它们的纸张、工艺流程、构图和暗部的强度。"这真的就是光的艺术啊。"他说。

约翰把最激动人心的作品留到了最后。他一张接一张地分享了那些公众看不到的照片，包括施蒂格利茨拍的乔治娅·奥基夫[257]精致的裸体。照片是在他们关系最好的时候拍的，透过那份亲密，可见两人共同的智慧和奥基夫的阳性美。罗伯特关注技术层面的时候，我专注地望着乔治娅·奥基夫，就像施蒂格利茨看到的那样，不见雕饰。罗伯特关心如何拍摄照片，我关心如何成为照片。

约翰给与了罗伯特支持鼓励和复杂的情感，这次秘密参观是最初的表现之一。约翰欣赏罗伯特的作品，给他买了一台属于他自己的宝丽来，还为他从宝丽来公司取得了一笔补助金，提供了他所需的全部相纸。这一表示来得正是时候，罗伯特对摄影的兴趣与日俱增，唯一令他却步的就是贵得离谱的相纸了。

约翰不光在美国为罗伯特打开社交圈，还把他推向了国际。不久之后他就要带罗伯特到巴黎赴一趟博物馆的公差，这是罗伯特第一次出国。他面前通往巴黎的窗口富丽堂皇。罗伯特的朋友露露是约翰的继女，罗伯特在花神咖啡给我写信时，他们正在和伊夫·圣罗兰及其合伙人皮埃尔·贝赫杰[258]共饮香槟。在明信片里，罗伯特说他正在拍雕塑的照片，他第一次把对雕塑艺术的爱融入了摄影。

约翰对罗伯特作品的热爱，出人意料地蔓延至对罗伯特本人。罗伯特接受了约翰送的礼物，利用了约翰为他打开的机会，却从来没把约翰当成过恋人。约翰这个人敏感、易变、体弱多病，没有哪一样能吸引罗伯特。罗伯特欣赏约翰的妻子马克西姆，强壮又富于野心、出身完美。或许是他对约翰的感受一贯漫不经心，随着时间的流逝，他发现自己卷入了一场毁灭性的浪漫痴狂。

罗伯特不在的时候，约翰会来找我。他有时会带来礼物，比如从巴黎买的纽花小金戒指，或者一本魏尔伦或马拉美的特别译本。我们聊刘易斯·卡罗尔[259]和朱莉娅·玛格丽特·卡梅伦[260]的摄影，但他真正想聊的是罗伯特。表面上看，约翰的悲哀可归咎于单相思，可我跟他相处越久，越觉得更深层的原因似乎是他那解释不清的自我厌憎。约翰是那么的热情洋溢、好奇和友爱，我想不出他为什么要这样妄自菲薄。我尽我所能地安慰他，却起不到什么作用。罗伯特对他的感情，永远不会超越朋友和导师了。

在《彼得·潘》里，有一个"迷失的孩子"就叫约翰。有时在我看来，约翰就是那样的，一个苍白纤弱的维多利亚式男孩，总是去追彼得·潘的影子。

除了投身摄影所需的器材，约翰·麦肯德里再给不了罗伯特更好的礼物了。让罗伯特神魂颠倒、欲罢不能的不仅是摄影的流程，还有摄影的艺术地位。他无休止地和约翰讨论这个问题，而约翰那种故步自封的劲头让他很郁闷。罗伯特觉得以约翰在大都会艺术博物馆的地位，应该更努力地让摄影获得与绘画和雕塑同等的受尊重程度和评论水平。而约翰，正在筹办一个保罗·斯特兰德的大展，他虽与摄影结缘，却没有提升其艺术地位的潜在责任。

我万没料到罗伯特会彻底屈服于摄影的力量。我鼓励他拍照片，是为让照片和他的拼贴、装置融为一体，希望看到他继承杜尚的衣钵。可罗伯特转移了焦点，照片不只是达到目的的手段，而是反客为主了。沃霍尔就是一个在所有这些元素上徘徊的人，搞得罗伯特振奋又举步维艰。

罗伯特决定干点安迪还不曾干过的事。他已经给天主教圣母和耶稣像毁过容了，也把畸形人和S&M引入了他的拼贴。安迪视自己为被动的观察者，而罗伯特最终将投入行动。他将参与和记录以前只能通过杂志图片才能接近的东西。

他开始另辟蹊径，拍他复杂的社交生活中所结识的那些人，从玛丽安·费思富尔[261]到有文身的年轻牛郎，那些

第二十三街，1972

名声显赫和声名狼藉者。不过他总是回到他的缪斯身边。我觉得自己不再是他理想的模特了，可他对我的异议置之不理。他看我，比我看自己看到的更多。他每次从宝丽来底片上撕开图像时，都会说："有你我就不会失手。"

我喜欢他的自拍像，他也拍了很多。他尊宝丽来为艺术家的快照亭，而约翰给了他所需要的所有两毛五硬币。

我们应邀参加了一个费尔南多·桑切斯[262]主持的化装舞会，他是个了不起的西班牙设计师，以设计挑衅的内衣而闻名。露露和马克西姆给我送来了一条典型的斯基亚帕雷利设计的重绉晚礼服，上半身是有泡泡袖的黑色 V 领连衣裙上身，下半身变成一条红色的及地长裙，看上去就像白雪公主遇到七个小矮人时穿的那件。罗伯特欣喜若狂，"你打算穿吗？"他激动地说。

谢天谢地，这裙子太小了。我取而代之穿了一身黑，脚蹬崭新的白色 Keds 帆布鞋。大卫和罗伯特系了黑色的领带。

那是当季最富魅力的派对之一，参加者都是美术界和时尚界的潮人。我觉得自己就像巴斯特·基顿[263]演过的角色，当费尔南多走过来时，我正独自一人靠在墙边。他疑惑地看看我，"亲爱的，这套衣服棒极了，"他边说边轻轻拍着我的手，审视着我的黑外套、黑领带、黑丝衬衫和黑缎锥形裤，"不过这双白球鞋，我可不敢苟同。"

"可这是我这身戏装的要点啊。"

"戏装？你扮演的是谁？"

"穿丧服的网球手。"

费尔南多上上下下地打量我，哈哈大笑起来。"绝了。"他说，然后领着我满屋炫耀。他拉过我的手，一下子把我带进了舞池。我可是从南泽西来的，眼下这阵势我很在行，舞池是我的啦。

我们的对话把费尔南多迷住了，他给了我一个机会，参加他即将举行的时装表演。我受邀和那些内衣模特走在一起。我还是穿着那条黑缎裤，一件烂 T 恤，白球鞋，戴着他那条八英尺长的黑羽毛围巾，唱着《安妮有个宝贝》[264]。这是我的 T 台处女秀，也是我模特生涯的开始和结束。

更重要的是，费尔南多对罗伯特和我的作品都很支持，经常到阁楼来看我们的新作。在我俩都需要钱和鼓励的时候，他还买了我们的作品。


罗伯特为我的第一本小诗集拍了照片，那是一本口袋书，名为《柯达》，是费城的"中土图书"出版的。我想好了，它应该像《狼蛛》[265]上的鲍勃·迪伦封面，一张封面中的封面。我买了一些胶卷和一件白色饰领衬衫，穿了件黑夹克，戴了副 Wayfarer 墨镜。

罗伯特不想让我戴墨镜，但他无论如何还是迁就了我，拍下了将要用作封面的照片。"现在，"他说，"摘掉墨镜，外套也脱掉。"他拍了更多我只穿白衬衫的照片，选出四张，摆成一排。然后他拿起了宝丽来相纸盒，把其中一张照片放进黑色金属框。这跟他想要的形象还有距离，于是他把它喷涂成了白色。罗伯特有修改材料的能力，能把它们派上意想不到的用场。他又从垃圾里拣出来三四张，也喷了。

他翻找着宝丽来里拍坏了的照片，那些黑色标签纸上写着"请勿触摸此处"，并把它们丢进一只用过的片盒。势如破竹的罗伯特就像《放大》里的大卫·亨明斯，痴迷地专注，贴在墙上的照片，猫警探般趾高气扬地穿过他的作品地带。带血的足迹，他的脚印，他的标记。就连片中亨明斯的那句话，也仿佛成了一句潜台词，成了罗伯特的私密咒语：真希望我有成吨的钱／那样我就自由了／自由了干什么？／干所有事。

★

正如兰波所说："新的风景，新的喧嚣。"我和莱尼·凯在圣马特表演过后，一切都在加速运转。我和摇滚圈的联系更紧密了。很多有名的作家，像戴夫·马什[266]、托尼·格洛弗[267]、丹尼·戈德堡和桑迪·珀尔曼都参加了那次活动，我也得到了更多的写作任务。Greem 杂志同意出版一组诗，它将标志着我诗歌的首次重要发行。

对于我应该干什么，桑迪·珀尔曼尤其有远见。我虽未准备好实现他对我未来的特别规划，但对他的洞察力一直很感兴趣，因为桑迪的脑袋里装了从毕达哥拉斯的数学到音乐守护圣人圣则济利亚在内的所有东西。只要是你能想得出来的主题，他的观点背后都有海量知识的支持。对吉姆·莫里森的狂热是他神秘感知力的中心，莫里森在他的神话里地位极高，他甚至会效仿莫里森穿起黑色的皮衣和皮裤，外束一条宽大的银色贝壳式皮带，蜥蜴王[268]的招牌行头。桑迪说话很幽默，语速也快，常戴着墨镜，遮住了那双冰蓝色的眼睛。

在他看来，我就像在领衔一支乐队，这是我还不曾想到的，甚至我觉得都没有这个可能。但和萨姆·谢泼德在《牛仔嘴》里创作、表演过歌曲之后，我确实萌生了探索歌曲创作的念头。

萨姆已经介绍我认识了李·克拉布特里，一个跟"他妈的"[269]和"圣洁的变态赌王"乐队合作的作曲家兼键盘手。他在切尔西有一个房间，一书桌满满堆的都是作品，厚厚几摞谁也没听过的音乐。他看上去总有点不大自在，长着雀斑，红头发塞在一顶针织帽底下，戴眼镜，络腮胡子也有点发红，根本看不出他还年不年轻。

我们从我写给詹妮斯的那首歌开始，那首她永远不会唱的歌。他处理这首歌的方式是，当它是一架汽笛风琴那样去演奏。我本身就有点内向，他更内向，我们对彼此都很耐心。

他慢慢地开始信任我，给我讲了一点他的故事。他深爱着他的祖父，祖母去世后，祖父留给了他一份不多却意味深长的遗产，其中就包括他和祖父合住的新泽西的家。他母亲反对这份遗嘱，利用他脆弱的情绪状态百般阻挠，还试图让他做出书面保证。他带我去了他和祖父合住的房子，当坐到祖父的椅子上时，他哭了。

那之后我们排练得很好。我们写了三首歌。他对《迪伦的狗》和《不明之火》这两首的旋律有了一些想法，最后我们以《工作之歌》收尾，就是我为詹妮斯写的那首。它好听得把我惊呆了，因为他为我找到了一个我能唱的调。

一天他到第二十三街来看我。外面大雨瓢泼，他心烦意乱。他母亲已成功阻挠了那份遗嘱，否定了他对祖父房产的继承权。他湿透了，我给了他一件桑迪·珀尔曼给我的 T 恤，那是为珀尔曼手下的一支新乐队设计的样衫。

我尽我所能地安慰他，说好下次再见。但后来的一周里他也没再来排练，我曾去切尔西找过他，打听了几天之后，安妮·瓦尔德曼告诉我，他无法面对遗产的丧失和将被收容的威胁，已经从切尔西的楼顶纵身跃下了。

我目瞪口呆。我梳理记忆，寻找着迹象。我不清楚我本来是不是能帮上他，但我们正在学着去交流和分享信任。"怎么没人告诉我？"我问。

"我们不想让你难受，"安妮说，"他死的时候穿的是你给他的那件 T 恤。"

从那以后，我一唱歌就会觉得别扭。我又退回到写作之中，歌唱却来找上了我。桑迪·珀尔曼坚信这就是我应该去做的事，把我介绍给了他手下乐队的键盘手艾伦·拉尼尔[270]。他们乐队原先叫"白白软软的小肚子",为Elektra[271]录了一张永远也别想发行的专辑。现在他们叫"斯托克—福里斯特乐队",但过不了多久就会变成"蓝色牡蛎崇拜"了。

桑迪介绍我们认识有两个动机。他觉得艾伦应该能帮忙把我写给自己的那些歌谱上曲,再有就是,或许我也可以给这支乐队写点歌词。艾伦出身于一个很厉害的南方家族,曾出过南北战争时期的诗人悉尼·拉尼尔[272]和剧作家田纳西·拉尼尔·威廉姆斯。他说话柔声细语,很会鼓励人,能与我分享对诗歌和威廉·布莱克的爱,他还能凭记忆背诵布莱克。

我们的音乐合作进展缓慢,友谊却日益加深,很快就在工作关系之上建立了恋爱关系。不像罗伯特,喜欢事情一码归一码。

罗伯特挺喜欢艾伦的。他们彼此尊重,也尊重彼此和我的关系。

艾伦的加入,使大卫、罗伯特和我之间达成了平衡,我们四个友善地共处着。艾伦因为乐队的关系经常出城去,但他只要在家,陪我的时间也越来越多。艾伦贴补了我们的开销,罗伯特也向经济独立做着一切努力。他会抱着他的作品辑从这家画廊到那家画廊,不过得到的往往是相同的答复——作品不错,但很危险。他偶尔能卖出去一张拼贴,或是被利奥·卡斯泰利[273]之类的人鼓励一下,但总的说来,他正和年轻的让·热内处在相似的位置。热内把他的作品拿给谷克多和安德烈·纪德看，他们知道他很棒，但他们害怕他的才华，也怕他的题材将他们暴露。

罗伯特涉足人性的阴暗，并把它转化成为艺术。他毫无歉意地工作着，赋予同性恋以壮丽、雄性美和令人艳羡的高贵。他毫不做作地创造了一种无损阴柔优雅的阳刚气质。对自己逐渐形成的性信仰，他无意发表政治声明或宣言。他在表现某种新的东西，某种不同于他所见过、所探索过、也尚不曾被见过和被探索过的东西。罗伯特寻求提升男性体验的方方面面，把神秘主义注入了同性恋，就像谷克多评价热内的一首诗那样："他的下流从不下流。"

罗伯特永远都不会向世俗妥协，可就奇怪了，他却像个检察官似的盯着我。他担心我对抗性的言行会妨碍我成功，可他希望我得到的成功，却是我最不关心的。安德鲁·怀利领军的革命性小出版社"电报图书"愿意出版我的一本小诗集，那会儿我的作品正专注于跟性、女人和渎神打擦边球。

让我感兴趣的姑娘有：玛丽安·费思富尔、安妮塔·帕伦伯格[274]、阿梅莉亚·埃尔哈特[275]和玛丽·玛格达莱尼。我会跟罗伯特去参加派对，只为去看女人。她们都是很好的素材，也深谙穿衣之道。马尾辫加丝质复古衬衫式连衣裙。其中一些被我写进了作品。有些人误会了我的兴趣，以为我是个潜伏的同性恋，抑或装得像，但我只是米基·斯皮兰[276]那一型的，磨砺着我坚实、讽刺的边缘。

罗伯特对我作品的内容如此关心，让我觉得好笑。他担心如果作品太具挑衅性，会难以成功。他一直想让我写一首能让他跟着跳起舞来的歌，最后我告诉他，他有点像他爸了，一心希望我走上商业道路，可我真的没兴趣，我一向这么粗野。他为此忧虑，但依然认为自己是对的。

《七重天》出版的时候，罗伯特和马克西姆·麦肯德里一起为我办了个作者签名会。那是一场非正式的活动，在她中央公园西边的漂亮公寓里举行。她亲切地邀请了很多她在艺术界、时装界和出版界的朋友。我为他们朗诵，然后从一个大购物袋里掏出书来卖给他们，一块钱一本。因为我在麦肯德里的客厅里推销，罗伯特小小地训斥了我。乔治·普林顿却觉得我的广告词很有吸引力，尤其喜欢我写伊迪·塞奇威克的那首诗。

我们的社交差异，再怎样令人恼火，也是带着爱与幽默的；再怎样不和，我们最后还是越来越像了，是彼此靠拢而不是彼此疏远。我们以同样的活力，经受住了或大或小的所有事情。对我来说，罗伯特和我的人生无可救药地交织在一起，就像谷克多的《可怕的孩子》里的兄妹保罗和伊丽莎白。我们玩着类似的游戏，宣告找到了最鲜为人知的珍宝，我们难以界定的挚爱常常令朋友和熟人们困惑。

因为否认自己是同性恋，他受到责备，人们也指责我们不是真正的一对。而公开自己是同性恋的话，他害怕我们的关系就毁了。

我们需要时间去搞清楚这一切都意味着什么，我们要

第二十三街西侧，消防楼梯

照片亭，第四十二街，1970

达成怎样的协议、重新定义我们的爱。我从他身上明白了，矛盾往往是通向真理的最清晰的道路。

◄◄◄►►

罗伯特若是水手，萨姆·瓦格斯塔夫[277]就是入港的航船。在大卫·克罗兰德的壁炉台上，摆着一幅戴水手帽的青年像，四分之三的侧面，侮慢而迷人。

萨姆·瓦格斯塔夫拿起它来，端详着。"他是谁？"他问。

"就是他。"大卫这样想，也是这样回答的。

小塞缪尔·琼斯·瓦格斯塔夫[278]聪明、英俊，还有钱。他是收藏家、赞助人，也是底特律美术馆的前馆长。他正站在人生的十字路口，继承了一大笔遗产，置身于一场哲学性的僵局，站在精神和物质的中间点。他究竟应该放弃一切去追寻苏非派[279]的道路，还是投资他尚未体验过的某门艺术，问题似乎突然在罗伯特挑衅的凝视中得到了答案。

罗伯特的作品散落在大卫的公寓里。萨姆看到了他想要的一切。

大卫相当无意识地策划了罗伯特的生活。在我看来，他就是一个傀儡大师，把新的角色带入我们的人生舞台，改变罗伯特的人生轨迹和后继的历史。他把约翰·麦肯德里带给他，为他打开了摄影的金库大门，然后又给他派来萨姆·瓦格斯塔夫，给了他爱、财富、友谊和一点神秘。

几天后，罗伯特接到了一个电话。"那个害羞的色情摄影师在吗？"萨姆上来就问。

无论男人女人，都对罗伯特如饥似渴。经常有熟人来敲我的门，问我他有没有突破口，寻求叩开他心扉的方法。"爱他的作品。"我会告诉他们，但没几个人听得进去。

露丝·克里格曼[280]问过我，若她向罗伯特示爱我会不会介意。露丝写过一本《恋情：杰克逊·波洛克回忆录》，她是那场夺命车祸的唯一幸存者，有着伊丽莎白·泰勒式的风姿。她从头到脚都精心打扮，刚迈上台阶我就能闻到那香水味。她轻轻叩开我的门，说是约好了来找罗伯特的，又冲我眨眨眼。"祝我好运。"她说。

几小时过后，她回来了，甩掉那双露脚跟的高跟鞋，揉着脚踝。"伙计，他说'过来看我的蚀版画，'结果他的意思真的是'过来看我的蚀版画'。"

爱他的作品，这是通往罗伯特心扉之路。而唯一真正领会这一点的人，有能力全然爱上他作品的人，也将是要成为他的恋人、赞助人和终生朋友的那个人。

萨姆第一次来的时候我不在，但据罗伯特说，他和萨姆一晚上都在研究他的作品。萨姆的反应富于洞察力，令人兴奋，带着调皮的暗讽，他答应会再来。罗伯特就像个少女一样地等着萨姆的电话。

他以惊人的速度走进了我们的生活。萨姆·瓦格斯塔夫长得如雕塑一般，就像是从花岗岩上凿下来的，是一个有着格利高里·派克[281]嗓音的高个粗犷版本的加里·库珀。他深情而自然，他对罗伯特的吸引力不只在于外表。萨姆生性乐观积极，有好奇心，和罗伯特在艺术圈里认识的其他人不同，身为同性恋的他似乎并不为此中复杂而纠结。以他的年纪，他并不怎么开放，但也不惭愧、不分裂，并且似乎很高兴分享罗伯特对开放的渴望。

萨姆身体强壮、健康、思路清晰——在那个药物弥漫的时代，对艺术和创作的清醒交流都变成了挑战。他有钱但不露富，也相当博学，对挑衅的思想热情开放，对罗伯特和他的作品而言，萨姆是完美的拥护者和供养人。

萨姆对我们两个都有吸引力，特立独行的一面吸引我，特权的一面吸引罗伯特。萨姆正在研究苏非派，他穿着朴素的白亚麻布衣和凉鞋，不事张扬，对自己给身边人的影响似乎全无意识。他是耶鲁大学毕业的，当过海军少尉，参加过奥马哈海滩的诺曼底登陆，曾是沃兹沃斯艺术博物馆和底特律美术馆的馆长。从自由市场经济到佩姬·古根海姆[282]的爱情生活，他都能以一种有教养的幽默的方式侃侃而谈。

相差二十五岁的罗伯特和萨姆是同一天生日，这似乎决定了他们宿命中的结合。十一月四日，我们在克里斯托弗街上的正宗黑人餐厅"粉红茶杯"里为他们庆祝。别看萨姆那么有钱，我们喜欢的地方他也都喜欢。那天晚上，罗伯特送给萨姆一幅照片，萨姆送给罗伯特一台哈苏相机。在我看来，这次早期的礼物交换正是他们作为艺术家和赞助人的角色象征。

哈苏是一种中片幅相机，刚好可以搭配宝丽来的底片夹。它性能复杂，要用测光表，可互换的镜头给了罗伯特更大的景深，也给了他更多的选择和灵活性，更多对光的运用和控制。罗伯特已经确立了他的视觉语汇，新相机并没有教给他什么，只是使他恰如其分地获得了他所找寻的东西。罗伯特和萨姆互赠的这份礼物，对彼此而言都再重要不过了。

★

夏末，两辆双气泡卡迪拉克轿车[283]全天候停在切尔西楼下。一辆是粉色，另一辆是黄色，穿套装、戴宽边帽的皮条客们跟这两辆车很搭配，他们手下的女人们的衣着也和他们很搭配。切尔西在变化，第二十三街上的氛围也有了种躁狂的感觉，就像什么地方出了岔子。大家的注意力都被一场棋局吸引了，年轻的美国人博比·菲舍尔[284]要去推翻那头俄罗斯大熊[285]。那个夏天毫无逻辑可言。一个皮条客被杀了；无家可归的女人们在我们门前变得杀气腾腾，叫骂着脏话，劫掠我们的邮件；朋友们和巴德之间的那种仪式性的辩论也辩到了头，很多房客都被赶了出来。

罗伯特经常随萨姆一起旅行，艾伦也和乐队巡演去了。他们并不愿把我独自丢下。

我们的阁楼遭了窃，罗伯特的哈苏和摩托服夹克被偷

thunderstruck. nightmare at 4 o clock. saying look im gonna
die. gonna be dead. gonna go off the earth. world gonna go
without me. someone gonna fill the space I filled. someone
is gonna dance on the floor i used to rock n roll to. rock
n roll slow to. someone will fill my slot. put the i under
my dot. get off on my rocks. gotta take a leak gotta take
a shit. no i cant get up i got a cramp and god its hot after
a rainstorm when you wake alone at 4 am then its 4:10. you
know when. pacing linoleum. when the tiles on the floor fill
you with anxiety. gotta pee pee. gotta pretend Im speeding
like highway 61. motorcycle sunglass. mexican whorelass.
correo aereo my darling. coldeye cleat boot. now look how
well im hung dung. watch me snort a crystal ball. ooga mooga
mirror iceskate. me surrealist beatnik:

I sport my shades/ i dig bob dylan/ I like food/ thats not
to filling/ the bible/ is too heavy for me.

end of theme song im heading for a fall. im a fall guy im
a fall gown. im a fallen arm im a fallen elm. timber ta yoga.
little brown boys chant chant: baby your so beautiful but
you got to die someday. oh no is it really possible rainstorm?
am i really gonna die. everything fades/ evaporates like genii.
already the first word thunderstruck is gone. dead. how can
I keep WORDS moving insect? Quick! ill record everything. its
dark no im wrong its dawn i have my shades on. its cool its
ok theyre prescription. keep the light dart lame arrow out.
so i can get the moment get the movement. spread it all out
full house mayonaise. record player on. dylan sings queen jane.
the words a bandana and complain. oops record skips. good i
heard that song enough keep moving. was that a throw of the
dice? no baby its sugar teeth crumbling. spit them out everyone
of them. got a controll headache just keep on pushing ecedrin.
jumpy bean queen see me slug another quart of coffee. blood
count maybe 2/3. me go to lab get coffee count. nurse says ummm
your xx right java head. open my lips to kiss the flavor bursts
like chicary. oh dont turn away honey. a bud is not a false
flower. ya gotta give it time time. gotta beat time. gotta
kiss cowardice. oh correction: howard ice. hes the real cream
bomb in my life. ice is nice and hes cold exposed crystal
pill pill. beter to slip that speed in better to keep time
within. better to record the speech of phantoms.

jim morrison. our leather lamb. how we betrayed him. turned
our back on him. this is the end our beautiful friend. no wait
I had a dream Mr. King. jim morrison is alive and racing with
time. he who hesitates is fates. he sits erect. typing tran
lating his final stolen sensations into language. into the
~~yard we gotta edit when last chapters morning spills piling~~

《失眠六六》，冬，1971

了。我们从没被偷过，罗伯特很郁闷，不光因为那台昂贵的相机，还因为这件事所暗示的：安全感的缺失和对隐私的侵犯。我哀痛着那件摩托夹克，因为我们在装置里用过它。后来，我们发现它被挂在楼外的消防梯上。小偷逃跑的时候把它弄掉了，但拿走了相机。那个小偷大概是被我那屋的凌乱给弄懵了，可还是偷走了1969年我们在周年纪念日去科尼岛时我穿的那身衣服。那是我最喜欢的一身衣服了，就是照片里的那身。它挂在我门后的钩上，刚刚干洗过。他为什么偷那个，我将永远不得而知。

是该走的时候了。我生活中的三个男人——罗伯特、艾伦和萨姆——讨论解决了这个问题。萨姆出钱给罗伯特在邦德街买了一间阁楼，离他那里一个街区。艾伦在东十街上找到一间底层的公寓，到罗伯特和萨姆那里都可以走着去。他让罗伯特放心，他从乐队身上能挣到足够的钱照顾我。

我们决定1972年10月20日搬走。那天是兰波的生日。如同罗伯特和我所关心的那样：我们已经守护了我们的誓言。

一切都会改变的，我这样想着，打包我的东西，那大杂烩中的疯狂。我在一个装过满满一箱鲜洋葱皮的文具箱上绑了一圈细绳，现在它装的是一摞沾着咖啡渍的打过字的纸，那是罗伯特挽救回来的，是他从地板上捡起来又用那双米开朗基罗的手抚平的纸。

我和罗伯特并肩站在我这边的阁楼里。我留下了一些东西——玩具羊羔，一件白色降落伞丝做的旧夹克，墙上用漏字板喷写的"帕蒂·史密斯，一九四六"——向这个房间表示敬意，就像人们会洒酒敬神那样。我知道我们此刻在想着同样的事情，我们所经历过的那一切，好的坏的，但也有一种释然的感觉。罗伯特攥着我的手。"你难过吗？"他问。

"我已经准备好了。"我回答。

我们正在离开后布鲁克林生活的漩涡，离开一直被切尔西的振动舞台所统领的生活。

旋转木马慢了下来。在我收拾过去这几年里积累的东西时，哪怕是无足轻重的东西，伴随着它们的也是一张张面孔的回放，其中有些我将再也见不到了。

一本杰罗姆·拉格尼的《哈姆雷特》。他曾想让我去演悲伤、傲慢的丹麦公主。拉格尼是《头发》的创作者之一，在剧中也出演了角色，我不打算再跨界了，但他对我的信心改善了我的自我认知。他充满活力，肌肉结实，笑的时候嘴咧得大大的，一脑袋的卷发，他会对某种疯狂的设想兴奋不已，他会跳到椅子上，高举双臂，就好像他必须和天花板，或者更有甚者，宇宙，分享他之所见一样。

那条带金星的蓝色缎子口袋，是珍妮特·哈米尔给我做来装塔罗牌的，而那些塔罗牌猜到了安妮、桑迪·戴利和佩姬的命运。

埃尔莎·佩雷蒂[286]送给我的用西班牙蕾丝做头发的布娃娃。马修的口琴盒。勒内·里卡德斥责我、叫我继续画画的字条。大卫的布满水钻的黑色墨西哥皮带。约翰·麦肯德里的船领衫。杰姬·柯蒂斯的安哥拉毛衣。

叠那件毛衣的时候，我能想象出她在"马克斯"密室那层薄薄的红色灯光下的模样。圈子里正以切尔西一般的速度变幻着，那些曾试图使之充满《电影故事》魅力的人，将会发现新的门卫正在遗忘他们。

很多人都无法成功了。坎迪·达林死于癌症。廷克贝尔和安德烈娅·费尔德曼自杀了。其他人则将自己献祭给了毒品和厄运。他们倒下了，求之若渴的明星地位已经力所不及，暗淡的星辰正从空中陨落。

作为少数的幸存者之一，我无意去辩护。我更愿意看到他们都有所成就，抓住成功的机遇。结果却是我，得到了那匹最好的马。

注释

1  麦克·哈默，美国作家米基·斯皮兰（Mickey Spillane，1918—2006）1947 年的作品《审判者》（I, the Jury）中虚构的侦探。
2  酷斯，美国薄荷醇香烟品牌。
3  威廉·巴勒斯（1914—1997），美国作家，与艾伦·金斯堡和杰克·凯鲁亚克同为"垮掉的一代"文学运动的重要人物。
4  哈里·史密斯（1923—1991），美国音乐学家、唱片收藏家、实验电影导演、画家及神秘主义者。
5  拉里·里弗斯（1923—2002），美国画家、音乐家、导演及演员。

6　巴迪·霍利（1936—1959），美国歌手、歌曲作者及摇滚先锋。

7　《美国民间音乐选集》，1952年发行的一套六张唱片的合辑。

8　贝托尔特·布莱希特（1898—1956），德国诗人、剧作家及戏剧导演。

9　《海盗珍妮》，布莱希特的诗歌。

10　迪伦·托马斯（1914—1953），威尔士诗人及作家。

11　《纳什维尔的地平线》，鲍伯·迪伦的第九张录音室专辑。

12　西尔维亚·普拉斯（1932—1963），美国诗人、小说家及短篇作家。

13　马雅可夫斯基（1893—1930），前苏联诗人。

14　乔治·拉夫特（1901—1980），美国电影演员，以出演20世纪30年代
　　的黑帮电影而闻名。

15　罗伯特·布列松（1901—1999），法国电影导演。

16　保罗·施拉德（1946— ），美国剧作家及电影导演。

17　H. G. 威尔斯（1866—1946），英国科幻作家。《爱情和鲁雅轩》是他
　　1900年出版的小说。

18　即随着书页打开，纸插图会在两书页间竖立起来的设计。

19　比利·内姆（1940— ），美国摄影师、电影导演及灯光设计师。

20　沃霍尔工厂，安迪·沃霍尔的工作室。

21　玛莉·官（1934— ），发明迷你裙和热裤的英国时装设计师。

22　西德·巴雷特（1946—2006），英国歌手、歌曲作者、吉他手及画家。

23　《乞丐宴会》，"滚石"乐队的第七张录音室专辑。

24　《全数归还》，鲍伯·迪伦第五张录音室专辑。

25　吉纳维芙·韦特（1948— ），南非女演员、歌手及模特。

26　爸爸妈妈组合，20世纪60年代的一支美国演唱组合。

27　白兔，《爱丽丝漫游仙境》中的角色。

28　《本·凯西》，1961至1966年ABC播出的一部医院题材电视剧。

29　莎朗·泰特（1943—1969），20世纪60年代美国著名女演员，电影导
　　演罗曼·波兰斯基（Roman Polanski, 1933— ）的亡妻。1969年8月，
　　身怀六甲的泰特在家中被查尔斯·曼森谋杀。

30　查尔斯·曼森（1934— ），美国罪犯，20世纪60年代末，他在加利福
　　尼亚州领导着臭名昭著的犯罪团伙"曼森家族"（Manson Family）。

31　尤金·奥尼尔（1888—1953），美国剧作家、诺贝尔文学奖得主。

32 托马斯·沃尔夫（1900—1938），20世纪早期美国小说家。

33 伊甸园之东，1955年美国导演伊莱亚·卡赞（Elia Kazan，1909—2003）根据美国作家约翰·斯坦贝克（John Steinbeck，1902—1968）的同名小说改编执导的电影。

34 格雷丝·斯利克（1939— ），美国歌手和歌曲作者，"杰弗逊飞机"乐队主唱。"杰弗逊飞机"，美国摇滚乐队，1965年成立于旧金山，迷幻摇滚的先驱。

35 莉兹·泰勒，即伊丽莎白·泰勒（1932—2011），英裔美籍女影星。

36 芬兰汤姆（1920—1991），芬兰艺术家，以其同性主题艺术作品和对20世纪晚期同性文化的影响著称。

37 美莱村大屠杀，1968年3月16日，美国陆军在越南南方的美莱村屠杀了至少347名当地村民，史称"美莱村大屠杀"。

38 罗伯特·伯恩斯（1759—1796），苏格兰诗人。

39 阿尔塔蒙特音乐节，1969年12月6日，在南加州阿尔塔蒙特举行的一场声名狼藉的免费音乐节，由"滚石"乐队领衔。

40 疯马（1840—1877），苏族（北美洲印第安人部落）的首领、军事家。

41 《布赖顿硬糖》，英国作家格雷厄姆·格林（Graham Greene，1904—1991）在1938年出版的小说，于1947年被拍成电影。

42 皮衣男孩，指S&M群体中顺从者的角色，他们不能被划归为传统意义上的"主人"或"奴隶"，典型的"皮衣男孩"通常会穿着摩托车皮衣以示自己的性趣味。

43 亚历斯特·克劳力（1875—1947），一位将魔法理论付诸实践的极负盛名的仪式魔法师，在20世纪20年代被认为是世上最邪恶的男人。

44 爱德华·霍珀（1882—1967），美国画家，以描绘寂寥的当代生活风貌闻名。

45 忏悔日，基督教大斋期的前一天。

46 大斋期，从圣灰日（Ash Wednesday）至复活节前的四十天。

47 英语中"圣洁的"（holy）发音与"洞"（hole）相近。

48 乔治·克莱因辛格（1914—1982），美国作曲家，最著名的作品是与保罗·特里普（Paul Tripp，1911—2002）合作的20世纪40年代儿童歌曲《矮胖的大号》。

49 安娜·卡万（1901—1968），英国小说家、短篇作家及画家。

50 《胫骨巷》，一部由克莱因辛格谱曲的音乐剧。

51 《阴阳魔界》，一部 20 世纪 50 年代的美国电视剧。

52 维京·汤姆森（1896—1989），美国作曲家及评论家。

53 阿瑟·克拉克（1917—2008），英国科幻作家、发明家、未来主义者，最著名作品为小说《2001：太空漫游》（*2001: A Space Odyssey*）。

54 维瓦（1938— ），美国女演员、作家及沃霍尔明星。

55 《眼神哀凄的低地女人》，迪伦 1966 年的专辑《无数金发女郎》的结束曲。

56 伊迪·塞奇威克（1943—1971），美国女演员、交际名流、模特及沃霍尔明星。

57 抽烟毛虫，《爱丽丝漫游仙境》中的角色。

58 查理·帕顿（1887—1934），美国三角洲布鲁斯音乐家。

59 毕达哥拉斯（公元前 570？—公元前 495？），古希腊哲学家、数学家及天文学家，勾股定理的首先发现者，他认为大地是圆的，毕达哥拉斯食素，且不吃豆类。

60 《金枝》，苏格兰人类社会学家詹姆斯·乔治·弗雷泽（James George Frazer，1854—1941）的名作。

61 塞缪尔·韦泽，创建于 1956 年的一家拥有三个子公司的美国出版社。

62 《吸毒恶魔的日记》，1922 年出版的亚力斯特·克劳力（Aleister Crowley）的第一本小说。

63 乔治·葛吉夫（1866—1949），前苏联神秘主义者及精神导师。

64 马克斯的堪萨斯城，纽约市的一家夜店，在 20 世纪六七十年代成为音乐家、诗人、画家及政客的聚集地。

65 奥丹（1937—1989），美国演员、沃霍尔明星。

66 罗伯特·劳申伯格（1925—2008），美国画家、抽象表现主义先驱、波普艺术家。

67 罗伊·利希滕斯坦（1923—1997），美国波普艺术家。

68 杰拉德·马伦加（1943— ），美国诗人、摄影师及电影导演。

69 约翰·张伯伦（1927—2011），美国雕塑家。

70 鲍伯·纽沃斯（1939— ），美国歌手、歌曲作者、唱片制作人及视觉艺术家。

71 妮可（1938—1988），德国歌手、作曲家、时装模特及沃霍尔明星。

72 地下丝绒，美国摇滚乐队，活跃于 20 世纪六七十年代，领军人物为卢·里德和约翰·凯尔（1942— ）。

73 国王路，伦敦切尔西的一条著名街道。

74 奥西·克拉克（1942—1996），英国时装设计师。

75 伊夫·蒙坦德（1921—1991），意大利裔法国演员及歌手。

76 《恐惧的代价》，法国导演亨利–乔治·克鲁佐（Henri-Georges Clouzot，1907—1977）1953年导演的电影。

77 塞西尔·比顿（1904—1980），英国时装及肖像摄影师、室内设计师。

78 纳达尔（1820—1910），法国摄影师、讽刺画家、记者、小说家及热气球驾驶员。

79 赫尔穆特·牛顿（1920—2004），德裔澳大利亚摄影师。

80 贸易珠，也称钱珠，在非洲作为货币使用。

81 兔脚，一种幸运符。

82 《塔菲是个威尔士人》，一首有反威尔士歌词的英文儿歌，流行于18到20世纪的英格兰。本书主人公上下楼的情景与这首儿歌中的情节相似。

83 霍恩与哈达特，约瑟夫·霍恩（Joseph Horn）与弗兰克·哈达特（Frank Hardart）合开的餐饮服务公司，率先在费城和纽约运营了自助餐厅。

84 特克斯·埃弗里（1908—1980），美国动画制作家、卡通画家、配音演员及导演，创造了"达菲鸭"、"兔八哥"等众多经典动画形象。

85 博斯科，巧克力糖浆品牌，创建于1928年，公司在新泽西州，产品行销西欧、亚洲和中东。

86 沃尔特·惠特曼（1819—1892），美国诗人、散文家及记者。

87 科林·威尔逊（1931— ），英国作家、哲学家及小说家。

88 查理，1964年出版的英国作家罗尔德·达尔（Roald Dahl，1916—1990）的儿童读物《查理和巧克力工厂》（Charlie and the Chocolate Factory）中的人物。

89 Fotomat，一度广为流行的照片冲印服务亭，设于购物中心停车场内。

90 《青楼艳妓》，美国电影及电视导演丹尼尔·曼（Daniel Mann，1912—1991）1960年指导的影片，主演为伊丽莎白·泰勒和劳伦斯·哈维（Laurence Harvey，1928—1973）。

91 布莱斯·桑得拉斯（1887—1961），瑞士裔法籍小说家及诗人。

92 让娜·莫罗（1928— ），法国女演员、歌手、编剧及导演。

93 丹·弗莱文（1933—1996），美国极简派艺术家。

94 多萝西·迪安（1932—1987），非裔美籍社交名流，出演过安迪·沃霍的电影，在"马克斯的堪萨斯城"当门卫。

95 阿比西尼亚，埃塞俄比亚旧称。

96 丹尼·菲尔茨（1941— ），美国记者、作家。

97《村声》，对20世纪六七十年代纽约乃至美国文化影响颇大的杂志，内容包括调查文章、时事分析、文化及艺术评论和纽约市的演出信息等。

98 韦恩·康蒂（1947— ），美国演员、音乐家、沃霍尔明星，变性为女性后改名为杰恩·康蒂（Jayne County）。

99 霍利·伍德劳恩（1946— ），波多黎各演员、沃霍尔明星，变性为女性。

100 坎迪·达林（1944—1974），美国演员、沃霍尔明星，变性为女性。

101 杰姬·柯蒂斯（1947—1985），美国演员、作家、歌手、易装癖及沃霍尔明星。

102 贝特·戴维斯（1908—1989），美国电影、电视和戏剧女演员，以扮演冷漠的人物角色著称。

103《人性的枷锁》，约翰·克伦威尔（John Cromwell，1887—1979）1934年指导的电影。

104 金·诺瓦克（1933— ），美国女演员，以其在希区柯克的影片《迷魂记》（Vertigo）中的表演最为著名。

105 霍华德·霍克斯（1896—1977），美国电影导演、制作人及古典好莱坞时期的编剧。

106 保罗·穆尼（1895—1967），美国舞台剧及电影演员，是华纳兄弟公司最富声誉的男演员。

107 雪莉·克拉克（1919—1997），美国独立电影导演。

108 黛安娜·阿巴斯（1923—1971），美国摄影师及作家。

109 乔纳斯·梅卡斯（1922— ），立陶宛裔美国电影导演及作家。

110 雷蒙德·鲁塞尔（1877—1933），法国诗人、小说家、剧作家、音乐家及棋迷。

111 史蒂夫·保罗，经理人，也是"史蒂夫·保罗的现场"（Steve Paul's Scene）和蓝天唱片公司的老板。

112 约翰尼·温特（1944— ），美国布鲁斯吉他演奏家、歌手及制作人。

113 柴郡猫，《爱丽丝漫游仙境》中的角色。

114 土拨鼠日，每年2月2日是美国传统的土拨鼠日，在这一天，人们相信冬眠的土拨鼠会苏醒过来，从洞里出来预测春天。

115 泰奥菲勒·戈蒂埃（1811—1872），法国诗人、小说家、剧作家、记者、艺术及文学评论家。

116 托马斯·德·昆西（1785—1859），英国作家。

117 乔·达拉桑德罗（1948— ），美国演员、沃霍尔明星，被誉为20世纪美国地下电影和同性恋亚文化的男性性符号。

118 格雷戈里·科尔索（1930—2001），美国诗人，"垮掉的一代"最年轻的作家。

119 圣马克教堂诗歌计划，1966年由美国诗人、翻译家保罗·布莱克本（Paul Blackburn，1926—1971）创建于纽约东村，成为对之后四十余年的新诗和实验诗歌都举足轻重的诗人聚会。

120《垃圾》，又名《安迪·沃霍尔的垃圾》，由保罗·莫里西（Paul Morrissey，1938— ）导演。

121 基思·理查兹（1943— ），英国音乐家、歌曲作者，"滚石"乐队建队元老之一。

122 辣妈妈，一间创立于1961年的"小小百老汇剧院"（Off-Off-Broadway，坐席不足100个的小剧院）。

123 彭妮·阿卡德（1950— ），美国表演艺术家、剧作家。

124 小百老汇剧院，指99至500个坐席的小于百老汇剧院的纽约市剧院。

125 欧里庇德斯（公元前480—公元前406），古希腊三大悲剧作家之一。

126《男朋友》，英国作曲家、词作家桑迪·威尔逊（Sandy Wilson，1924— ）的著名音乐剧。

127《南方之歌》，迪斯尼公司1946年的真人动画杰作。流浪兔是该片中的主要角色。

128《别回头》，D. A. 彭尼贝克（D.A. Pennebaker，1925— ，美国纪录片导演）1967年的纪录片，记录了鲍伯·迪伦1965年的英国巡演。

129 汉克·威廉姆斯（1923—1953），美国歌手及歌曲作者，被誉为史上最伟大的乡村音乐家。

130《童谣》，一本收集了305首英格兰和苏格兰儿歌及其美国变体的儿歌集。

131 帕蒂·沃特斯（1946— ），美国爵士女歌手。

132 克利夫顿·切尼尔（1925—1987），美国柴迪科舞曲（Zydeco）演奏家及录音艺术家。

133 阿尔伯特·艾勒（1936—1970），美国先锋爵士萨克斯风演奏家、歌手及作曲家。

134 肯特学生遇害，也称"5月4日屠杀"或"肯特州屠杀"。1970年5月4日发生于美国俄亥俄州肯特市的肯特州立大学，俄亥俄州国民护卫队向手无寸铁的学生开枪，在13秒内击发了67发子弹，打死学生4人，伤9人，其中1人终身瘫痪。

135 唐纳德·卡梅尔（1934—1996），苏格兰导演，他与尼古拉斯·罗格联合导演的处女作《演出》为他们赢得了小众声誉。

136 尼古拉斯·罗格（1928—），英国电影导演及摄影师。

137 泽尔达·菲茨杰拉德（1900—1948），美国小说家，斯科特·菲茨杰拉德之妻。

138 达科他，曼哈顿上西区的一栋建于1884年的公寓，1980年约翰·列侬在此遇刺身亡。

139 查尔斯·亨利·福特（1913—2002），美国诗人、小说家、电影导演、摄影师和拼贴艺术家。

140 格特鲁德·斯泰因（1874—1946），美国女作家、诗人和艺术品收藏家。

141 安德烈·布勒东（1896—1966），法国作家、诗人、超现实主义的奠基人。

142 曼·雷（1890—1976），美国艺术家，对超现实主义运动做出了杰出贡献。

143 朱娜·巴恩斯（1892—1982），美国作家，对现代派写作的发展起到重要作用。

144 摩城，1960年成立于底特律的唱片公司，在流行音乐的种族融合方面扮演了重要角色，也是第一家非裔美国人开的唱片公司。

145 China，在全书中出现了两次，应是罗伯特对帕蒂·史密斯的爱称。

146 科特·韦尔（1900—1950），德国犹太作曲家。

147 安娜·马格纳尼（1908—1973），意大利戏剧及电影女演员。

148 露露·德拉法雷斯（1948—2011），时装设计师，与伊夫·圣罗兰有密切合作。

149 伊夫·圣罗兰（1936—2008），法国时装设计师。

150 埃尔莎·斯基亚帕雷利（1890—1973），意大利时装设计师。

151 华盛顿·欧文（1783—1859），美国作家、散文家、传记作家及历史学家。

152 出自《逍遥骑士》，1969年的一部美国公路电影。

153 盲威利·麦克特尔（1898—1959），非裔美国布鲁斯音乐家及歌曲作者。

154 尼尔·扬（1945—），加拿大摇滚歌手及歌曲作者。

155《怯场》，"乐队"于1970年发行的第三张专辑。

156 托德·朗德格伦（1948—），美国音乐家、歌手、歌曲作者及唱片制作人。

157 罗比·罗伯逊（1943—），加拿大歌手、歌曲作者及吉他手。

158 布赖斯·马登（1938—），美国极简主义画家。

159 拉里·普恩斯（1937—），生于东京的抽象派画家。

160 比利·斯旺（1942—），美国歌手及歌曲作者。

161 汤姆·帕克斯顿（1937—），美国乡村歌手及歌曲作者。

162 埃里克·安德森（1943—），美国歌手及歌曲作者。

163 罗杰·麦克奎恩（1942—），美国歌手、歌曲作者及吉他手。

164 克里斯·克里斯托弗森（1936—），美国作家、歌曲作者、演员及音乐家。

165 金馥力，以美国波本威士忌为基酒的甜酒。

166 迈克尔·波拉德（1939—），美国演员。

167《情歌恋曲》，法国作家让·热内1950年指导的电影，也是唯一的一部。
　　虽经过艺术化处理，但因其中的同性恋内容，这部26分钟的影片在很长
　　一段时间内被禁，甚至热内本人后来也否认与该片的关系。

168 卢·里德（1942—2013），美国摇滚音乐家、歌曲作者和摄影师，"地下丝绒"
　　乐队主唱、吉他手及主要歌曲作者。

169 希罗多德（约公元前484—公元前425），古希腊作家、历史学家。

170《满洲候选人》，美国作家理查德·康登（Richard Condon，1915—
　　1996）于1959年发表的一部政治题材小说。

171 吉姆·卡罗尔（1949—2009），美国作家、诗人、传记作家及朋克音乐家。

172 皮套裤，即西部牛仔套在长裤外面穿的套裤。

173 巴士底日，每年的7月14日。

174 帕西法尔，德国作曲家、指挥及戏剧导演理查德·瓦格纳（Richard
　　Wagner，1813—1883）于1882年的三幕歌剧《帕西法尔》中的主角。

175 小奥斯卡·布朗（1926—2005），美国歌手、歌曲作者、剧作家、诗人
　　及民权活动家。

176 韦切尔·林赛（1879—1931），美国诗人，被誉为现代吟唱诗之父。

177 阿特·卡尼（1918—2003），美国演员，涉足电影、舞台剧、电视及广
　　播等领域。

178 亚历山大·特罗基（1925—1984），苏格兰小说家。

179 哈克贝利·芬，美国作家马克·吐温（Mark Twain，1835—1910）于 1885 年出版的小说《哈克贝利·芬历险记》（*Adventures of Huckleberry Finn*）的主角。

180 沃尔特·惠特曼（1819—1892），美国作家、散文家及记者。

181 客厅吉他，一种琴身更小的吉他，流行于 19 世纪末至 20 世纪 50 年代，受到众多布鲁斯和民谣音乐家的青睐。

182 田纳西·威廉姆斯（1911—1983），美国剧作家，以《欲望号街车》（*A Streetcar Named Desire*）、《热铁皮屋顶上的猫》（*Cat on a Hot Tim Roof*）等作品闻名。

183 埃伦·斯图尔特（1919—2011），美国戏剧导演、制作人，也是"辣妈妈"和实验剧院俱乐部（E.T.C.）的创始人。

184 查尔斯·拉德拉姆（1943—1987），美国演员、导演、剧作家。

185 萨莉·格罗斯曼（1940— ），鲍伯·迪伦的前经理人阿尔伯特·格罗斯曼（Albert Grossman，1926—1986）的妻子。

186 埃默特·格罗根（1943—1978），激进社区行动团体"挖掘者"的创立者。

187 塔斯黛·韦尔德（1943— ），美国女演员。

188 查理·普赖德（1938— ），美国乡村音乐歌手。

189 彼得·奥洛夫斯基（1933—2010），美国诗人，艾伦·金斯堡的终生同性伙伴。

190 菲尔·斯佩克特（1939— ），美国著名的音乐制作人及歌曲作者。

191《我把心卖给了收废品的》，"悲伤美女"（The Blue Belles）乐队 1962 年的热门单曲。

192 惊艳合唱团，"摩城"的第一个成功的女声组合。

193 鲁迪·瓦利（1901—1986），美国歌手、演员及乐队领队。

194 汉斯·霍夫曼（1880—1966），德国裔美国抽象表现主义画家。

195 意为"吉米·亨德里克斯去世，时年 27 岁。"

196 村之门，位于纽约格林尼治村（Greenwich Village）的一家夜总会。

197 迈尔斯·戴维斯（1926—1991），美国爵士音乐家、小号手及乐队领队。

198 *Crawdaddy*，美国最早的摇滚乐杂志。

199 格里斯泰迪斯，纽约的连锁小型超市。

200 萨姆·谢泼德（1943—），美国编剧、演员、电视及电影导演。

201 奥比奖，即小百老汇剧院奖（Off-Broadway Theater Awards），是《村声》授予纽约戏剧艺术家及团体的奖项。

202 朱迪·加兰德（1922—1969），美国女演员、歌手。

203 米奇·鲁尼（1920—），美国电影演员、娱乐演员。

204 W. C. 菲尔茨（1880—1946），美国演员、喜剧演员、杂技演员及作家。

205 帕蒂·李，帕蒂·史密斯全名为帕特里夏·李·"帕蒂"·史密斯（Patricia Lee "Patti" Smith）。

206 南希·米尔福德（1938—），美国传记作家。

207《红皮书》，一本美国女性杂志。

208《电影故事》，美国第一本影迷杂志。

209《头发》，一部摇滚音乐剧。

210 罗姆·拉格尼（1935—1991），美国演员、歌手及歌曲作者。

211 查尔斯·科尔斯（1911—1992），美国演员及踢踏舞者。

212 勒内·里卡德（1946—），美国诗人、画家及艺术批评家。

213《神圣的野蛮人》，美国记者、作家、垮掉派诗人劳伦斯·利普顿（Lawrence Lipton，1898—1975）1959 年的著作。

214 雷·布雷姆泽（1934—1998），美国诗人。

215 杜鲁门·卡波特（1924—1984），美国作家、短篇小说家。

216 乔治·曼德尔（1920—），美国小说家，短篇作家。

217 保罗·威廉姆斯（1948—），美国音乐记者、作家，于 1966 年创办了美国第一本摇滚乐评杂志 Crawdaddy。

218 尼克·托希斯（1949—），美国记者、小说家、传记作家。

219 理查德·梅尔策（1945—），美国最早的摇滚乐评人之一。

220 桑迪·珀尔曼（1943—），美国音乐制作人、艺术家经纪人、诗人及歌曲作者。

221 扬·温纳（1946—），《滚石》杂志的创办者之一。

222 莱尼·凯（1946—），美国吉他手、作曲家及作家，后成为"帕蒂·史密斯乐队"（Patti Smith Group）成员。

223 多维尔兄弟乐队，1957 年成立于费城的乐队。

224 莉莲·罗克松（1932—1973），澳大利亚记者及作家，以其 1969 年出版的《莉莲·罗克松的摇滚百科全书》（Lillian Roxon's Rock Encyclopedia）而闻名。

225 安德烈娅·费尔德曼（1948—1972），美国女演员、沃霍尔明星，1972年自杀身亡。

226 安妮·瓦尔德曼（1945— ），美国诗人。

227 罗伯特·克里利（1926—2005），美国诗人。

228 泰德·贝里根（1934—1983），美国诗人。

229 布丽基德·柏林（1939— ），美国艺术家、沃霍尔明星。

230 约翰·乔诺（1936— ），美国诗人及表演艺术家。

231 乔·布雷纳德（1941—1994），美国艺术家及作家。

232 安妮·鲍威尔（1906—1986），威尔士共产主义政治家。

233 贝尔纳黛特·梅尔（1945— ），美国女诗人及散文作家。

234 GTOs，一支"骨肉皮"乐队。

235 杰西·詹姆斯（1847—1882），美国草莽英雄、匪帮首领、银行强盗、列车强盗，密苏里州著名的"詹姆斯－扬格尔帮"成员。

236 Greem 杂志，美国著名摇滚乐杂志。

237 蓝天唱片，史蒂夫·保罗为哥伦比亚唱片公司建立的厂牌。

238 星期五，小说《鲁滨孙漂流记》里的土著人奴仆。

239 玛丽·桑多兹（1896—1966），小说家、传记作家。

240 加里·库珀（1901—1961），美国电影演员。

241 阿尔贝蒂娜·萨拉森（1937—1967），法国作家。

242 罗伯特·格劳蒂尼，美国演员、剧作家、导演及教师。

243 新斯科舍省，位于加拿大东南部。

244 阿卡普尔科，墨西哥南部濒太平洋的一座港口城市。

245 《洛杉矶女人》，"大门"乐队的第六张也是最后一张专辑。

246 马克西姆·德拉法雷斯（1922—2009），法国女模特、地下电影演员及时装设计师，20 世纪 50 年代的时尚偶像。

247 比安卡·贾格尔（1945— ），尼加拉瓜社会及人权倡导者、女演员及时尚偶像。

248 马里萨·贝伦森（1947— ），美国女演员及模特。贝里·贝伦森（1948—2001），美国摄影师、女演员及模特。

249 托尼·珀金斯（1932—1992），美国演员，出演过希区柯克的影片《惊魂记》（*Psycho*）、《四海一家》（*Friendly Persuasion*）等影片。

250 乔治·普林顿（1927—2003），美国记者、作家、编辑及演员。

251 亨利·盖尔德扎勒（1935—1994），艺术馆馆长、现代艺术史学家及艺术评论家。

252 黛安娜和埃贡·冯·弗斯腾伯格王子夫妇，黛安娜·冯·弗斯腾伯格（1946—）比利时裔美国时装设计师，时装品牌DVF的创始人。埃贡·冯·弗斯腾伯格王子（1946—2004），德国王室后裔及时装设计师。

253 福克斯·塔尔博特（1800—1877），英国发明家及摄影先驱。

254 艾尔弗雷德·施蒂格利茨（1864—1946），美国摄影师、现代艺术推广者，对摄影能够成为一种被普遍接受的艺术形式起了重要的推动作用。

255 保罗·斯特兰德（1890—1976），美国摄影师及电影导演。

256 托马斯·埃金斯（1844—1916），美国写实主义画家、摄影师、雕塑家及美术教育家。

257 乔治娅·奥基夫（1887—1986），美国女画家。

258 皮埃尔·贝赫杰（1930—），法国实业家和艺术家赞助人，伊夫·圣罗兰时装屋（Yves Saint Laurent Couture House）的联合创建者，"时尚大帝"伊夫·圣罗兰的终生合作伙伴。

259 刘易斯·卡罗尔（1832—1898），英国作家、数学家、逻辑学家、圣工会执事及摄影师。

260 朱莉娅·玛格丽特·卡梅伦（1815—1879），英国女摄影师。

261 玛丽安·费思富尔（1946—），英国歌手、歌曲作者及女演员。

262 费尔南多·桑切斯（1935—2006），西班牙时装设计师。

263 巴斯特·基顿（1895—1966），美国滑稽演员、电影导演及制作人。

264《安妮有个宝贝》，"午夜人"乐队（The Midnighters）1954年的单曲。

265《狼蛛》，鲍伯·迪伦创作于1965至1966年的一部实验小说。

266 戴夫·马什（1950—），美国音乐评论家、作家、编辑及电台谈话节目主持人。

267 托尼·格洛弗（1939—），美国口琴手及歌手。

268 蜥蜴王，指吉姆·莫里森。

269 他妈的乐队，The Fugs。"fug" 在20世纪四五十年代的小说中，常用来代替 "fuck"。

270 艾伦·拉尼尔（1946— ），"蓝色牡蛎崇拜"乐队成员。

271 Elektra，华纳音乐集团下属的一家唱片公司。

272 悉尼·拉尼尔（1842—1881），美国音乐家及诗人。

273 利奥·卡斯泰利（1907—1999），美国艺术品商。

274 安妮塔·帕伦伯格（1944— ），意大利女演员、模特及时装设计师。

275 阿梅莉亚·埃尔哈特（1897—1939），美国航空先锋及女作家。

276 米基·斯皮兰（1918—2006），美国犯罪小说作家。

277 萨姆·瓦格斯塔夫（1921—1987），美国收藏家，帕蒂和罗伯特的艺术
顾问及赞助人，也是罗伯特的终身伙伴。

278 小塞缪尔·琼斯·瓦格斯塔夫，即萨姆·瓦格斯塔夫。

279 苏非派，10 世纪前后出现的伊斯兰教神秘主义教团。

280 露丝·克里格曼（1930—2010），美国抽象派艺术家及作家，20 世纪中
期杰克逊·波洛克、威廉·德库宁等美国艺术家的缪斯女神。

281 格利高里·派克（1916—2003），美国演员。

282 佩姬·古根海姆（1898—1979），美国女艺术收藏家。

283 双气泡卡迪拉克轿车，一款气泡型透明顶篷的卡迪拉克轿车。

284 博比·菲舍尔（1943—2008），国际象棋前世界冠军。

285 俄罗斯大熊，指鲍里斯·斯帕斯基（Boris Spassky，1937— ），俄罗斯
国际象棋大师。

286 埃尔莎·佩雷蒂（1940— ），意大利珠宝设计师。

神合行离

我们分开住了，不过离得很近，走着就能到对方那儿。在邦德街24号，萨姆给罗伯特买了一层没装修的阁楼。那是一条有车库、战后建筑和小仓库的鹅卵石小街，当先锋艺术家们搬了进去，将它们一通清理、洗刷，从大窗户上刮去岁月的痕迹，让阳光照进来，这些工业街道便又恢复了生机。

　　约翰·列侬和小野洋子在街对面有处房子；布赖斯·马登就在隔壁工作，他用成桶的闪光颜料和小幅静物照片将工作室神秘地装饰一新，那些照片后来被他蒸馏成了烟与光的画板。装修罗伯特的阁楼则需要一番大工程。管道系统不稳定的时候，管子里会喷出蒸汽。大量的原始墙砖隐蔽在发了霉的石膏板下。罗伯特拆了石膏板，清洗了墙砖，又在上面涂了好几道白漆，把它布置成了一个又是工作室、又是装置艺术的展示空间，他的天下。

　　艾伦总是和"蓝色牡蛎崇拜"一起在路上巡演，剩我一个人在家。我们在东十街上的公寓离圣马克大教堂只有一个街区。它很小很漂亮，推开落地玻璃门就能看到一座花园。从搬进新的住处开始，我和罗伯特就恢复了我们过去的生活，一起吃饭、搜集小零件、拍照片，还监督彼此的创作。

尽管现在罗伯特有自己的地方了，可关于钱的那根弦，他似乎仍松不下来。他不想完全依赖萨姆，而且比以前更加决心要自给自足。离开第二十三街那会儿我正处于一个过渡时期。我妹妹琳达在斯特兰德书店[1]帮我谋到一份兼职。我买了好几摞书，却没读一本；我在墙上贴了很多张纸，也没画一笔；我把吉他放到了床底下。晚上，独自一人的时候，我就那么坐着，等待。再一次，我发现自己又在思忖究竟该做些什么事情才值得了。似乎我能想得出的，都是些不敬的或者无关紧要的事。

元旦那天，我为罗伯托·克莱门特[2]点起了蜡烛，他是我弟弟最喜欢的球员，在一次对震后尼加拉瓜的人道主义援助任务中坠机身亡。我责备自己的不作为和自我放纵，决心重新全情投入到创作之中。

那晚更晚些时，我坐在圣马克教堂的地板上参加了一年一度的马拉松朗诵会。一场能让教堂受惠的活动。朗诵会从午后一直持续到晚上，为不朽的"诗歌计划"出过力的人悉数到席。我几乎坐到了结束，在心里和那些诗人较量着高下。我想当诗人，但又知道我永远也融不进他们的小团体。我最不愿干的事就是跟另一个圈子谈社会政治。

我想起我妈妈说的，你在元旦这天所做的，能预言你的一整年。我感受到了自己的圣格雷戈里精神，下定决心要让1973年成为我的诗歌年。

上苍有时也是慷慨的，安迪·布朗很快答应出版一本我的诗集，有望在"高谭书店"³出版作品这件事也鼓舞着我。长久以来，安迪·布朗容忍了我在钻石街名垂青史的书店里闲逛，允许我把我的招贴画和传单搁在他们的柜台上。现在，当我带着成为哥谭作家的可能，再看到那则"智者在此垂钓"的书店格言时，我怀揣上了一份秘密的骄傲。

我从床底下拽出了我的 Hermes 2000 打字机（那台 Remington 已经报销了）。桑迪·珀尔曼说过，赫尔墨斯（Hermes）是长着翅膀的信使，是牧羊人和窃贼的赞助人，于是我希望神能向我传达一些隐语。时间我有的是，这是我差不多七年以来第一次没有找固定工作。我们的房租是艾伦缴的，我在斯特兰德书店干活挣点零花钱。萨姆和罗伯特每天下午都带我出去吃饭，晚上我在我那间漂亮的小厨房里蒸北非粗麦粉，如此我已别无所求。

罗伯特一直在准备他的第一个宝丽来摄影展。请柬装在一只奶油色的蒂芙尼信封里：那是一张自拍像，拍的是镜中他赤裸的腹部，他的 360 Land 相机挂在腰间。手腕上的静脉毋庸置疑地鼓胀着。他在他的老二上挡了一片白纸剪的大圆点，并在右下角亲手盖上了他的名章。罗伯特相信展览始于请柬，也将每张请柬视为一份诱人的礼物。

开幕式于一月六日在"光之画廊"举行,那天也是圣女贞德的生日。罗伯特送了我一枚银质奖章,上面是饰以法国皇家鸢尾花饰的贞德肖像。参观者不少,皮衣男孩、易装皇后、社会名流、摇滚小子,还有艺术品收藏家,济济一堂,真是一场完美的纽约大融合。这是一次乐观主义的集结,或许还有一股嫉妒的暗流。他那大胆而优雅的展示,将经典的基调与性、花朵和肖像混合在一起,各种元素竞相争艳:在一个花束旁,可以毫无歉意地并立着戴环的阴茎。对他而言,此即是彼。

★

在我试图去写阿蒂尔·兰波的时候,马文·盖伊[4]的《问题男人》唱了一遍又一遍。我把他一张有着迪伦般挑衅面容的照片贴在了我很少光顾的写字台上方,而我懒散地坐在地板上,在我的 Hermes 2000 上敲打着诗歌、只言片语和一个剧本的开头,一段我和诗人保罗·魏尔伦的想象中的对话,争论着阿蒂尔那不可企及的爱。

一天下午,我在地板上成摞的书和纸中间睡着了,再次进入了一个似曾相识的启示录般的梦境。坦克披挂着闪闪发光的布料,系着驼铃;穆斯林和基督教天使随时准备置对方于死地,他们的羽毛在移动的沙丘表面闪着光。我艰难地穿过了革命和绝望之后发现,背叛的枯林下深埋着一个被辗轧过的皮箱,而在那个烂箱子里,是他亲笔写下的，阿蒂尔·兰波伟大的遗失之作。

你可以想象他在香蕉园里闲庭信步，用科学的语言沉思。在哈勒尔[5]这个鬼地方，他在咖啡园里劳作，骑马爬上阿比西尼亚高原的平地。深夜，他躺在披着完美光晕的月亮下，月亮宛如一只威严的眼睛守望着他，掌管着他的睡眠。

我被这突如其来的启示惊醒。我要去埃塞俄比亚找到这个小提箱，它似乎更像是个信号而不是梦境。我会带回那些封存在阿比西尼亚尘土中的文字，送给全世界。我把我的梦描述给了出版商、旅行杂志和文学基金会，但我发现，想象出来的兰波密件在1973年并不是个时髦的由头。我非但没有放弃，反倒对自己命中注定要找到它们信以为真。当我梦见了山坡上的一棵没有树影的乳香树时，我相信那个小提箱就埋在下面。

我决定请求萨姆赞助我的埃塞俄比亚之旅。他有冒险精神和同情心，对我的提议也感兴趣。可罗伯特被这个主意吓坏了。他成功地说服了萨姆，说我会迷路，会被绑架，或者被鬣狗活活吃掉。坐在克里斯托弗街上的咖啡馆里，我们的笑声随着浓缩咖啡的热气一起飘散，我努力地挥别了哈勒尔的咖啡园，起码在这个世纪里，那安息的宝藏不会被打扰了。

我真的想离开斯特兰德，我讨厌被困在地下室里给多余的库存拆封。曾在《岛屿》中指导过我的托尼·英格拉西亚想让我参演一出名为《身份》的独幕剧。我看了剧本，可是没看懂，写的都是我和另一个女孩的对话。几次毫无生气的排练之后，他要求我对那个女孩温柔点。"你太生硬，太冷淡了！"他怒吼。我对妹妹琳达是怎么表达关爱的，就照方抓药拿来诠释这份温柔。"这俩姑娘是情侣，你必须把这一点表现出来。"他高举起双臂。这让我大吃一惊。剧本里可没暗示我这个。"假装她是你的哪个女友就行啦。"我和托尼进行了一番激烈的争论，最终他还是死活不信地哈哈大笑。"你又不扎针，又不搞同性恋，你到底都干些什么啊？"

我尽了最大的努力去挑逗那个女孩，但也决定以后再不演戏了。我不是当演员的料。

罗伯特让萨姆把我从斯特兰德"保释"了出来，雇我为他捐赠给某大学的海量图书和克奇纳神小木偶编目。我都还没有意识到，就和传统的雇佣关系说了再见。我再也不用打卡了，我的时间和金钱都是自己的了。

在《身份》中失败地扮演了同性恋之后，我决定如果再登台，就要做我自己。我与简·弗里德曼结盟，她为我找了一份在酒吧读诗的零工。简拥有一家成功的宣传公司，享受着支持边缘艺术家所带来的声誉。我虽然没受到热烈的欢迎，却磨炼了我幽默地和有敌意的观众斗嘴的能力。她替我在默瑟艺术中心张罗到了给"纽约妞"[6]等乐队暖场的一系列机会，地点就在衰落中的百老汇中心酒店，在那栋一度富丽堂皇的19世纪宏伟建筑里，戴蒙德·吉姆·布雷迪[7]曾和莉莲·拉塞尔[8]吃过饭，朱布力·吉姆·菲斯克[9]

在大理石台阶上遭过枪击。要说它哪里还残存着一点之前的壮丽遗风，便是那儿现在驻扎着囊括了戏剧、诗歌和摇滚乐的丰富文化团体。

夜复一夜地对着守旧、难于驾驭又是第一次看"纽约妞"的观众现场朗诵诗歌，成了一种挑战性训练。没有音乐家和团队的配合，只有我兄弟军团的灵魂人物琳达扮演着巡演技工、陪衬者和守护天使的角色。她有一种自然纯朴又无所畏惧的精神。我们的班子在巴黎街头歌唱表演的时候，也是她担起了向观众收钱的重任。在默瑟，琳达为我配备了一套法宝，其中包括一台小磁带录音机、一个扩音器和一架玩具钢琴。我朗读我写的诗歌，八面玲珑地应对各种尴尬状况，有时还用我的录音机放一点伴奏音乐唱唱歌。

每场演出结束时，简都会从她口袋里掏出一张五美元的钞票，说是我们的分成。我很是花了一些时间才弄明白，我压根没钱可拿，简给我钱，其实是她自掏腰包。那是一段艰难而勇猛的时光，到了夏天我也开始上了轨道，有了要听我的诗的观众，而且他们似乎也真能和我心意相通。我喜欢以《尿工厂》作为每场演出的结尾，一首我即兴创作的散文诗，讲述了我从一条无工会的生产线逃到纽约追寻自由的故事，它似乎拉近了我和观众间的距离。

七月十三日这天是个星期五，在格林街与运河街的夹角，地下导演杰克·史密斯[10]住的阁楼顶上，我在吉姆·莫里森的纪念会上做了朗诵。那是属于我的演出，到场的每个人都和我一起赞美着吉姆·莫里森。莱尼·凯也在其中，尽管那晚我们没有合作，但他在我的演出中很快就将是不可或缺的了。

这场自发组织的成功的诗歌朗诵会激发了简。她感觉到，我们可以和莱尼一起，找到一种方式，把我的诗歌带给更多的听众。我们甚至讨论要加一架真钢琴，琳达开玩笑说那样也就没她什么事了。这一点她倒是没说错。简是个顽强倔强的人，她有着老百老汇的家庭背景，她父亲萨姆·弗里德曼是一位传奇的广告宣传员，和吉卜赛·罗斯·李[11]、洛特·伦亚和约瑟芬·贝克[12]等艺人都有过合作，百老汇上演的每一个故事他都看过。简继承了他的眼力和倔强的决心，她会找到另一条让我们破土而出之路。

我又回到了打字机前。

"帕蒂，不！"罗伯特倒抽了一口凉气，"你在抽大麻。"我怯懦地抬起头，被逮了个正着。

我看过了《不速之客》[13]，被它的音乐打动。我开始听电影原声唱片，追寻着"伟大的青春"[14]、罗伊斯和"你与我"的足迹，它又让我回到了埃塞俄比亚。一发而不可收，我发现了拉斯特法里派[15]和《所罗门与希巴》[16]的联系，还有阿比西尼亚之于兰波是怎么回事，有那么一刻我还决定尝试一下他们的神圣草药。

直到被罗伯特抓到我独自坐在那儿，试图往一支空的库尔香烟纸卷里塞大麻之前，那一直都是我秘密的乐趣。我不会卷大麻烟，有点不好意思，但他坐到地板上，把我偷藏的一点墨西哥大麻里的种子都捡了出来，给我卷了两根细细的大麻烟。他看着我坏笑，我们第一次一起抽了起来。

跟罗伯特一起抽，我没有抵达阿比西尼亚平原，而是去了无法自已的笑之谷。我跟他说大麻应该留着写诗的时候用，不该拿来瞎玩，可我们只是笑个没完。"走，"他说，"咱们去 B&H[17]。"那是我第一次飞高了大麻以后走到外面的世界，我花了好长时间才把靴子带系上，找到手套，还有帽子。罗伯特站在那里坏笑着，看着我在原地转圈。我总算明白了为什么等他和哈里去"霍恩与哈达特"要花那么久。

后来，和以前一样好玩的是，我还是独享着抽大麻的秘密乐趣，听《嚎叫的靶子》[18]，写令别人一头雾水的散文。我从不认为大麻是一种社会毒品。我喜欢用它来工作，来思考，乃至最终跟莱尼·凯和理查德·索尔[19]一起即兴，我们三人会聚在乳香树下幻想海尔·塞拉西[20]。


萨姆·瓦格斯塔夫住在包厘街和邦德街夹角的一栋壮观的传统白色建筑的第五层。上楼的时候，我知道总会有些什么新鲜、精彩的东西在等着我去看、去触摸、去记载：玻璃底片，用铂盐印像法制作的被遗忘的诗人们的照片，凹版印刷的霍皮印第安人的圆锥形帐篷。在罗伯特的怂恿下，萨姆已经开始收藏摄影作品了，一开始还是慢热的，带着愉快的好奇心，然后就着了迷，就像一个鳞翅类学者走进了热带丛林。萨姆把他想要的都买了，有时他就像是什么都想要。

萨姆买的第一幅照片是一件用达盖尔银版法拍摄的精美作品，装在一只红色的丝绒套里，套上还有个金色的软扣。照片卖相完美无瑕，而罗伯特收藏的银版作品是在二手店成摞的旧家庭照里找出来的，相比之下黯淡了不少。罗伯特有时会为此郁闷，他可是最先开始的收藏者。"我比不过他，"他多少有点懊悔地说，"我培养了个怪兽出来。"

我们三个会到"书街"去淘宝，第五大道两侧曾经遍布灰尘覆盖的二手书店。罗伯特会在那些装着旧明信片、立体视觉卡片和锡版摄影的箱子里细细地翻找。萨姆没什么耐心，反正价钱对他来说也不是障碍，干脆一买就是一整箱。我则站在一旁听他俩争吵，听起来觉得好熟悉。

搜索书店是我的专长之一。撞上大运的时候，我会发现一张不可多得的维多利亚橱柜照片[21]，或者一套世纪之交大教堂的重要摄影，在一次幸运的搜寻中，我还弄到了一张卡梅伦的鸟瞰照片。那是在摄影收藏热开始之前，能买到便宜货的最后时光。那会儿仍能偶遇凹版印刷的爱德华·柯蒂斯[22]的大片幅实地摄影。萨姆醉心于美国北部印第安人照片的美感和历史价值，所以买了好几套。后来，在他洒满天光的宽敞、空旷的公寓里，坐在地板上看着那些照片时，我们不仅为那些形象，也为照片制作的工艺所感动。萨姆会去感受拇指和食指间的照片边缘。"这纸有点意思。"他这样说。

萨姆满怀着崭新的激情出没于拍卖行，为得到一张特别的照片还经常飞越大洋。罗伯特在萨姆的远征中陪伴着他，有时也会影响到他对照片的选择。以这样的一种方式，从纳达尔到欧文·潘[23]，罗伯特得以私下仔细研究他所敬仰的艺术家们。

罗伯特激励着萨姆，就像他当年激励约翰·麦肯德里用他的职位提升摄影在艺术界的地位一样。相应的，两个男人也都鼓励罗伯特把摄影作为表达自我的主要形式。起初出于怀疑而止于好奇的萨姆，现在已经皈依摄影了，他已花费了一小笔巨资，他的藏品将来会成为美国最重要的摄影收藏之一。

罗伯特那台简单的宝丽来 360 Land 相机用不上测光表，设置也很原始：变暗、变亮。小图标指示距离：关闭、近、远。以前，使用无拘无束的宝丽来完美契合了他耐心不足的天性，现在他已经天衣无缝地转了更大片幅的哈苏，不过那台相机在第二十三街被偷了。罗伯特在邦德街买了一台适用宝丽来背板的 Graphic 相机，4×5 的片幅很适合他。宝丽来现在生产正片和负片了，使得冲印第一代照片也成为可能。在萨姆的支持下，他终于有财力实现他的每一个拍摄想法了，还能正式委托一个叫罗伯特·福斯迪克的木匠制作他精心设计的复杂相框。从这点上来说，这远比仅把他的照片用在拼贴里走得更远。福斯迪克能领会罗伯特的艺术感觉，一丝不苟地将罗伯特的速写变成雕塑一般的相框，融合了几何设计、各种平面和意象，烘托出照片整体呈现的效果。

那些相框特别像罗伯特在 1968 年送给我的那本速写簿里的画。和过去一样，他几乎打一开始就能看到作品完成后的样子。这还是他第一次有能力完整实现这些想象。主要是托了萨姆的福，自从他亲爱的母亲去世后，他的钱更多了。罗伯特卖掉了一些作品，不过他最想要的仍莫过于自给自足的生活。

我和罗伯特在邦德街拍过很多照片。我喜欢那儿的氛围，而且觉得我们的照片拍得真不赖。有好多都是以刷白的砖墙为背景，墙体沐浴在纽约绚丽的灯光里，一眼就能认出来。我们能拍出这么好的照片，原因之一是里面没有我的格格不入，照片里没我那些乱堆乱放的东西，让我跟它们产生关联，或借以隐藏自己。尽管作为情侣我和罗伯特已经分开，照片里的我们却显得更加亲密，那些照片所展现的，除了我们对彼此的信任，别无其他。

有时我会坐在那儿，看他穿着条纹长袍自拍，然后慢慢地褪去长袍，赤身裸体，与光线融为一体。

为我的新诗集《维特》拍封面的时候，我在脑海里设想着，封面应该呈现一种神圣的气氛，就像圣卡那样。罗伯特不喜欢被指导，但很自信能让我俩都满意。我去罗伯特的阁楼冲了个澡，这样就干净、爽利了。我把挡在脸上

维特，邦德街，1973

的头发梳开，裹了一条茶色亚麻布的旧西藏长袍。还没拍多少，罗伯特就说他要的封面已经拍成了，不过他对接下来的照片也相当满意。

九月十七日那天，安迪·布朗为我举办了一个派对，祝贺我的新书发表和我的第一个素描展。罗伯特仔细研究了我的画，拿来展览的那些都是他挑选的。萨姆出画框钱，简·弗里德曼的朋友丹尼斯·弗洛里奥在他的画廊里给画装了框。每个人都为把它办成一次出色的展览贡献了一己之力。我感觉找到了自己的位置，我的画和诗得到了赏识。看到我的作品挂在这家书店里，意义非同小可，在1967年的时候这里都没有短工能给我打。

《维特》和《七重天》大不相同。《七重天》的诗更轻松，有节奏，也口语化。《维特》则运用了散文诗，显示出法国象征主义的影响。安迪对我的成长颇有感触，许诺若我写本兰波的专论出来他就给我出版。

一个新计划在我的血管中涌动，我讲给了罗伯特和萨姆。我的埃塞俄比亚远足是取消了，但我觉得我至少可以到法国的沙勒维尔来一次朝圣之旅，那是诞生和埋葬了兰波的地方。萨姆难以抵挡我的热忱，向我妥协了，同意赞助这趟旅行。因为法国没有鬣狗，罗伯特也没反对。我决定十月动身，那是兰波出生的月份。罗伯特带我上街去买合适的帽子，我们选了一顶有罗缎饰带的棕色软毛毡帽。萨姆把我送到一个验光师那儿，给我配了一副国民健康[24]型眼镜，向约翰·列侬致敬。考虑到我丢三落四的毛病，萨姆给了我两副眼镜的钱，不过我却另选了一副只有艾娃·嘉德纳<sup>25</sup>才能戴出感觉的不实用的意大利墨镜，那是一副白色猫眼眼镜，放在一只打着"米兰"印章的灰粗花呢盒子里。

我在包厘街发现了一件宽松的草绿色涂胶雨衣、一件迪奥的犬牙花纹灰亚麻女式衬衫、一条棕色长裤、一件燕麦黄的无领开襟毛衣，这一整套衣服花了三十美元，只需稍微洗洗、补补就可以穿了。我在格子呢旅行箱里放进了我的波德莱尔式领巾，我的笔记本，罗伯特加放了一张圣女贞德雕塑的明信片。萨姆送了我一个埃塞俄比亚带回来的银质科普特十字架，朱迪·琳给她的小号半幅相机装上胶片，还教了我怎么用。我的朋友、诗人珍妮特·哈米尔完成了她的非洲之旅，在那儿她经过我的梦之地，给我带回了一大把蓝色玻璃珠——伤痕累累的哈勒尔贸易珠，兰波就是用这种珠子买东西的——真是令我珍爱的纪念品，我把珠子当作幸运护身符揣进了衣兜。

而后我整装待发，准备踏上旅程。

★

我那华而不实的雨衣，难以抵御巴黎秋天阴冷的毛毛雨。我重返了我和妹妹 1969 年夏天去过的几个地方，然而少了她阳光般的存在，维克多·雨果站、圆顶屋以及那些令人迷醉的街巷和咖啡馆都显得别样的寂寞。我走着，一如我们曾经那样地走着，在拉斯佩尔大街来回往复。我找到了我们当时住的康帕涅—佩米埃尔街9号。我在雨中站了一会儿。1969年我就被吸引到这条街上来了，因为有那么多艺术家都在这里住过，保罗·魏尔伦和兰波，杜尚和曼·雷。就是在这儿，在这条街上，伊夫·克莱因[26]沉思过他著名的蓝色时期，让—吕克·戈达尔拍了他珍贵的《筋疲力尽》中的片段。我又走了一个街区，到蒙帕纳斯公墓，去向布朗库西[27]和波德莱尔致以我的敬意。

夜幕降临，我也累了。跟随兰波传记作家伊妮德·斯塔基[28]的指引，我找到了哈斯林街上的外国人酒店。在这里，据她所写，阿蒂尔·兰波曾睡在作曲家卡巴内的房间里。也曾有人发现他睡在大堂，穿着一件超大的大衣，戴着一顶皱毡帽，抖落印度大麻梦境的残渣。前台服务生以温柔的幽默接待了我，我用我糟糕的法语解释了我的使命以及我今晚为什么非要住在这儿。他表示同情，但房间已经全满。我坐在大堂发霉的沙发里，实在不能再被雨淋一把了。紧接着，我的运气来了，他示意我跟他走。他把我领到一扇门前，门打开，是一条蜿蜒的小楼梯。他在一串钥匙里找着，试过几把之后，得意洋洋地打开了一个顶楼房间。除了一只雕刻着枫叶的木箱和一张马鬃床垫之外，房间里空空如也，飞舞着灰尘的光线从倾斜的天窗射进屋里。

—— Ici?（这里？）

—— Oui.（对。）

他把这个房间很便宜地租给了我，另加几法郎还多给了一支蜡烛和一些床单。我把床单铺到马鬃床垫上，床垫上似乎有一个高大粗犷的人形。我迅速地扎了营。夜幕降临，我就着烛光把我的东西归置好——圣女贞德的画片、一本《巴黎的忧郁》、我的钢笔和一瓶墨水。不过我写不了东西。我能做的只是躺在马鬃床垫上，躺进那个经年累月睡出来的压痕里。蜡烛在盘子里熔作了一摊。我坠入了无意识，梦都不见一个。

黎明时分，那位先生给我端来了一杯热巧克力和一个奶油面包卷，我感激地享用着。随后我收拾起仅有的行李，穿戴好，向巴黎火车东站走去。我坐在皮座椅上，对面是一个睡着的小男孩和他的家庭女教师。我完全不知道自己会找到什么或者会睡在哪里，但我相信命运。黄昏时我抵达了沙勒维尔，开始找酒店。拎着我的小旅行箱独自赶路，也没个伴儿，有点辛苦，不过我多少也算找到了——两个正在叠床单的女人。她们似乎被我的出现吓了一跳，满肚子的疑惑，也不会说英语。尴尬了一会儿之后，我被领到楼上一个漂亮的房间。所有的东西，就连四柱卧床的顶篷，都盖着印花棉布。我饿得不行，享用了丰盛的热汤配乡村面包。

然而再一次地，在房间的寂静里，我发现仍然写不了东西。我睡得早起得早，满怀着新的信念，匆忙穿上雨衣，走上沙勒维尔的街道。令我诧异的是兰波博物馆的门是关着的，于是我在寂静的气氛中走过未知的街巷，寻找着公

兰波博物馆，沙勒维尔，1973

墓的方向。在一片种着巨大卷心菜的菜地后面，便是兰波的安息之所。我在那站了良久，看着那块墓碑，他的名字上方镌刻着 Priez pour lui——为他祈祷——的字样。兰波墓已然疏于打理，我扫去了上面的落叶和一些瓦砾，把蓝色玻璃珠装在一个石瓮里，埋在了他的墓碑前，念了一小段祈祷文。因为他不可能再去哈勒尔了，我觉得，我应该带点哈勒尔的东西给他。我拍了张照片然后道了别。

我回到博物馆，坐在台阶上。兰波曾经站在这里，鄙视着他所见的一切——那石磨、石灰岩桥下疾疾流过的河水，他当年所鄙视的如今都被我尊敬着。博物馆仍不见有开门的意思。我正陷入一丝忧伤，一个老者，大概是看门人吧，可怜我，打开了厚重的大门。他忙着的时候，便让我和兰波那并不起眼的遗物待在一起：他的地理书、他的小旅行包、他的锡酒杯、汤匙，还有绣织地毯。我看到他的条纹丝巾的褶痕里有修补过的地方。还有一张画着轿子的小纸片，他会躺在那轿子上，挑夫将徒步穿越岩石地带把他带到海边，那里有船能将他载往他热望的马赛。

晚饭我吃得简单，炖菜、红酒加面包。我回到我的房间，却无法忍受独自待在那里。换洗了衣服，穿上雨衣，我大胆地走进了沙勒维尔的夜色。天色很暗，我走在宽敞空旷的兰波河滨路上，感觉有点害怕，然后，远远地，我看到一盏小灯，一盏霓虹灯——兰波酒吧。我停下脚步深吸了一口气，不敢相信我的运气竟有这么好。我慢慢地靠近，真怕它像沙漠里的海市蜃楼一样消失掉。这是一间只有一扇小窗的白色灰泥酒吧，周围一个人影也没有。我将信将疑地走了进去，里面光线昏暗，多是些小伙子和满脸怒气的家伙，靠在自动点唱机上。墙上钉了一些褪色的阿蒂尔的照片。我要了一杯 Pernod 茴香酒和白水，似乎最接近苦艾酒的就是这个了。点唱机里，夏尔·阿兹纳夫[29]、乡村歌曲和卡特·史蒂文斯[30]疯狂地交织在一起。

我待了一会便离开了，回到了酒店的温暖和地方特产的花朵之中。漫墙遍洒的小花，就像漫天遍洒着初升的繁星。这是我笔记本上仅有的一行。我曾想象自己能写出令人震惊的、向兰波致敬的、增强大家对我的信心的语句，可我没写出来。

第二天早晨我结了账，把包留在了大堂。这是一个礼拜天的早晨，钟在敲着。我穿了那件白衬衫，系着波德莱尔式领巾。我的衬衫有点皱，我的精神状态也是。我又去了博物馆，那里总算开门了，我买了票，坐在地板上，画了一小幅铅笔素描——圣徒兰波，沙勒维尔，1973 年 10 月。

我想买个纪念品，在杜卡乐我找到了一个小跳蚤市场。我看上了一只简单的金线圈戒指，可买不起。约翰·麦肯德里有一次去巴黎给我带回过一个类似的戒指，我还记得他躺在他那张精美的坐卧两用沙发上，我坐在他脚边，听他给我朗读《地狱一季》[31]。我想象着罗伯特此刻就在我身边，估计他若真在，这会儿该已买下那只戒指，戴在我手上了。

开往巴黎的列车上平淡无奇。我一度发现自己在流泪。

一到巴黎，我便登上去拉雪兹神父公墓的地铁，因为在回纽约之前我还有一件事要做。雨又下起来了。我在公墓墙外的一家花店前停下，买了一小把风信子，开始找寻吉姆·莫里森之墓。那时候还没有路标，不怎么好找，不过我寻着邻近墓碑上祝福者们潦草留下的信息一路走去。秋风扫落叶的瑟瑟声和雨声，在那一片寂静的映衬下变得更加清晰。在那个没有标志的墓前，摆放着朝圣者们的礼物：塑料花、烟头、空了一半的威士忌酒瓶、断了线的念珠和奇怪的护身符。译成法语的歌词涂鸦围绕着他：C'est la fin, mon merveilleux ami。这就是终点了，我亲爱的朋友。

　　我感到一种别样的轻松，一点也不悲伤。我感觉他可能会从薄雾中无声地走来，轻拍我的肩膀。似乎他葬在巴黎就对了。雨郑重其事地下了起来。因为身上湿得厉害我想走了，却突然间觉得迈不动步子。我有种不安的感觉，如果不赶紧离开我就会变成石头，变成一尊手持风信子的雕像。

远远的，我看到一个穿着厚重外衣的老妇人，她拄着一根长长尖尖的棍子，身后拖着一个大皮袋。她正在清理墓地。一看到我，她就用法语冲我嚷起来。我请她原谅我讲不了法语，但我知道她是怎么想的。她反感地看看那墓地，看看我。所有可怜巴巴的宝贝和周围的涂鸦对她而言只是亵渎，别无其他。她摇着头，嘟囔着。我惊讶于她能无视那如注的大雨。突然间，她转向我，用英语粗暴地喊道："美国人！干吗不去尊敬你们的诗人？"

那时的我很累。那时的我二十六岁。四周那些粉笔写下的留言，就像眼泪一般在雨中消融，在护身符、香烟、吉他拨片下面汇成涓流。在这块埋葬着吉姆·莫里森的土地上，漂浮的花瓣就像是从奥菲莉亚[32]的花束上散落的。

"呃！"她再次喊道，"回答我，美国人！你们这些年轻人为什么不去尊敬自己的诗人？"

"Je ne sais pas, madame." 我回答着，低下头。

"我不知道。"

◄◄►►

在兰波逝世纪念日那天，我演了我的第一场"摇滚与兰波"，我和莱尼·凯又相聚了。演出是在时代广场对面的外交官酒店屋顶花园举行的，以科特·韦尔的经典作品《呢喃》为开场曲，向艾娃·嘉德纳在《爱神轻触》[33]中演绎的爱神致敬，比尔·埃利奥特钢琴伴奏。演出以我对兰波的爱为主题，诗歌和歌曲交相辉映。我和莱尼重新演奏了在圣马克大教堂表演过的作品，还加上了汉克·巴拉德[34]的《安妮有个宝贝》。向人群中望去，从史帝夫·保罗到苏珊·桑塔格在内的各色人物让我们吃了一惊。这让我第一次想到，这场演出可以不是一锤子买卖，我们具有某种可以继续深入的潜力。

我们也不太确定能在哪里实现梦想，因为"百老汇中心"已经垮了。我们当时的音乐是那样难以定义，似乎也没有合适我们的地方。但我们已经有了观众，我相信我们可以带给他们一些东西，我也希望莱尼能成为永久的伙伴。

简使出浑身解数为我们找地方演出，那真不是什么轻松的差事。偶尔我也会在一家酒吧里读诗，但我大部分的朗诵时间里，都在跟喝多了的酒吧老主顾们吵架。这些经历大大磨炼了我的约翰尼·卡森[35]式机智应答能力，但对推动诗歌交流无甚帮助。我头一回到"西城"酒吧演出是和莱尼一起，杰克·凯鲁亚克和他的朋友们曾在这里写作、喝醉，不过也不一定总是按这个顺序。我们没挣到钱，但那晚结束时简奖励了我们一个天大的好消息：年末那几天，我们可以在"马克斯的堪萨斯城"为菲尔·奥克斯[36]开场。莱尼和我将一同度过十二月里的生日[37]，新年夜也将融入诗歌和摇滚乐。

这是我们第一次连续演出，六天时间，每晚两场，周末三场。经历了断掉的琴弦和时而敌对的观众，我们在各路朋友——艾伦·金斯堡，罗伯特和萨姆，托德·朗德格伦和比比·比尔[38]，丹尼·菲尔茨和史蒂夫·保罗——的支持下打了个漂亮仗。到了新年，我们已经做好了所有准备。

凌晨刚过几分，我和莱尼站在"马克斯"的舞台上。人群阵营分明地嘶喊着，空气中的兴奋触手可及。这是新一年的第一个小时，我望向人群，再次想起了母亲常说的话。我转身对莱尼说："今天如何，今年如是。"

我拿起麦克风，他扫响了和弦。

不久后，我和艾伦搬到了麦克杜格尔大街，就在村中心的"鱼水壶"对面。艾伦又出去巡演了，我们很少见面，但我喜欢住在那儿，沉浸于新一轮的学习中。中东吸引着我：清真寺、祈祷用的地毯和穆罕默德的《古兰经》。我读着奈瓦尔的《开罗妇女》，还有鲍尔斯、穆拉比特、阿尔伯特·科瑟里[39]和伊莎贝尔·埃伯哈特[40]的故事。鉴于这些故事里弥漫着印度大麻的香气，我也打算享用享用。在大麻的影响下，我听了《酋酋卡的排箫》[41]，布莱恩·琼斯在1968年制作的专辑。我很高兴能听着他喜欢的音乐写东西，从吠犬到狂喜的号角，它一度成为我夜间的配乐。

★

萨姆欣赏罗伯特的作品，他对他作品的爱无人能及。

我站在他身边，看着罗伯特拍的一幅黑背景前的白色郁金香球茎。

"你见过的最黑的东西是什么？"萨姆问。

"月食？"我像猜谜似的回答。

"不，"他指着照片，"就是这个，一种能令你迷失的黑。"

后来罗伯特把这张照片题赠给了萨姆。"他是唯一懂它的人。"他说。

罗伯特和萨姆亲近得如同血亲。萨姆作为赞助人中的典范，要财力有财力，要眼光有眼光，还有成全艺术家的渴望。罗伯特就是他要找的那个艺术家。

罗伯特和萨姆不朽的爱情已经被刺探、被扭曲、被传成了一个变了形的版本，作为小说情节或许有意思，但若不理解他们的两情相悦，便不能评判他们的关系。

罗伯特喜欢萨姆的钱，萨姆喜欢罗伯特喜欢他的钱。这是不是他们之间的全部动机，只要他们去别人那里就能轻易发现。事实上，他们都有某种对方想要的东西，以这种方式，补足对方。萨姆内心多么希望能成为艺术家，可他不是；罗伯特想要变得有钱有势，可他不是。他们一经结合，便互相体验到了彼此的特质。可以说，他们是天生一对，他们需要彼此。艺术作品成全赞助人的美名；赞助人成全艺术家。

在我看来，这两个男人之间有着割不断的纽带，彼此间的肯定让他们变得强大。他们都有坚忍的性情，但两人在一起时却可以大大方方地袒露自己的脆弱，并知道对方能懂。在萨姆面前，罗伯特可以做回自己，萨姆不会评判他。他从不试图让罗伯特把作品搞得温和、改变穿着，或去迎合世俗。说到底，我感受到他们相互间的温存。

罗伯特不是个窥淫狂。他常说他必须真正融入他的作品，而那些作品出自他对于S&M的追求，他拍照不是为哗众取宠，也并不把使S&M被社会认可视为己任，他甚至并不认为它应该被认可，他觉得他的地下世界并不适合每一个人。

毫无疑问，他享受甚至需要它的吸引力。"它令人陶醉，"他这样说，"你能获得那种权力。一卡车的男人都想要你，不管他们多让人讨厌，那种被所有人渴求的感觉很带劲。"

罗伯特而后在S&M世界里的短途旅行有时令我困惑，也会吓到我。他无法与我分享，因为那离我们的王国相去甚远。若我要求分享，他应该也会，但我并不怎么想了解。不是排斥那些东西，而是那些东西弄得我神经紧张。他的追求对我来说口味太重，他的作品也经常吓到我：用插在他屁眼里的鞭子的图片做的请柬，绑着绳子的生殖器的系列照片。他不再用杂志上的图片了，而是用模特和他自己来展现自虐的视觉效果。我为此佩服他，却理解不了那种残忍。对我来说很难把这些和我所认识的那个男孩对上号。

当我看着罗伯特的作品时，感觉他的表现对象并没有"抱歉，我把我的'老二'亮出来了"的意思。他并不抱歉，也不要任何人抱歉。无论是在阴茎上打钉的S&M男子，还是迷人的社交名流，他希望他的拍摄对象都能对他的照片感到满意，他希望他的拍摄对象都能对他们的交流感到自信。

他不认为他的作品是面向所有人的。第一次展览他最重口味的照片时，他把照片装在一个标着"X"的文件夹里，放进了一个玻璃盒子，仅面向十八岁以上的观众。罗伯特觉得他没必要把这些照片硬推到观众面前，而我除外，那是他在逗我。

我问过是什么驱使他去拍这样的照片，他说反正要有人拍，倒不如他来。罗伯特拥有特权，得以目睹极端的自愿性行为，被拍摄对象也信任他。他的任务不是去揭示，而是把性爱的一个方面作为艺术记录下来，还从来没有人这样做过。作为一个艺术家，让罗伯特最兴奋的就是去做敢为天下先之事了。

这没有改变我和他的相处方式。可我担心他，他有时似乎把自己驱入一种更黑暗、更危险的境地。我们之间最好不过的地方在于，我们的友谊是出离于一切的避难所，他可以像一条筋疲力尽的小蛇一样盘绕躲藏其中。

"你应该多唱唱歌。"当我给罗伯特唱起皮雅芙或是什么我们都喜欢的老歌时，他就会这样说。我和莱尼已经有了几首歌，正在整理成拿得出手的曲目，但感觉展不开拳脚。我们想象着能借着诗歌，流畅地转入一种我俩都可以即兴发展重复乐句的节奏型。虽然还没找到合适乐手，但我们觉得兼具节奏感和旋律性的钢琴应该很配我们的风格。

简·弗里德曼在第四十五街和百老汇大街夹角的维多利亚剧院上租了一层楼，把其中的一个小房间给了我们。屋里有架旧立式钢琴，圣若瑟日 [42] 那天我们邀请来一些键盘手，想看看能否从中找到第三个乐队成员。键盘手都很有才，但跟我们独有的气质风格合不上。就像《圣经》上所说，最好的，总到最后才来。丹尼·菲尔茨推荐的理查德·索尔走了进来，他穿着条纹船领衫、皱巴巴的亚麻裤子，半个脸都遮蔽在浓密的金色卷发底下。英俊和干脆利落的举止，似乎只为烘托他是一个天才钢琴手的事实。他坐在钢琴前酝酿的时候，我和莱尼对视了一下，想到了一起。他让我们想到了《魂断威尼斯》[43] 里的塔吉奥。

"来点什么？"他随便一问，随即开始了从门德尔松到马文·盖伊再到《麦克阿瑟公园》的大联奏。十九岁的理查德·索尔受过古典训练，有着那种无需炫耀才情的真正自信的音乐家才有的质朴。贝多芬奏鸣曲和重复的三和弦，他弹得一样享受。有了理查德，我们才得以在即兴和歌曲间自如地游走。他富于直觉和创意，能够创造出一片天地，让我和莱尼用属于我们的语言去自由探索，我们称之为"融入语言力量的三和弦"。

春季的第一天，我们和理查德一起为我们三人乐队的首次公演进行排练。"雷诺·斯威尼"有一种附庸风雅的热烈氛围，并不适合我们不羁又不敬的表演，但好歹算是个能演出的地方。我们的风格还不明确，别人也没法定义我

去长岛的火车上，1974

们，但每一次演出时，都能看到真心实意来看我们的观众，也被逐渐壮大的观众群鼓励着。尽管我们惹恼过经理，但他对我们还是不错，给了我们五个跟霍利·伍德劳恩和彼得·艾伦[44]同台演出的夜晚。

那个周末正好是圣枝主日，我们正式壮大为三人乐队了，理查德·索尔成为了 DNV。"魂断威尼斯"（Death in Venice），我们的金发小伙。


名流们在齐格菲尔德剧院门口排队入场，参加影片《女士们，先生们："滚石"来了》众星云集的首映式。我也兴奋地去了。我记得那天是复活节，我穿了一条白色花边领的黑色维多利亚式丝绒长裙。看完后，我和莱尼朝市中心走去，乘着南瓜马车，穿着破烂华服。车停到包厘街上一个叫 CBGB 的小酒吧门前，我们答应诗人理查德·赫尔[45]来看"电视"乐队[46]的演出，他在里面当贝司手。我们也不知道演出会怎样，不过我很好奇别的诗人会如何演绎摇滚乐。

我以前经常到包厘街这边来找威廉·巴勒斯，他就住在这个俱乐部往南几个街区的一个地下室里。那条街上尽是酒鬼，他们常常在巨大的垃圾桶里点火取暖、做饭，或者点烟。放眼望去，你能看到包厘街上的这种篝火一路亮到威廉家的门口，我们在那个寒冷而美丽的复活节之夜也是这样点的篝火。

CBGB深邃而狭长，右手边是吧台，悬垂的霓虹灯闪烁着各种品牌的啤酒广告。左手边是舞台，很矮，舞台两侧是世纪之交的浴女摄影壁画。舞台再过去是一张台球桌，后面是油腻腻的厨房和一个小房间，老板希利·克里斯特尔[47]在那里办公，他的萨路基犬乔纳森和他一起睡在里面。

那支乐队乐风粗糙不羁、古怪，富于个性和感染力。他们的一切我都喜欢，那种痉挛式的动作，鼓手行云流水的爵士范儿，散漫却高潮迭起的音乐结构。右边那个高个的古怪吉他手让我感觉很亲切：浅黄色的头发，优雅修长的手指握着吉他琴颈，就像要把它掐死一样。那人叫汤姆·魏尔伦[48]，他肯定看过《地狱一季》这本书。

在演出间歇，我和汤姆没有谈诗歌，而是聊起了新泽西的森林、特拉华清冷的海滩和西部天际盘旋的飞碟。结果发现，我俩竟在相距二十分钟车程的地方长大，听着同样的唱片，看着同样的卡通，而且都爱《一千零一夜》。休息结束，"电视"回到了舞台上。理查德·劳埃德[49]抄起他的吉他，奏响了《华盖之月》的第一个乐句。

这里的世界和齐格菲尔德的大相径庭。它毫不华丽，却更加熟悉，一个属于我们的世界。在乐队演出的时候，你能听到球杆撞击台球的声音，萨路基犬的叫声，酒瓶子在叮当作响，环境声此起彼伏。尽管没人知道，但星星正在排成一列，天使在召唤。

那年春天的新闻里全是帕蒂·赫斯特[50]绑架案。她被一支自称"共生解放军"的城市游击队从她伯克利的公寓中劫持，扣为了人质。这个故事之所以吸引我，一部分是因为我母亲对林德伯格绑架案[51]的执着，和她随之担心自己的孩子被抓走的恐惧。悲痛欲绝的飞行员和他金发儿子的染血睡衣，在我母亲的脑海中一生挥之不去。

四月十五日，摄像头拍到了帕蒂·赫斯特和她的绑架者一起持枪抢劫旧金山某银行的画面。在随后披露的一盘磁带里，她宣布效忠"共生解放军"，并发表如下声明："告诉大家，我感觉很自由、很强大，我向外面的所有兄弟姐妹致以我的问候和爱。"这话里边的什么东西，被我和她共享的名字放大了，吸引我去回应她复杂的处境。莱尼、理查德和我，把我对她处境的思考和吉米·亨德里克斯版本的《嘿，乔》[52]融合到了一起。帕蒂·赫斯特和《嘿，乔》之间的联系就蕴含在歌词里，一个亡命者呼喊着"我感觉很自由"。

我们一直都想录一首单曲，想看看我们现场演出的效果将如何转化到唱片里。莱尼对单曲的制作和发行都很懂，所以罗伯特一出资，我们就在吉米·亨德里克斯的"电动女士"录音棚约了时间。我们决定录《嘿，乔》，向吉米致敬。

我们想再加一把吉他来表现对自由不顾一切的渴望，乐队选中了汤姆·魏尔伦。我琢磨着如何能打动汤姆的心，特别做了一番打扮，想必一个从特拉华出来的小伙子是会懂的：我穿着黑色的芭蕾平底鞋，粉色的山东绸七分裤，草绿色的涂胶雨衣，打着一把紫罗兰色的女式阳伞，走进了他兼职打工的"电影纪念品"。这家店专售老电影剧照、剧本和从"胖子"阿巴克尔[53]到赫蒂·拉玛[54]再到让·维果[55]的所有人物传记。我的穿戴是否打动了汤姆不得而知，反正他满腔热情地加入了我们的录音队伍。

我们录音的B棚在"电动女士"的后部，有一个小的八轨调音台。正式开始之前，我对着麦克风轻唤了一声"嗨，吉米"。试录了一两遍之后，理查德、莱尼和我同步录音，先录好了我们的那一轨，然后汤姆又加录了两轨吉他独奏。莱尼把这两部分混成了一个盘旋上升的主奏，然后加入了一轨低音鼓，这是我们第一次使用打击乐。

执行制作人罗伯特在控制室里焦虑地看着我们。他送了莱尼一枚银骷髅戒指作为这次录音的纪念。

录完《嘿，乔》的时候，我们还剩下十五分钟。我决定尝试一下《尿工厂》。我还留着这首诗的打字稿，那可是住第二十三街那会儿罗伯特从地板上挽救回来的。那是我那个时期的个人颂，讲的是我如何从工厂女工的单调乏味中自我解救，逃到纽约的故事。莱尼在理查德的音轨上即兴，我则重复着诗句。我们终于录到满意时，正好是午夜。

我和罗伯特站在"电动女士"大厅里那一排外星人的壁画跟前。他似乎相当满意，但还是禁不住撇起嘴来。"帕蒂，"他说，"你还是没做点能让人跳起舞来的音乐。"

我说就把这个任务留给"惊艳合唱团"吧。

莱尼和我一起设计了唱片，给我们的厂牌起名为"Mer"。我们在费城里奇大道上的一家小工厂里压制了一千五百张，把它们分发到了书店和唱片店，标价每张两美元。在我们演出的入口处，还能看到简·弗里德曼拿着一个大购物袋在卖我们的唱片。在所有这些地方，最让我们骄傲的莫过于从"马克斯"的自动点唱机里听到我们的歌了。我们惊异地发现 B 面歌曲《尿工厂》比《嘿，乔》更受欢迎，这激励了我们把更多的精力放在自己的作品上。

诗意将继续成为我的纲领，但我心里一直想着有朝一日要满足罗伯特的愿望。


我已经体验过印度大麻了，向来有保护欲的罗伯特觉得我现在完全可以和他一起飞一次。这可是我的头一遭，我们坐在我家楼外的太平梯上俯瞰着麦克杜格尔大街，等待药力发作。

"想做爱吗？"他问。我吃了一惊，但也很开心他仍想和我在一起。还没等我回答，罗伯特便拉起我的手说："对不起。"

那晚，我们沿着克里斯托弗街一路走向河边。时值凌晨两点，那天的垃圾没有人收，能看到老鼠在街灯下乱窜。我们向河边走去，遇到了一队狂热风骚的同性恋男子，他们之中有穿短裙的胡须男，也有皮衣圣徒和天使。我觉得自己就像《猎人之夜》[56] 里旅行的牧师。一切都笼罩在一种不祥的气氛里，广藿香油、"强力胶"[57]和氨水的气味。我变得愈发焦虑了。

罗伯特好像被我逗乐了。"帕蒂，你应该对每个人都充满爱。"可是我放松不下来，一切似乎都失去了控制，一切都披上了橘色、粉色和迷幻绿的光晕。那是一个桑拿夜，没有月亮也没有星星，没有现实也没有想象。

他揽着我的肩，送我走回家。天就快亮了。我花了好一阵才理解了这次旅行的本质，恶魔眼中的这座城市。滥交。从肌肉结实的臂膀上抖落下的闪粉。天主教的勋章划开光滑的喉咙。一个我无法全心拥抱的美好节日。那一晚不是我创造的，但"鸡巴女郎"[58]和"野孩子"[59]竞相追逐的画面很快就会切换成一个男孩在过道里喝茶的景象。


威廉·巴勒斯衰老而年轻。一半是警长，一半是侦探。里外里都是作家。他有一个上着锁的药箱，不过在你痛苦的时候他会打开它。他不喜欢看到自己喜欢的人忍受煎熬。看你病弱，他还会喂你。拿着一条包在白报纸里的鱼，忽然出现在你门前，然后去煎了它。对女孩来说他是遥不可及的，但我还是喜欢他。

他带着他的打字机、猎枪和长大衣暂住在一个地下室。有时他会披上他的外衣，向我们信步走来，坐到舞台前我们为他预留的位子上。穿着皮夹克的罗伯特，常常坐在他身边。像是牛仔约翰尼和他的马。

时间过了一半了，从二月到进入春天的那几个星期，我们都在 CBGB 驻场。我们和"电视"乐队分账，就像前一年夏天在"马克斯"里那样，从周二到周日，两支乐队轮班上阵。这是我们首次作为乐队日常演出，也让我们更明确了想在作品中表达的东西。

十一月我们跟简·弗里德曼去了洛杉矶，在"大门"演出过的 Whisky a Go Go[60] 里完成了首轮表演，然后去了旧金山。在伯克利，我们演出的地方就在"有点晕"唱片公司楼上，而在"东菲尔莫"试演的那一晚是乔纳森·里奇曼[61]打的鼓。那是我第一次去旧金山，我们到"城市之光"书店来了一次朝圣之旅，那儿的橱窗里摆的尽是我们朋友的书。就在首次离开纽约远足期间，我们决定再增加一位吉他手以拓展乐队的声效。大家的脑袋里都在奏着三人格局无法实现的音乐。

回到纽约后，我们在《村声》上登了一则找吉他手的广告。我们找到的大部分人，似乎对于自己想要什么或是想听起来像什么，都已心中有数了，尤其对于一个男人来说，没有谁对女主唱阵容有兴趣。我们为乐队找到了第三个男人，一个有魅力的捷克斯洛伐克人。伊万·卡拉尔[62]，他在外形和乐风上维护着摇滚乐的传统和誓言，一如"滚石"对布鲁斯的礼赞。他在布拉格本是一颗冉冉升起的流行明星，但随着 1968 年苏联入侵了他的祖国，他的梦想也被粉碎了。举家逃亡后他不得不重新开始。他精力充沛、思想开放，已准备好进一步扩展我们那迅速发展中的摇滚乐概念。

我们想象自己是"自由之子"[63]，肩负保存、保护和表现摇滚乐革命精神的使命。我们担心曾经养育了我们的音乐会陷入精神危机，我们害怕它丢失掉它的宗旨，害怕它被商业化，害怕它在壮观的场面、资金和乏味复杂的技术泥沼中挣扎、陷落。我们会在心中呼唤保罗·里维尔[64]的精神，他彻夜骑行，唤醒民众，拿起武器。我们也会拿起武器，我们这一代人的武器——电吉他和麦克风。

CBGB是发出那一声召唤的理想之地。它坐落在那条饱受蹂躏的街上，吸引了一群欢迎无名艺术家的怪人。希利·克里斯特尔对演出者的唯一要求就是要新。

从冬末到初春，我们一路拼杀、获胜，直至找到了自己的步伐。在我们演奏时，歌曲也呈现出了自己的生命力，常常映射出观众的活力、氛围、我们渐增的信心和眼皮子底下所发生的事情。

这段时间里的好多东西我都还记得。尿和啤酒的气味。《来世》里，理查德·劳埃德和汤姆·魏尔伦纠缠的吉他声线。演奏被莱尼称为"炽热地带"的那个《大地》版本时，约翰尼一路踏着燃烧的足迹，从野孩子统治的迷幻之夜里向我奔来，从更衣室冲向无穷可能之海，如同是从坐在我们面前的罗伯特和威廉·巴勒斯的第三、第四意识中输出的。到场的卢·里德，他对诗歌和摇滚乐的探索令我们所有人受用。舞台、观众和所有支持者的面孔之间那模糊的界限。简·弗里德曼在把我们介绍给"阿利斯塔"唱片公司总裁克莱夫·戴维斯[65]的时候笑容满面，她已精确地感知到他、他的厂牌和我们乐队之间有一种联系。每晚结束时，她会站在写着 CBGB & OMFUG 字样的遮阳棚前，看着小伙子们把我们不起眼的乐器装进莱尼那辆 1964 年的 Impala 后车厢。

那时候，艾伦终日和"蓝色牡蛎崇拜"在路上巡演，有人质疑我怎么能对不着家的人保持忠诚。事实是我真的喜欢他，并相信我们之间的交流强大到足以克服他长期的缺席。长久的独守，给了我追寻艺术的时间和自由，然而随着时间的流逝，事实证明，我所以为的两人间的信任被再三地亵渎了，这害了我们俩，也让他的健康大打折扣。这个温柔、聪明、看似谦逊的男人在巡演路上的生活方式，与我相信的两人之间的默契并不相符。这最终毁掉了我们的关系，但不包括我对他的尊重，也不抹杀他曾经的好。与此同时，我踏入了未知的领域。

★

WBAI 电台是电台革命之最后残存的重要传播者。1975 年 5 月 28 日，我的乐队要在上东城他们的教堂里义演支持他们。不仅在意识形态上，也在美学上，能来一场有可能不经审查的现场直播，对我们来说再合适不过了。不必遵循任何格式化的束缚，我们可以自由即兴一些甚至在最激进的调频电台里也不多见的东西。此事的重要性我们心知肚明——我们乐队的第一次电台亮相。

演出结束曲是我们的《格洛丽亚》[66]版本，以我的诗《誓言》融合了伟大的范·莫里森的经典，这几个月下来我已经把它整理成形。奏响它的是理查德·赫尔的一把铜质音色的Danelectro贝司，是我们花四十美元从他手里买的。我挺想自己弹，因为它个头小，我应该能驾驭。莱尼教我弹了E，随着和弦奏响，我念道："耶稣是为别人的罪而死，不是我的。"这句话我几年前就写了，作为存在的宣言，作为对自己言行负责的誓言。耶稣是一个值得去反叛的人，因为他就是反叛本身。

莱尼开始漫不经心地扫起摇滚乐的经典和弦，从E到D再到A，和弦与诗的结合让我兴奋。三和弦融合了语言的力量。"这些和弦能写成一首歌吗？"

"最壮美的那首。"他回答着，开始了《格洛丽亚》，理查德跟进。

我们在CBGB待了几个星期，大家都很明显地感觉到，我们正在以自己的方式成长为一支摇滚乐队。五月一日那天，克莱夫·戴维斯给了我与"阿利斯塔"唱片的合约，我在七日签下了它。我们并没有白纸黑字地写明自己要干什么，但在WBAI广播的过程当中，我们能感到有一种势头正在聚集，直至《格洛丽亚》即兴的结尾，我们已经展示了自己。

莱尼和我结合了节奏与语言，理查德打底，伊万让我们的声音更加有力。是时候迈出下一步了。我们需要再找一个同道中人，一个不是来改变而是来激发灵感的人，成为我们的一员。我们以一句集体请求结束了激情四射的演出："我们需要一名鼓手，我们知道你就在那儿。"

他实在不可思议。在 CBGB，杰伊·迪·多尔蒂[67] 已经用他从家用立体声音响上拆下来的零件做出了我们想要的音乐。他最早是跟兰斯·劳德[68] 的"腮腺炎"乐队从圣巴巴拉市来到纽约的。他勤恳，有点内向，崇敬基思·穆恩[69]，在 WBAI 广播我们音乐之后不到两周，他已经成为了我们的一员。

现在每当我走进我们的排练室，看着我们渐增的设备，我们的 Fender 音箱，理查德的 RMI 键盘，现在还有杰伊·迪的一套银色的 Ludwig 鼓，就忍不住地为身为一支摇滚乐队的主唱而骄傲。

有了鼓手以后，我们接的第一个活儿是到我住的麦克杜格尔大街附近的"另一端"去演出。我只需紧紧靴带，披上夹克，走着就能去了。乐队在这一段工作里的重点是和杰伊·迪融合，更多的人则等着看我们将如何引领众人的期望。在四晚演出的第一晚，克莱夫·戴维斯的到场为现场气氛更增添了一分兴奋。当我们钻过人群走上舞台，气氛热烈了起来，一如暴风雨之将临。

那一晚，正如常言所说，是我们皇冠上的一颗明珠。我们演得就像是一个人，乐队的劲拍和音高把我们飚向了另一个维度。而我站在这一切的漩涡中心，能像兔子觉察到猎狗一样确切地感知到另一个人的存在。他就在那儿。我突然理解了气场这种东西的真实。鲍勃·迪伦就在俱乐部里。这对我产生了奇妙的影响。我没有感到卑微，而是感受到了一种力量，那也许是他的力量吧，但我也感受到了自己的价值和我乐队的价值。那晚对我来说就像一个入会仪式，那晚我必须在我的榜样面前充分地成为自己。

1975年9月2日，我推开了"电动女士"录音棚的大门。走下台阶时，我无法不回想起吉米·亨德里克斯驻足宽慰一个害羞年轻姑娘的场景。我走进A棚。掌舵的是约翰·凯尔，我们的制作人，莱尼、理查德、伊万和杰伊·迪都在录音间里调试着各自的乐器。

接下来的五个星期，我们录制并缩混了我的第一张专辑《马群》。吉米·亨德里克斯再也不能回来创造他的新音乐语言了，但他留在了这间录音棚里的，是他对我们未来文化之声的所有希望和共鸣。从我踏进录音间的第一刻起，这些感触就浮现在脑海中：摇滚乐拯救我于苦涩的青春期，我的感激之情；我跳舞时体尝到的快乐；我在为自己所作所为负责的过程中日积月累的道德力量。

这些东西在《马群》里被重新编码，也作为对前行者们的一次致敬。在《鸟园》里，我们从年轻的彼得·赖克着手，他在等待父亲威廉·赖克[70]从天而降解救他。在《打破它》里，我和汤姆·魏尔伦写了一个梦，像普罗米修斯般被绑缚的吉姆·莫里森突获自由。在《大地》里，野孩子的意象和亨德里克斯走向死亡的步履合在一处。而《挽歌》，纪念了所有那些人，过去、现在和将来，那些我们已经失去、正在失去和终将失去的人。

　　《马群》的封面肖像毫无疑问要由罗伯特来拍，我的听觉之剑，要插在罗伯特的视觉之鞘里。我对这张照片毫无设想，只知道它应该真实。我只答应了罗伯特一件事，就是我会穿一件没有污渍的干净衬衫。

　　我去包厘街的救世军商店买了一摞白衬衫。有的太大，不过我真正喜欢的那件叠得整整齐齐，胸前的口袋下面还有一个字母组合图案。这让我想起一张布拉赛[71]拍的让·热内，穿着一件有字母组合图案的白衬衫，挽着袖子。我那件衬衣上绣着一个 RV 字样。我想象它原本属于导演了《芭芭丽娜》的罗杰·瓦迪姆[72]。我剪掉了它的袖口，穿在我的黑夹克里面，别了一枚艾伦·拉尼尔给我的马形别针。

　　这张照片，罗伯特想去萨姆·瓦格斯塔夫那儿拍。在第五大道 1 号，他那间天台屋沐浴在自然光里的时候，角窗会投射出一片阴影，形成一片光的三角形，罗伯特想在画面里用上它。

　　我从床上一骨碌爬起来，发现晚了。我匆匆忙忙地进行例行程序，到街角的摩洛哥人面包房，抓上一根法棍、一束新鲜的薄荷叶和一些鳗鱼。回来烧开水，把薄荷叶塞进水壶里，在切开的法棍里倒上橄榄油，冲洗鳗鱼柳，把它夹进去，洒点辣椒粉。我倒了杯茶，寻思着：总好过穿着衬衫干这些，否则肯定溅上油点子。

罗伯特来接我。他很担心，因为天阴得很。我穿戴完毕：黑锥形裤，白线袜，Capezio 黑芭蕾舞鞋。我又加上了我最喜欢的丝带，罗伯特扫掉了我黑夹克上的渣子。

我们上了街。他饿了却不肯吃我的鳗鱼柳三明治，于是我们去了克里斯托弗街上的"粉红茶杯"。这一天就这么悄悄溜走了。天空多云，昏暗又阴沉，罗伯特一直在等太阳出来。最后，傍晚时分，天空开始放晴。当我们穿过华盛顿广场时，天眼看又要暗下来。罗伯特担心就要错过天光了，我们向第五大道 1 号跑去。

天已经在逐渐变暗。他也没个助理，我们从没聊过应该怎么拍，或者想拍成什么样子。他会去拍。我会被拍。

我知道我该是什么样子。他知道他该怎么用光。这就够了。

萨姆的公寓很简朴，一片白色，几乎是空的，能俯瞰第五大道的窗边有一棵鳄梨树。一面大棱镜把光线折射成彩虹，倾泻在白色暖气片对面的墙上。罗伯特把我摆在三棱镜旁边，准备要拍的时候，他的手在微微地颤抖。我站在那里。

窗外始终云聚云散。测光表出了点状况，他变得有点焦虑。他拍了几张。然后放弃了测光表。一片云飘了过来，

三棱镜失效了。他说："我真是喜欢这衬衫的白，你知道。你把夹克脱了好么？"

我匆匆脱下夹克搭在肩上，就像弗兰克·辛纳屈[73]。我是反射。他是光影。

"它回来了。"他说。

他拍了几张。

"成了。"

"你怎么知道？"

"我就是知道。"

那天他拍了十二张照片。

才短短几天他就把样片拿来给我。"这张有魔力。"他说。

现在再看时，我眼前的永远不是我，而是我们。

❮◆❯

罗伯特·米勒是琼·米切尔[74]、李·克拉斯纳和艾丽斯·尼尔[75]等艺术家的支持者；在看过高谭书店二楼展出的我的画之后，他邀请我去他的画廊办展览。安迪·布朗支持我的作品已经有些年了，看到我能有这个机会他也很高兴。

参观了第五十七街和第五大道夹角处他那个场地开阔又高端的画廊后，我不确定自己是否配得上这样的展示空间。我还觉得，这种规模的画展，我没有罗伯特不行。我问他这个展览我能否与罗伯特合办。

1978年罗伯特都沉浸在摄影里。他精心制作的画框对应了他和几何形式之间的共鸣。他已经完成了古典肖像和独具性感的花卉，也将色情推进了艺术王国。而他当前的任务是控制光线，达成最浓重的黑。

当时罗伯特与霍利·所罗门画廊有联系，他请求画廊允许他与我一起办展。我对艺术圈的政治一窍不通，我只知道我俩应该在一起办展。我们选择了一批强调了两人关系的作品——艺术家与缪斯，这在我们之间是可以互换的角色。

罗伯特希望我俩能为罗伯特·米勒画廊创作点独特的东西。他开始挑选他拍得最好的我的肖像，把它们印得比真人还大，并把我们在科尼岛上的照片放大到六英尺长的画布上。我画了一组他的肖像系列，还决定以他的情色摄影为基础画一系列素描。我们选择了一张一个青年在另一个嘴里撒尿的照片、一张血污睾丸的，还有一张模特穿着黑色橡胶套装蹲着的。这些照片冲印得相对小些，我在其中一些图像的四周写满了诗，其他的则以铅笔画填充。

我们考虑拍一个短片，不过资金有限。我们把钱凑到一起，罗伯特雇来学电影的学生莉萨·林兹勒帮助拍摄。

没有故事脚本。我们理所当然地认为两人都能做好自己那部分。罗伯特叫我到邦德街去拍，还说有惊喜给我。我在地板上铺了块布，把他送我的那条纤巧的白裙、我的白芭蕾舞鞋、印度脚铃、丝带和一本家庭《圣经》[76] 摆在上面，打成一个包袱。我准备好去完成任务了，然后向他的阁楼走去。

我兴高采烈地去看罗伯特到底为我准备了什么。就像当初回到布鲁克林的家，看他把房间变成了一个活生生的装置作品。他已然创造了一个神话之境，墙上覆盖着白色的网，前面除了一尊靡菲斯特[77]的雕像什么也没有。

我放下包袱，罗伯特建议我们来用 MDA[78]。我不知道MDA 是什么，但出于对罗伯特的完全信任，就同意了。在我们开始拍片子的时候，我也不太清楚它到底起没起作用。我太专注于我在片中的角色了。我穿上白裙子，系上脚铃，包袱就那么敞开摊在地上。我脑子里想的都是：天启。交流。天使。威廉·布莱克。路西法。诞生。我说话，莉萨

罗伯特与百合花，1978

帕蒂，《保持移动》，1978

拍电影，罗伯特拍剧照。他无声地引导着我。我就是水中的船桨，而他是那坚定的手。

感觉到了某一个点时，我决定扯下那些网，相当于毁掉他的创造。我向上伸出手去，抓紧网的边缘，然而我僵住了，浑身无力，动弹不得，也说不出话来。罗伯特冲过来，抓过我的手腕握着，直到感觉我放松下来。他太懂我了，无需说一个字就告诉了我这一切都不要紧。

那一刻过去了。我把网裹在身上，看着他，他拍下了这运动中的一瞬。我脱下了纤巧的裙子和脚铃。穿上我的工装裤、元帅靴，我的黑长袖运动衫——我的工作服——把其他东西收拾到包袱里，扛在肩上。

在影片旁白里，我探究了那些我和罗伯特经常讨论的想法。艺术家在直觉中寻求神性的共鸣，但是为了创作，他不能停留在这个令人神往的无形国度里。他必须回到物质世界去完成他的作品。艺术家的责任，就是在神秘的交流和创造的劳动之间寻找平衡。

我离开了恶魔，离开了那些天使，以及那个残存的手工世界，我说："我选择人间。"


我和我的乐队上路巡演了。罗伯特每天都给我打电话。"你在演出吗？你在画画吗？"他的电话从这家酒店追到那家酒店。"帕蒂，你干吗呢？画画呢？"我在芝加哥休息了三天，把他急坏了。我去了一家美术用品店，买了好几张

Arches 牌缎纹纸，我的首选画纸，贴在酒店房间的墙上。我把那张在别人嘴里撒尿的青年的照片钉到墙上，以它为基础画了几幅素描。我的创作总是喷发式的。当我把它们带回纽约，一开始对我的耽搁还很恼火的罗伯特，对它们却非常满意。"帕蒂，"他说，"你怎么这么久才回来呀？"

罗伯特把我不在期间他为展览潜心创作的作品拿给我看。他已经冲印出了一系列的影片剧照。我当时那么专注于自己的角色，都没察觉他拍了这么多。这些，在我们合作完成的照片里都属于最出色的。他决定为影片起名《保持移动》，他把剧照也放进了影片的最终剪辑版，我们还为电影制作了音轨，把我的电吉他和现场解说混在一起，并引用了《格洛丽亚》。如此一来，便展示出了我们作品的各个组成——摄影、诗歌、即兴创作与表演。

《保持移动》映射出了罗伯特眼中的图像表达和音乐的未来：一种可以成为独立艺术形式的音乐录影带。罗伯特·米勒很支持这部影片，给我们安排了一个小房间循环放映。他建议我们做一张海报，于是我们为彼此选了一张照片，加固了我们互为艺术家和缪斯的共同信仰。

为了在萨姆·瓦格斯塔夫家举办的开幕式，我俩盛装打扮了一番。罗伯特穿了一件白衬衫，卷着袖子，一件皮马甲，牛仔裤和尖头鞋。我穿了丝质防风衣和锥形裤。出乎意料的是，罗伯特喜欢我这身打扮。从切尔西酒店开始，我们涉足过的所有圈子里的人都来了。诗人和艺术评论家勒内·里卡德评论了这次展览，写了一篇美文，称我们的作品为"友谊的日记"。我可欠过勒内不少人情,无论我何时想要放弃绘画,他都会斥责和激励我。当我站在罗伯特身旁,看勒内端详那些涂了金色的画框里的作品时,心中充满了对这两个不让我放弃的人的感激之情。

这是我们的第一次也是最后一次合展。七〇年代,我跟乐队和巡演团队的工作把我远远地带离了罗伯特和我的世界。在我环游世界的时候,才有时间反应过来我和他还没一起旅行过。除了书本,我们从未一起看过纽约之外的世界,从没有坐在飞机里手牵手,爬升到一片崭新的天空,再降落到一片崭新的土地。

然而我和罗伯特早已在我们创作的前沿探索,为彼此创造了一片空间。当我走在缺失了他的世界的舞台上,我会闭上眼睛想象着他脱去他的皮夹克,与我一起迈进那片一千支舞的无垠之土[79]。

★

一天傍晚,我们走过第八街,听到《因为夜晚》从一家接一家的店铺破门而出。那是我和布鲁斯·斯普林斯汀[80]的合作,是专辑《复活节》里的单曲。这首歌录完后,罗伯特成为了它的第一个听众。对此我是有理由的,这是他对我一直以来的期望。在 1978 年的夏天,它上升到了 Top 40 榜的第十三名,实现了罗伯特对我有朝一日做出一张热门唱片的梦想。

第五大道 1 号，1978

罗伯特微笑着，和着这首歌的律动迈着步。他掏出一支烟，点上。从他最早解救我于科幻作家之手和在汤普金斯广场小摊上分享一杯蛋奶至此，我们已经经历过很多很多了。

罗伯特毫不掩饰为我的成功而感到的骄傲。这是他自己所期望的，也是他为我们俩所期望的。他吐出一柱完美的烟雾，然后用一种他只有和我才会用的语气——一种假装的责备，不带嫉妒的羡慕——用我们的兄妹语言，说："帕蒂，你比我先出名啦。"

注释

1　斯特兰德书店，一家位于纽约东村的著名独立书店。

2　罗伯托·克莱门特（1934—1972），波多黎各棒球选手，曾经效力于美国职棒大联盟匹兹堡海盗队。

3　高谭书店，曼哈顿区的书店和文化地标（1920—2007）。

4　马文·盖伊（1939—1984），美国歌手、歌曲作者及音乐家，拥有三个八度的音域。

5　哈勒尔，埃塞俄比亚城市，哈勒尔盖省首府。

6　纽约妞，美国乐队，1971 年成立于纽约，朋克音乐先驱者之一。

7　戴蒙德·吉姆·布雷迪（1856—1917），美国商人、金融家及"镀金时代"的慈善家。

8　莉莲·拉塞尔（1861—1922），美国女演员及歌手。

9　朱布力·吉姆·菲斯克（1835—1872），美国证券经纪人及公司主管。

10　杰克·史密斯（1932—1989），美国电影导演、演员及地下电影先锋。

11　吉卜赛·罗斯·李（1911—1970），美国滑稽戏女演员，以其脱衣舞表演闻名。

12 约瑟芬·贝克（1906—1975），在美国出生的非裔法国舞蹈家、歌手及演员。

13 《不速之客》，佩理·亨泽尔（Perry Henzell，1936—2006）1972 年导演的牙买加犯罪电影。

14 伟大的青春（1949—），20 世纪 70 年代牙买加著名 DJ。

15 拉斯特法里派，牙买加教派之一。崇拜前埃塞俄比亚皇帝海尔·塞拉西，并认为黑人将返回非洲大陆。

16 《所罗门与希巴》，1959 年的一部由美国演员演绎的《圣经》史诗片。

17 B&H，成立于 1973 年，是美国最大的非连锁摄影与摄像器材商店。

18 《嚎叫的靶子》，牙买加 DJ "伟大的青春" 的处女作。

19 理查德·索尔（1953—1990），美国钢琴家、歌曲作者、"帕蒂·史密斯乐队" 成员。

20 海尔·塞拉西（1892—1975），埃塞俄比亚皇帝。

21 橱柜照片，也称 6 英寸照片，制作这种尺寸的照片是为了摆在家中橱柜里，因而得名。

22 爱德华·柯蒂斯（1868—1952），美国摄影师，以拍摄美国原住民而闻名。

23 欧文·潘（1917—2009），美国摄影师，以拍摄肖像及时尚摄影闻名。

24 国民健康，National Health Service，简称 NHS，英国国民医疗服务制度。

25 艾娃·嘉德纳（1922—1990），美国女演员。

26 伊夫·克莱因（1928—1962），法国艺术家，战后欧洲艺术的重要人物。

27 布朗库西（1876—1957），旅居法国的罗马尼亚雕塑家。

28 伊利德·斯塔基（1897—1970），爱尔兰文学评论家。

29 夏尔·阿兹纳夫（1924—），亚美尼亚裔法国歌手、歌曲作者及演员。

30 卡特·史蒂文斯（1948—），英国音乐家、歌手、教育工作者及慈善家。

31 《地狱一季》，兰波 1873 年出版的作品。

32 奥菲莉亚，莎士比亚戏剧《哈姆雷特》中的人物。

33 《爱神轻触》，柯特·韦尔创作的音乐剧，1948 年被搬上银幕。

34 汉克·巴拉德（1927—2003），节奏与布鲁斯歌手，"汉克·巴拉德与午夜人"（Hank Ballard and The Midnighters）乐队主唱。

35 约翰尼·卡森（1925—2005），美国电视主持人、喜剧演员。

36 菲尔·奥克斯（1940—1976），美国抗议歌手、歌曲作者。

37 莱尼·凯生于 1946 年 12 月 27 日。

38 比比·比尔（1953—），美国时装模特、女歌手。

39 阿尔伯特·科瑟里（1913—2008），出生在埃及的法国作家。

40 伊莎贝尔·埃伯哈特（1877—1904），瑞士探险家、作家，在北非大陆旅行生活。

41 《酋酋卡的排箫》，"滚石"乐队的布莱恩·琼斯录制的摩洛哥乐队"酋酋卡的音乐大师"（Master Musicians of Joujouka）的音乐，1971 年于滚石唱片旗下出版。

42 圣若瑟日，每年的 3 月 19 日。

43 《魂断威尼斯》，德国作家托马斯·曼（Thomas Mann，1875—1955）在 1912 年出版的小说。书中的塔吉奥是一个俊美的波兰小伙。

44 彼得·艾伦（1944—1992），澳大利亚歌曲作者及演员。

45 理查德·赫尔（1949—），歌手、歌曲作者、贝司手及作家。

46 "电视"乐队，美国乐队，1973 年成立于纽约，被视为朋克摇滚的奠基者之一。

47 希利·克里斯特尔（1931—2007），CBGB 俱乐部老板及音乐家。

48 汤姆·魏尔伦（1949—），歌手、歌曲作者及吉他手，"电视"乐队主唱。

49 理查德·劳埃德（1951—），美国吉他手、歌手及歌曲作者，"电视"乐队建队元老。

50 帕蒂·赫斯特（1954—），美国报业继承人、社交名流及演员。

51 林德伯格绑架案，1932 年 3 月 1 日晚，蹒跚学步的林德伯格在新泽西小镇的家中被劫持，两个月后其尸体在家附近被找到。

52 《嘿，乔》，一首 20 世纪 60 年代的美国流行歌曲，被多种风格的上百位音乐家演绎过，歌中描写了一个准备射杀妻子后逃亡墨西哥的男子。

53 "胖子"阿巴克尔（1887—1933），美国默片演员、喜剧演员、导演及编剧。

54 赫蒂·拉玛（1913—2000），奥地利裔美国女演员。

55 让·维果（1905—1934），法国电影导演。

56 《猎人之夜》，英裔美国戏剧及电影演员、导演查尔斯·劳顿（Charles Laughton，1899—1962）于 1955 年指导的惊悚电影。

57 "强力胶"，亚硝酸异丁酯，一种兴奋剂，在 20 世纪五六十年代颇为流行，现在一般用于心脏病治疗。

58 "鸡巴女郎"，20 世纪 60 年代末在旧金山成立的一支迷幻易装皇后娱乐表演团体。

59 出自《野孩子》，全名 *The Wild Boys: A Book of the Dead*，威廉·巴勒斯于 1971 年出版的小说。

60 Whisky a Go Go，美国加州西好莱坞（West Hollywood）的一家夜店，坐落于日落大道 8901 号。

61 乔纳森·里奇曼（1951—），美国歌手、歌曲作者及吉他手。

62 伊万·卡拉尔（1948— ），捷克斯洛伐克裔美国作曲家、电影导演及歌手。他的音乐跨越摇滚、爵士、灵魂乐、乡村音乐和电影配乐等不同风格，被 U2、大卫·鲍伊（David Bowie，1947—）、帕蒂·史密斯、伊基·波普（Iggy Pop，1947— ）等音乐家演唱。

63 自由之子，美国独立战争期间反抗英国统治的秘密民间组织。

64 保罗·里维尔（1735—1818），美国独立战争时期的英雄人物，后来成为美国英雄主义和爱国主义的象征。

65 克莱夫·戴维斯（1932—），美国唱片制作人。

66 《格洛丽亚》，北爱尔兰歌手、歌曲作者范·莫里森（Van Morrison，1945— ）的摇滚经典，1964 年由莫里森的乐队 "他们"（Them）录制。

67 杰伊·迪·多尔蒂（1952—），鼓手及歌曲作者，"帕蒂·史密斯乐队" 成员。

68 兰斯·劳德（1951—2001），音乐家及杂志专栏作家。

69 基思·穆恩（1946—1978），英国音乐家，"谁人"（The Who）乐队鼓手。

70 威廉·赖克（1897—1957），奥地利裔美国精神病学家及精神分析学家。

71 布拉赛（1899—1984），匈牙利摄影家、雕塑家及电影导演。

72 罗杰·瓦迪姆（1928—2000），法国记者、作家、演员、编剧及导演，"RV" 是其姓名字母的缩写。《芭芭丽娜》是他 1968 年导演的一部科幻电影。

73 弗兰克·辛纳屈（1915—1998），美国歌手及演员。

74 琼·米切尔（1925—1992），美国 "第二代" 抽象表现主义画家。

75 艾丽斯·尼尔（1900—1984），美国画家，以油画肖像见长。

76 家庭《圣经》，在家族中传世的《圣经》，每一代人都在上面记录下家族信息。

77 靡菲斯特，欧洲中世纪传说及《浮士德》里的魔鬼。

78 MDA，亚甲二氧基苯丙胺。

79 出自《一千支舞的无垠之土》，是克里斯·肯纳（Chris Kenner，1929—

1976，美国新奥尔良 R&B 歌手及歌曲作者）创作并首唱的歌曲，录制于 1962 年，后被广为翻唱。

80　布鲁斯·斯普林斯汀（1949—　），美国歌手及歌曲作者。

牵着上帝的手

1979 年春天，我和弗雷德·索尼克·史密斯[1]离开纽约去开始新的生活。我们一度住在布克凯迪拉克旅馆的一个小房间里，那里尽管很空，却是底特律市中心史上有名的酒店。我们除了他的吉他和我最宝贝的书跟单簧管以外别无他物。就这样，我像和初恋爱人时那般，跟我选择的最终的男人一起生活。对于成为我丈夫的这个男人，我只想说，他是人中之王，人们爱戴的王。

　　告别对两人而言都是艰难的，但对我来说是时候开始自己的生活了。"那咱们呢？"罗伯特突然问道，"我妈还以为咱们结婚了呢。"

　　我真的没考虑到这个。"我想你必须得告诉她咱们又离了。"

　　"我不能那么说，"他坚决地看着我，"天主教徒是不离婚的。"

在底特律，我坐在地板上为罗伯特的摄影集《Y》写着一首诗。他给了我一束鲜花，一沓我已钉在了墙上的照片。为他，我写下了关于造物主的创作，还有那神授的权杖和被遗忘的元音。我重新过起了小市民的生活。新生活将我远远带离了我所熟知的那个世界，而罗伯特始终在我的意识里：在只属于我的宇宙学里，一颗星图上的蓝星。

罗伯特被诊出艾滋病，与此同时，我怀上了第二个孩子。那是1986年9月末，树上挂着沉甸甸的洋梨。我有了类似流感的症状，但我富于直觉的亚美尼亚医生说我并没有病，那只是妊娠的早期反应。"你要梦想成真了。"他对我说。而后，我惊异地坐在厨房里，觉得该是给罗伯特打电话的时候了。

弗雷德和我为后来的《生命的梦想》专辑忙碌了起来，他建议请罗伯特来拍我，用作唱片的封面。我有段时间没见过他，也没跟他通过话了。我坐下来梳理心情，思量着我该怎么打这个电话。这时电话铃响了，我心里想的全是罗伯特，那一瞬间我觉得电话可能就是他打的。不过来电的是我的朋友兼法律顾问艾娜·迈巴赫。她说她带来了坏消息，我立刻就感觉到是跟罗伯特有关。他患上了艾滋病并发性肺炎，住进了医院。我呆若木鸡，本能地把手抚在肚子上，哭了起来。

我小心藏好的每一分恐惧，都如同明亮的帆突然燃烧起来般倏然成真。当年我对罗伯特化为尘埃的不祥预感，也冷酷而清晰地再度袭来。我从另一种角度看出了他急于获得成就的原因：他就像一位注定夭折的年轻法老。

　　我狂躁地让自己忙于各种小事，想着要说什么，什么时候说，不是把电话打到他家里说一起工作，而是要打去医院找他。为了恢复镇定，我决定先给萨姆·瓦格斯塔夫打个电话。我跟萨姆尽管已经有些年没通过话了，却仿佛不曾分别过，他听到我的声音还是很高兴。我问起罗伯特的健康状况。"他病得很重，可怜的宝贝，"萨姆说，"不过他不如我惨。"这又是一个晴空霹雳，尤其是萨姆虽然比我们都大，却一直是最生气勃勃、最不受肉体折磨影响的那一个。他以典型的萨姆风格，说他发现疾病正在以"最令人烦躁的"方式无情地对他展开全面攻击。

　　萨姆也同在受罪的事实令我心碎，然而听到他的声音还是给了我打第二个电话的勇气。罗伯特拿起电话的时候，声音听起来很虚弱，但在听到是我之后又有了精神。尽管已经过去了那么久，我们还是像从前一样，你一言我一语地抢着说起来。"我会打败这玩意的。"他对我说。我全心相信。

　　"很快我就去看你。"我答应他。

　　"今天你让我好开心，帕蒂。"他说着挂上了电话。我能听到他这么说。我现在仍能听到。

　　罗伯特刚一好转到能出院，我们就计划见面了。弗雷德带上了他的几把吉他，我们带着儿子杰克逊，从底特律驾车来到纽约，住进了五月花酒店，罗伯特来迎接我们。他穿着他的长皮大衣，脸尽管有点红，但看上去帅极了。他拉过我的长辫子，叫我波卡洪塔斯[2]。我们之间如此强烈的能量，似乎已令整个房间化为了烟雾，诉说着一种独属于我们的炽热情感。

　　我跟罗伯特去看萨姆，他住在圣文森特医院的艾滋病病房。坚强亢奋、周身发热的萨姆，几近无助地躺在那里，游走于意识有无之间。他在忍受癌症的折磨，周身遍布着疮口。罗伯特去拉他的手，萨姆把手抽了回去。"别傻了。"罗伯特责备着他，温柔地将他的手握住。我给萨姆唱了我和弗雷德写给儿子的歌。

　　我跟罗伯特走去他的新阁楼。他已经不住在邦德街了，搬到了第二十三街，一栋装饰派艺术建筑里的一间宽敞的工作室，离切尔西只有两个街区。他乐观地肯定他能挺过去，对他的作品、他的成功和他的财产都心满意足。"我干得不赖，是不是？"他骄傲地说。我打量着这间屋子：一尊象牙基督像，一个白色大理石的熟睡丘比特，斯蒂克利[3]扶手椅和陈列柜，稀有的古斯塔夫斯伯格[4]系列花瓶。他的书桌，对我而言是他财产中的王冠。是吉奥·庞蒂[5]设计的，用亚麻色的胡桃木树瘤精制而成，悬臂式的桌面，斑

马纹的隔层，被他装备得就像一个摆着小护身符和自来水笔的祭坛。

　　书桌上方是一个金银两色的三联画屏，里面是他1973年为《维特》封面拍的我的肖像。他选的是我表情最纯的那张，颠倒了负片，做了一个镜像，中央加了一块紫罗兰色的嵌板。紫罗兰一直是我们的颜色，那条波斯项链的颜色。

　　"是啊，"我说，"你干得不赖。"

　　接下来的几星期，罗伯特为我拍了几次照。在最后的某次拍摄中，我穿了我最喜欢的黑裙子。他递给我一只钉在玻璃头大头针上的蓝色大闪蝶。他抓起一台彩色宝丽来，在斑斓闪耀的蓝蝴蝶映衬下，一切都化为了黑白，一种不灭的象征。

像以前一样，罗伯特兴奋地给我看他的新作。画布上大幅的铂金印相，彩色染料转印[6]的百合花。摄影作品《托马斯和达瓦娜》画面中，一个裸体黑人男子和一个裙侧饰有白色云纹缎带的女子相拥而舞。我们站在一幅刚送来的作品前，画框是他自己设计的：模特托马斯在一个黑色圆环里，以奥运选手的姿态弯拗着身躯，底下是豹纹的背板。"天才吧？"他说。那种熟悉的语调，那种我们之间特定的交流，让我心跳加速。"嗯，天才。"


当我在密歇根州重新开始日常生活时，我发现自己渴望着罗伯特的存在，我怀念我们两个了。我通常避之不及的电话，成为我们的生命线，我们总打电话，尽管有时电话里听到的多是罗伯特日益频繁的咳嗽声。他在我生日那天诉说了对萨姆的担忧。

元旦那天我给萨姆打去电话。他刚输完血，听起来非常自信。他说感觉自己胜利在望了。收藏家就是收藏家，他想重返他和罗伯特去过的日本，那里还有一套他梦寐以求的装在天蓝色漆盒里的茶具。他要我把那首歌谣再给他唱一遍，我满足了他。

就在要说再见之际，萨姆又说了一则"声名狼藉的小故事"作为赠礼。他知道我对大雕塑家情有独钟，他说："佩吉·古根海姆曾经告诉我，跟布朗库西做爱的时候，你绝对、绝对不能碰他的胡子。"

"我记住了，"我应道，"等我在天堂里碰上他吧。"

一月十四日，我接到罗伯特打来的发狂的电话。萨姆，他顽强的爱人和赞助人，去世了。他们的感情挨过了种种痛苦的转变，还有他人的刻薄和嫉妒，却无法遏止噩运的降临。失去萨姆让罗伯特心慌意乱，那是他生命中的安全堡垒。

萨姆的死也给罗伯特康复的希望投下了阴影。为了安慰他，由我作词、弗雷德作曲写下了《交集之路》，一首有点苏非派风格的纪念萨姆的歌。罗伯特很喜欢这首歌，我却也知道，有一天我会寻找同样的词语来鼓舞自己。那曾交集过的，终将再度交集。

情人节这天我们回到了纽约。罗伯特有时会发烧，也正复发胃病，不过他还是那么好动。

接下来的几天，我大部分时间都和弗雷德在"热曲工厂"[7]里录音。随着我的妊娠日益明显，我们的日程开始紧张，唱歌也变得困难起来。我正在棚里录音，罗伯特痛苦不堪地打来电话，告诉我安迪·沃霍尔死了。

"他不应该死的。"他哭喊着，有点绝望，有点任性，像一个被宠坏的孩子。但我能听到另一些想法在彼此间无声地交流。

你也不应该死。

我也不应该死。

我们什么也没有说，不情愿地挂了电话。

当我经过一处铁门紧闭的教堂墓地时，天正在下雪。我发现自己正在和着走路的节奏祈祷。我加快了脚步。那是个美丽的夜晚。一直轻轻柔柔的雪，此刻也下大了。我裹紧了大衣。我怀孕五个月了，宝贝在我身体里动着。

录音棚里温暖而明亮。理查德·索尔，我钟爱的钢琴家，起身帮我去倒咖啡。音乐家们集结而来，这是小孩出生之前我们在纽约的最后一晚，弗雷德说了几句关于沃霍尔去世的事，我们录了《天地上下》。录到中间时，在脑海中，我捉住了一只号手天鹅[8]，那只我童年的天鹅。

我悄悄走进外面的夜色。雪已经停了，整个城市看上去似乎都在纪念安迪，笼罩在一层未经打扰的白雪之下——白闪闪的，就像沃霍尔的头发。

★

我们在洛杉矶重逢了。罗伯特去探望他的弟弟爱德华，他决定封面就在洛杉矶拍，那时候我和弗雷德正在跟联合制作人吉米·约文[9]一起为完成专辑而努力。

罗伯特脸色很差，准备在骄阳下一簇濒死的棕榈树前拍我的肖像时，他的手一直在颤抖。他弄掉了测光表，爱德华蹲下身把它捡起来。罗伯特感觉不太好，但依然集中精神拍完了照片。信任、激情和我们共同感到的反讽，充斥着那一刻。他身携死亡，我身怀生命。我知道，我们两个都深知着这一点。

那是一张简简单单的照片。我的辫子辫得像弗里达·卡洛，太阳照在我的眼睛里。我正看着罗伯特，而他活着。

那晚更晚些时，罗伯特来看我和弗雷德录制我们写给儿子杰克逊的歌，也就是我给萨姆·瓦格斯塔夫唱过的那首歌。第二句歌词里有我向罗伯特的致意：小小蓝星分享着光芒。他坐在控制室的沙发上。我一直记得那一天。三月十九日，我母亲的生日。

理查德·索尔弹钢琴。我面对着他。我们同期录音。肚子里孩子在动。理查德问弗雷德有什么特殊指示。"把他们弄哭，理查德。"他只说了这个。我们第一遍录得不够完美，在第二遍里，我们把第一次抓住的感觉淋漓尽致地表现了出来。我唱完，理查德重复了一遍最后的和弦。我透过玻璃往控制室看。罗伯特已经在沙发上睡着了，弗雷德独自站在那里，落着泪。

◀◆▶

1987 年 6 月 27 日，我的女儿杰西·帕丽斯·史密斯在底特律降生了。天空中出现了两道彩虹，我感觉充满了信心。万灵节[10]那天，为了完成已经延期了的专辑，我们再一次地把东西都装上车，带着两个孩子来到了纽约。在漫漫长路上，我想着就要能见到罗伯特了，想象着他抱起我女儿的画面。

罗伯特正在他的阁楼里，用香槟、鱼子酱和白色的兰花庆祝他四十一岁的生日。那天上午在五月花酒店，我坐在书桌前为他写下了《野树叶》这首歌，但没有给他。尽管我努力想为他写一首不朽的歌词，但一切终将难逃一死。

几天后，罗伯特拍了我穿弗雷德的飞行员夹克的照片，作为我们计划中的单曲《人民拥有力量》的封面。弗雷德看到这照片时说："我不知道他是怎么做到的，所有他拍的你，看起来都像他。"

罗伯特特别想拍我们的全家福。我们抵达的那天下午，他穿戴得优雅而亲切，却因为一阵阵的反胃而离开房间。他始终那样坚忍克己地蔑视着痛苦，而我只能无助地看着他。

他只拍了很少的照片，不过和每次一样，这样就足够了。栩栩如生的肖像啊，杰克逊、弗雷德和我，还有我们四个的，然后，就在我们要走的时候，他叫住了我们。"等一下，让我拍一张你跟杰西的。"

我抱着杰西，她探身去够他，笑着。"帕蒂，"他说着按下了快门，"她太完美了。"

这是我们的最后一张照片。

★

表面上，罗伯特似乎拥有了他想要的一切。一天下午

最后的宝丽来照片，1988

我坐在他的阁楼里，身边满是他迅速增长的成功的证明。完美的工作室、精美的私人物品，以及能实现他任何想法的财力。他现在是个大男人了，在他面前我仍然感觉像个丫头。他给了我一段印度亚麻布、一本笔记本和一只纸型乌鸦——他在我们久别期间收集的小玩意。我们试图填补我俩不在一起的那段时光。"我给我的情人们放蒂姆·哈丁的歌，跟他们讲起你。我为《地狱一季》拍摄的封面是献给你的。"我也告诉他，他一直与我在一起，成为我的一部分，就像此时此刻。

这个永远的保护者，他承诺，就像他曾经在我们第二十三街的窝里时那样，如果有需要，我们可以分享一个真正的家。"如果弗雷德出了什么事，你别担心。我会弄一栋联排别墅，一栋沃霍尔住的那种褐石屋。你可以来和我一起住。我帮你养小孩。"

"弗雷德不会有事的。"我向他保证。他移开了目光。

"咱们从没有过孩子。"他悲伤地说。

"我们的作品就是我们的孩子。"


我记不得最后那几个月里事情发生的确切时间了。我停止了写日记，也许是泄了气。为了我们的工作和罗伯特，弗雷德和我驾车往返于底特律与纽约。他在恢复。他在创作。他又住院了。最终他的阁楼成了他的病房。

离别总是痛苦的。我总有种挥之不去的想法，要是我一直陪在他身边，他就会活下来。我也在和与日俱增的无可奈何斗争着。我为此感到惭愧，因为罗伯特就像可以单凭个人意志便能治愈自己似的与病魔抗争着。他什么都试过了，从科学到巫毒教，除了祈祷之外的一切。若是祈祷，至少，我可以给他很多很多。我不断地为他祈祷，一个人类孤注一掷的祈祷。不是为他的生命，没人能夺走他的生命，而是祈求他能获得忍人所不能忍的力量。

二月中旬，我们带着急迫的心情飞到纽约。我自己去看望了罗伯特。一切似乎都那么安静。我意识到这是因为他不再没命地咳嗽了。我在他的空轮椅旁徘徊。林·戴维斯[11]拍的一张冰山的照片，像一尊被大自然雕琢的躯干般耸立着，占据了墙面。他有一只白猫、一条白蛇、一本白色立体声音响的宣传册放在他设计的一张白桌子上。我注意到，他在一幅熟睡的丘比特外围的黑色底上加了一个白色的四边形。

除了他的护士以外没有别人，她离开了，留下我们两个。我站在他床边，拉过他的手。我们就这样待了很长时间，什么话也没说。突然间他抬起头来：“帕蒂，是艺术俘虏了我们吗？”

我把目光转向别处，不愿去想这个问题。“不知道，罗伯特，我不知道。”

也许是吧，但是谁也没法后悔什么。只有傻瓜或是圣人才后悔被艺术所拥有。罗伯特示意我扶他站起来，他的嗓音颤抖着。“帕蒂，”他说，“我要不行了，真的很疼。”

他看着我，目光里充满了爱和责备。我对他的爱救不了他，他对生活的爱救不了他。这是我第一次真正明白他就要死了。他遭受着常人无法忍受的身体折磨。他用带着深深歉意的眼神看着我，我再也不堪忍受，放声大哭起来。他责备我哭个什么呢，却伸出胳膊抱住了我。我尽力想振作起来，但为时已晚。除了爱我什么也给不了他。我扶他坐到沙发上。不幸中的万幸是他没有咳嗽，把头枕在我肩上睡了过去。

阳光透过窗户，洒在他的照片上，洒在这首关于我和罗伯特最后的相聚的诗歌上。罗伯特正在死去：创造着寂静。我呢，注定活下来，仔细聆听那需我终其一生去表达的寂静。

亲爱的罗伯特：

我躺在床上睡不着的时候，总会想你是不是也和我一样躺着没睡呢？你还在疼着或者感到孤独吗？你曾把我从最黑暗的那一段青春里拉出来，与我分享那些造就着艺术家的神圣的秘密。我学着去看懂你，我写过的每一句，画过的每一笔，无不来自我们在一起的珍贵时光中我所得到的知识。你的作品，来自涌动之源，能够追溯到你赤裸的青春之歌。你那时说起过握住上帝的手。要记得啊，经历了所有的这一切，你其实一直都握着那只手呢，紧紧地握着它，罗伯特，不要放开。

　　另一个下午，当你枕在我肩头睡去，我，也睡着了。但在睡着之前，忽然有什么让我想看看身边你所有的作品，同时也在脑海里打量着这么多年来你的作品，在你所有的作品中，你仍然是你最美的作品。最美的。

帕蒂

◄◄◆►►

　　我会说他是一件令人窒息的披风，一片丝绒的花瓣。折磨他的不是思想，而是思想的形成，它像令人恐惧的邪灵般侵入了他，使他的心如此猛烈、如此没有规律地跳动，他感觉皮肤在震颤，如同带了一张艳俗的面具，煽情而令人窒息。

　　当他死去的时候我想我应该陪在他身边，但我没有。我一直关注着他离去的脚步，直到近十一点时我最后一次听到了他，电话里他竭力的喘息遮掩了他弟弟的声音。不知为什么，在我上楼去睡的时候，这声音让我感到了一种奇怪的幸福。他还活着，我这样想着。他还活着。

★

　　1989年3月9日罗伯特死了。上午他弟弟给我打来电话。我很平静，因为我知道这一天是要来的，几乎能精确到小时。我坐在那里听着《托斯卡》的咏叹调，膝头摊着一本书。突然间我意识到自己在发抖，我被一种类似兴奋和不断加速的感觉弄得手足无措，就好像，因为我与罗伯特之间的那份亲密，我获准参与他新的冒险，参与他死亡的奇迹一样。

这种狂野的感觉伴随了我好几天。我确信这不会被发现。但也许我的悲痛比我以为的更明显，因为我丈夫把我们都装上了车，向南方驶去。我们在海边找了家汽车旅馆，在那里过了整个复活节假期。我穿着我的黑风衣，足迹踏遍了那片空寂的海滩。在它不对称的宽大衣摆里，我觉得自己就像个公主或是个僧人。我知道罗伯特一定会欣赏这样的画面：白色的天空，灰色的海和这一件黑衣。

最后，在海边，在无处不在的上帝跟前，我渐渐平静了。我站在那里看着天空，云层间是一派拉斐尔的色调。一朵受伤的玫瑰。我有种感觉，这是他亲手画的。你将与他相遇。你将与他相知。你将与他的手相知。这些话出现在我脑海里，我知道有朝一日我会看到一片罗伯特画出的天空。

在语言之后出现的是一段旋律。我拎着我的软皮鞋，在浪边涉水而行。我已从纠缠的痛苦中升华，把它们像一匹闪亮的布料一样展开，一首纪念罗伯特的歌。

那是一首让人怀念的小歌，在歌中我祈求能看到他眼中的颜色。我一遍又一遍地唱给自己免得忘记。几周内，我将在他惠特尼博物馆的追思会上唱起这首歌，那是我们曾梦想有一天能展示我们作品的地方，我曾在那里透过一扇梯形窗户，远远地看着他若有所思地抽着烟。

成群的海鸥在我头顶盘旋，黄昏临近。

远远地我听到一声呼唤，是我孩子们的声音。他们向我跑来。在绵延的永恒中，我停住了脚步。我突然间看到了他，他绿色的眼睛，他深色的头发。在海鸥、在孩子的嬉笑、在波涛的呼啸之上，我听到了他的声音。

为我微笑吧，帕蒂，一如我正为你微笑。

★

罗伯特死后，我为了他的东西日思夜想，其中有些曾经是我俩的。我想要他的拖鞋，用亮闪闪的金线绣着他的首字母的黑色比利时拖鞋，他穿着它们走过了生命的尾声。我日思夜想着他的书桌和椅子，它们会和他的其他贵重物品一起在佳士得拍卖。我躺着无法入睡，想着这些东西，直想到要病倒了。我本也可以去出价，但看着他的书桌和椅子被转手给陌生人，我受不了。我一直在想着罗伯特对自己着迷而得不到的东西所说的话："我就是个自私的混蛋。我得不到的，也不想别人得到。"

我为什么就不能写出唤醒死者的东西？这种追求灼烧在内心的最深处。我克服了失去他的书桌和椅子的痛，但永远无法熄灭创作的渴望，创作一串比科尔特斯翡翠更加珍贵的词语。不过我有一缕他的头发、一捧他的骨灰、一箱他的来信、一面山羊皮的铃鼓。而包在一条褪了色的紫罗兰色棉巾纸里的是那条项链，两块紫罗兰色的饰板上镌刻着阿拉伯文，用黑色和银色的线系着，是一个热爱米开朗基罗的男孩送给我的。

注释

1　弗雷德·索尼克·史密斯（1948—1994），曾是美国 MC5 乐队吉他手。

2　波卡洪塔斯（1595—1617），印第安酋长之女，即迪斯尼动画片《风中奇缘》中的女主角原型。

3　斯蒂克利（1858—1942），美国设计师、家具生产商及工艺美术运动的重要推动者。

4　古斯塔夫斯伯格，创建于 1926 年的瑞典瓷器公司。

5　吉奥·庞蒂（1891—1979），意大利建筑设计师、家具设计师及艺术家。

6　彩色染料转印，发明于 20 世纪 30 年代，是历史最悠久、效果最美的彩色摄影工艺之一。如今全世界掌握该工艺的摄影师已不足百人，因而这种工艺颇受收藏家和博物馆的青睐。

7　热曲工厂，纽约市一家著名的录音棚。

8　号手天鹅，产于北美洲西部的一种大型白天鹅，能发出号角般的叫声。

9　吉米·约文（1953—），美国音乐制作人、企业家。

10　万灵节，天主教节日，每年的 11 月 2 日。

11　林·戴维斯（1944—），美国女摄影师。

我们道别后我离开了他的房间。但有种什么东西又把我拉了回去。他睡得很轻。我站在那里看着他。如此平静，就像一个上古的孩子。他睁开了眼睛，笑了。"这么快就回来了？"然后又再度睡去。

　　就这样，我见他的最后一面一如第一面。一个阳光下熟睡的青年，他睁开眼睛，露出微笑，那是认出了一个从不曾陌生之人的微笑。

致读者

1989 年 3 月 8 日，我和罗伯特进行了最后一次对话。这个最后一次，指的是在两个活着的人之间。他知道自己快要死了，而却仍有一份希望，一线显而易见的执拗，交织在他的声音里。我问他想让我为他做点什么，他说，关照我的花。他要我给他的"花书"写个序。"那都是彩色的花，我知道你更喜欢黑白的，所以你可能不会喜欢。"我会喜欢的，我说，我会写的。我告诉他我会继续完成我们的作品、我们的合作，尽我的余生。"你会写咱俩的故事吗？""你想让我写吗？""你一定要写，只有你能写。"他说。我会写的，我向他保证，尽管我知道这是不大容易兑现的誓言。"我爱你，帕蒂。""我爱你，罗伯特。"然后他被推去做检查，我便再没有听过他的声音。只有他的气息，充溢在他将死的这间病房里。

　　我为他写了纪念卡上的诗，一如为萨姆·瓦格斯塔夫写过的那样。五月二十二日那天，我和弗雷德参加了在惠特尼博物馆举行的悼念仪式。弗雷德穿着深蓝色华达呢套装，系着深红色领带。我穿着我那件白蕾丝领的黑绸丝绒复活节礼裙。讲台的两侧放着两个大花瓶，插着白色的百合。他拍的花都挂在墙上。当我唱起纪念他的歌时，我仿佛看到了二十年前的他，在博物馆外面抽着烟，等待着我的出现。罗伯特的全家都来了。他的父亲哈里，友善热情地向我打招呼。他的母亲琼，坐在挂着小氧气瓶的轮椅上。我跪下来和她吻别，她紧握我的手。"你是个作家，"她努力地跟我耳语着，"替我写一句。"我猜她是想说替她写一封信，但三天后她就去世了，我们把她葬在了雪中圣母国家公墓[1]。

我应琼的要求为《花》写了一篇文字。我写了《珊瑚海》[2]，画了纪念他的画，可我们的故事却不得已搁置了，直到我想好了该怎么去写。关于罗伯特，关于我们，我还有很多故事可写。而这个故事是我必须要讲的，也是他希望我讲的，我遵守了我的诺言。我们就像汉塞尔和格雷特[3]，在世界的黑森林里冒险。那里有不期而至的诱惑、女巫和恶魔，也有我们始料不及的壮美。没有谁能为这两个青年代言，也没有谁能讲得清他们一起度过的日日夜夜。只有我和罗伯特能够讲述。我们的故事，他这么叫它。他走了，这个任务就交给了我，让我把这个故事讲给你们。

2010 年 5 月 22 日

注释

1　雪中圣母国家公墓，伊利诺伊州的一处天主教墓地。

2　《珊瑚海》，帕蒂·史密斯 1996 年出版的书。2008 年该书以唱片形式再版发行，加入了"我的血腥情人节"（My Bloody Valentine）乐队的凯文·希尔兹（Kevin Shields）的音乐伴奏。

3　汉塞尔和格雷特，格林童话中的人物。

## 纪念的歌

小翠鸟
要飞走了
若我扣起手
还能否挽留他

翠绿的小灵魂
翠绿的小眼睛
翠绿的小灵魂
你一定要说再见吗

我们所追寻的
我们所梦想的
是平静
一如本性
一身碧羽的

小翠鸟呀
当你远远地发光
我听说那是真的
上帝与你同在
翠绿的小灵魂

翠绿的小眼睛

小翠鸟

我们必须说再见了

罗伯特，十四岁，1961

从生长多年的花丛中，一朵花探出身来
一个人拍下了它，他曾让时尚战栗
也令母亲偏爱

满墙的花朵掩饰了这个青年所有的泪水
他一无所有，却紧握着荣光
他握住的将是上帝的手
引领他走入另一座花园

——选自《花》，1989

ROBERT MAPPLETHORPE

1946-1989

纪念卡，1989 年 5 月 22 日

## 纪念的诗

一如黑暗中有能量

一种极度的克制

一支马蹄莲

喇叭

有形的优美

一只坚定的手

整理着孩子的饰带

勇敢的面容

在纯洁的面纱之下

那只坚定的手

来自天堂的能手

探进黑暗

在那里

纯洁的心灵

亲如一家

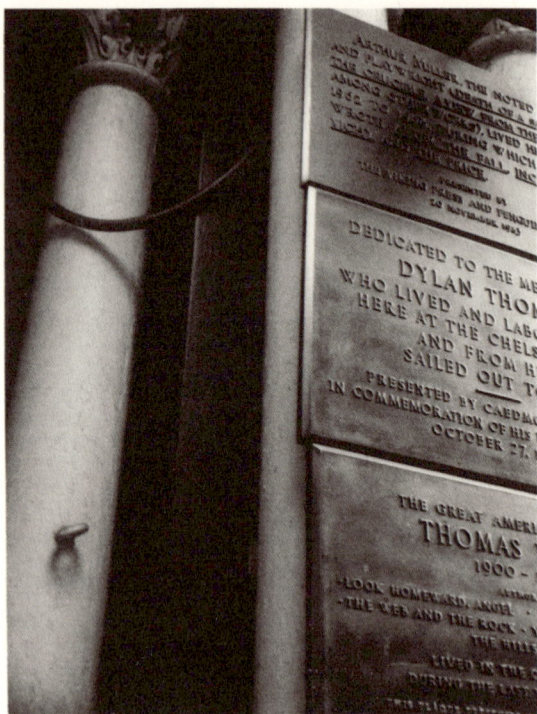

切尔西酒店

内森餐厅，科尼岛

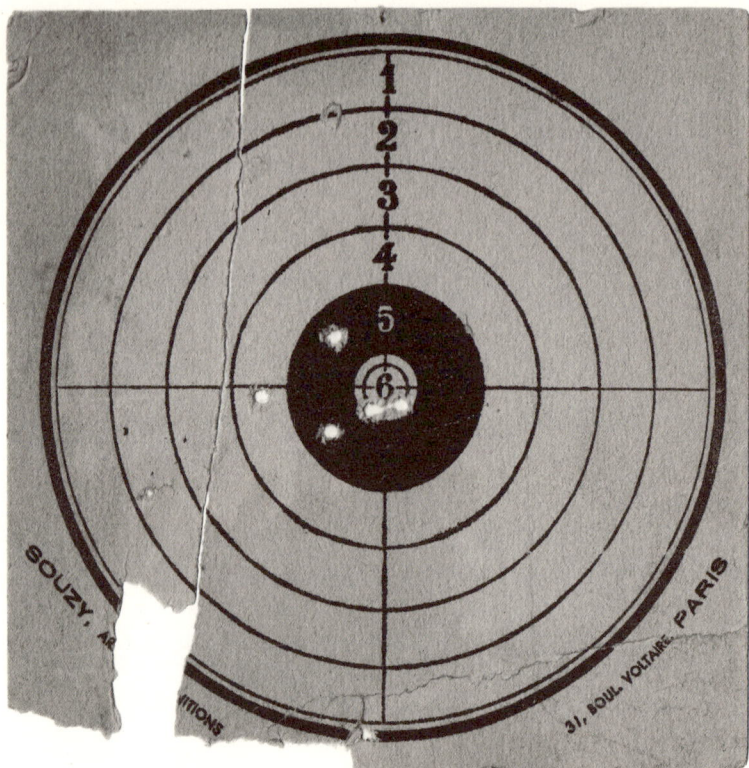

靠纸上的信，巴黎，1969 年 7 月 7 日

ROAMING ROUND A LITTLE
STREET CARNIVAL IN LES
HALLES.... LOVING YOU, I'M
IN GUISE OF TOTAL GYPSEY-
Scarfs ribbons VIVÉ HAIR-
and alone. I wish You were
here with your shut open
To The waist... OOZING
Hustler sex....THERE are
STOCK cars HERE.. Small
gaz cars ON a Huge
wooden TRACK. I took
a BRIGHT YELLOW ONE-
EVERYone surprized as
girls NEUER TRY IT-
People Kept buying me
Tickets ($1.00 a Ticket)
I was going crazy. IT
WAS BEAUTIFUL. I WENT SO
FAST. PARIS WIND BEHIND ME
CRASHING INTO EVERYone. Than
off again alone... An old Man at
The shooting gallery gave me this
and Kissed My hand... I wrote
a big star on the side of a
RED BRICK WALL..... I danced in
the street... alone. and 7
OF YOU IN TIMES SQUARE... a

Robert Mapplethope
102 CLINTON STREET
NEW YORK.
        NEW YORK
              USA

        PAR
        AVION

REPUBLIQUE FRANCAISE
10.85 CHÂTEAU DE CHANTILLY POSTES

早期的宝丽来照片，1970

罗伯特的最后一台相机，1988

## 野树叶

野树叶飘落

在大地上

每一片

都如王冠沐浴光芒

获得自由的时刻

我们都会将它戴上

野树叶飘落

在大地上


出口的每一词

颁布的每一字

每一句咒语

每一个金色的事迹

我们所扮演的角色

如芦苇般捆绑在一起

野树叶在飘落

那狂野的树叶啊


被提及的精神

被分享的神话

我们所经历的一切

褪色的旗帜
步入的每一处深渊
吹响的每一个故事
野树叶飘落
在大地上

一如燃烧的篝火
当火焰点燃
在暴风雨般的光明中
刹那间变换
翻腾着
信任着
这些来来去去的
狂野的树叶

切尔西酒店 206 房间窗外

# 书桌

　　所有人或许都想重温已经失去的东西。而有时，却不得不将某些回忆放进惆怅的小梳妆台里。偶尔在一条叠起的旧手帕中，我们会发现一枚贝壳或者无足轻重的石头，寻回曾经的那些午后时光的欢乐。当不祥之感散尽，我们体会着片刻的喘息，如同修正过的《芬尼根守灵夜》[1]的校样，被遗忘在满城迷宫般出租车阵的某个后座，后又神奇地回到了惊讶而感激的詹姆斯·乔伊斯手里。

　　七月中旬，我正在收集这些图片的时候，接到了摄影师朋友琳恩·戈德史密斯[2]的来信。她说遇到了一个叫迪莱拉的十五岁女孩，女孩看过我的书之后又把书给她妈妈看。妈妈告诉她，在多年以前，她刚刚生下第一个孩子那会儿，她曾和他在康科德[3]同路旅行。罗伯特坐在她旁边，和她怀中的婴儿甜蜜地交流。我听了并不吃惊，罗伯特对小孩一直都是温柔慈爱的。

　　罗伯特去世后，为纪念他的仁慈，迪莱拉的母亲在拍卖会上买下了他的书桌。琳恩向我保证，如果正是我在书中写到的那一张，那它现在找到了一个好人家。在打开附件的那一刻我失声大哭。那就是他的书桌，和我记忆中的一样闪闪发光。

　　看着迪莱拉的照片，她孜孜不倦写画的样子，我曾梦想那就是我，眼前的一切让我感到了莫大的幸福。过去我总是闭上眼睛想象他喊我看那书桌，说，我弄到它的时候就想到了你，因为你一直都喜欢书桌。现在我终于平静了。我想象迪莱拉正趴在桌上写字，也许还会间或停下来，好好地想一想我们。

注释

1  《芬尼根守灵夜》，詹姆斯·乔伊斯的最后一部长篇小说。
2  琳恩·戈德史密斯（1948—  ），美国音乐家、电影导演及知名人物肖像摄影师。
3  康科德，美国地名。

迪莱拉与罗伯特的书桌，2010

罗伯特，1979

Just Kids

The air was filled w/ sweetness
incredible and bright
like a gleaming sari
in the indian wind
fish were in the net
and the salt ran thru our fingers
and tears were swept away
by lover's bony hand
and fair companions
penned their prayers
sketches and linguistics
that glowed like eerie worms
and none could know the price
no soul had ever bid
and underfoot the clover
crushed in carelessness
and rows were ript
upon the solemn banks
smiles drawn from blood
etched upon a window
pierced with dreams of god
all we ever asked for
all we ever knew
was such incredible
sweetness
that from the well
we drew

20 Dec 88.

给罗伯特的诗

麦克杜格尔大街，1974

# 译后记

刘奕

出版社要我写译者简介的时候，我没写出来。也没有什么漂亮的可写。不过，我从美术学院毕业后决然改行，投入摇滚乐的怀抱，做一个摇滚文字工作者至今十余年，这段令父母伤怀的经历，至此终于成为了最好的履历——对于一个译者来说，再没有比一段与作者不谋而合的生活轨迹更幸运的共鸣了。

也正因为这样，帕蒂的故事于我没有惊喜。那些如雷贯耳的名字、光怪陆离的场景，尽管令人兴奋，但在一条追寻自由的小路上也只是斑驳的光影。这不是漂亮话。即便没有切身走在这条路上，你也一样能够感受，这个故事里，真正让你难以释怀的，其实是那份无以代受的哀乐和了不可得的聚散。在这件事上，我们没有距离，因为我们无人幸免。

所以帕蒂·史密斯的文字不拽。我猜她当年写乐评的时候一定拽过。但如今已过耳顺之年，重温这一段生死离别，她平直得就像个孩子。在字里行间，我发现，她会添上或是去掉一个形容词，会去纠正对一只羊羔玩具来历的记忆，这些边边角角的修改，曾让我在比对书的不同版本时大伤脑筋。我就像是站在单向玻璃后面看着她涂改，没有规律可循，却窥见了她对另一个孩子的深情。

"只是孩子"是一句赞誉，我执着地这样想。罗伯特和帕蒂以孩子般的纯真和勇敢逃离世俗的洪流，孩子般真诚地去探索未知，谦逊地接受各中苦乐。我想，你若咬定了人只活一次，便更没有随波逐流的理由。在无常的生命中，这会比胆怯而佯装成熟更有别样的收获吧。

很幸运能成为这本书的译者，更幸运的是，我的身边不乏这样的"孩子"。他们有不同的年龄、不同的背景、不同的国籍，因为这个故事隔空相聚，倾情帮助我译成了此书。这其中有我的挚友罗南楠，有爱尔兰第一位接受赞助的滑板选手 Johno Whelan，有美国电脑狂人、编程专家 Mercury Traveler，还有竟匆匆走完了人生路的德裔美籍小伙 Christopher Ryan Langelage（1980—2011），以及在法国读经济的叶城，在美国读法律的徐卓尔和在日本教英语的 Jory Boling。他们有的年近不惑，有的小到根本不知道帕蒂·史密斯是谁，却都觉得这个故事"写得真好，很像我们"。写下隔空相助的这些地球村里的孩子，不只是为了感谢。

帕蒂·史密斯的这段记忆陪伴了我们。她的故事就是我们的故事。

纵然这一生里，每个人都要学会告别，但我们并不孤单。我们只是孩子。现在合上书，挂着泪痕，坚定地上路。

卡梅伦 Cameron
卡尼，阿特 Carney, Art
卡森，约翰尼 Carson, Johnny
卡斯泰利，利奥 Castelli, Leo
卡斯特罗街 Castro Street
卡万，安娜 Kavan, Anna
凯，莱尼 Kaye, Lenny
凯尔，约翰 Cale, John
凯鲁亚克，杰克 Kerouac, Jack
康蒂，韦恩 County, Wayne
康科德 Concord
康奈尔，约瑟夫 Cornell, Joseph
康帕涅－佩米埃尔街 Campagne-
    Première
柯川，约翰 Coltrane, John
柯蒂斯，爱德华 Curtis, Edward
柯蒂斯，杰姬 Curtis, Jackie
科尔曼，奥涅 Coleman, Ornette
科尔斯，查尔斯 Coles, Charles
科尔索，格雷戈里 Corso, Gregory
科尼岛 Coney Island
科瑟里，阿尔伯特 Cossery, Albert
科维尔 Corvair
克拉布特里，李 Crabtree, Lee
克拉克，阿瑟 Clarke, Arthur
克拉克，奥西 Clark, Ossie
克拉克，雪莉 Clarke, Shirley
克拉斯纳，李 Krasner, Lee
克莱门特，罗伯托 Clemente,
    Roberto
克莱因，伊夫 Klein, Yves
克莱因辛格，乔治 Kleinsinger,
    George
克劳力，亚历斯特 Crowley, Aleister
克里格曼，露丝 Kligman, Ruth

克里利，罗伯特 Creeley, Robert
克里斯蒂娜小姐 Miss Christine
克里斯特尔，希利 Kristal, Hilly
克里斯托弗街 Christopher Street
克里斯托弗森，克里斯
    Kristofferson, Kris
克林顿大道 Clinton Avenue
克罗兰德，大卫 Croland, David
克罗斯比、斯蒂尔斯、纳什和扬
    Crosby, Stills, Nash and Young
克洛岱尔，卡米耶 Claudel, Camille
克洛科特，戴维 Crockett, Davy
克奇纳神 Kachina
客厅吉他 parlor guitar
肯尼迪，杰奎琳 Kennedy,
    Jacqueline
肯尼迪，罗伯特 Kennedy, Robert
肯尼迪，玛格利特 Kennedy,
    Margaret
肯尼迪，帕特里克 Kennedy, Patrick
肯特，克拉尔 Kent, Clark
库珀，加里 Cooper, Gary
酷斯 Kools
垮掉的一代 The Beat Generation
快乐胸膛 Pleasure Chest
奎雷尔，罗伯特 Querelle, Robert

L
拉德拉姆，查尔斯 Ludlam, Charles
拉蒂格，雅克·亨利 Lartigue,
    Jacques Henri
拉佛格，朱尔 Laforgue, Jules
拉夫特，乔治 Raft, George
拉格尼，罗姆 Ragni, Gerome
拉玛，赫蒂 Lamarr, Hedy

《呢喃》Speak Low

《你不能再回家》You Can't Go
　　Home Again

《你是想当一个摇滚明星了》So You
　　Want to Be a Rock 'N' Roll Star

《鸟之歌》Bird Song

《尿工厂》Piss Factory

《牛仔嘴》Cowboy Mouth

《怒不可遏》Blind Rage

《女人：第一号》Woman I

《女士们，先生们："滚石"来了》
　　Ladies & Gentlemen: The Rolling
　　Stones

《拼贴》Collages

Q

《七重天》Seventh Heaven

《乞丐宴会》Beggars Banquet

《怯场》Stage Fright

《青楼艳妓》Butterfield

《情歌恋曲》Un Chant d'amour

《酋酋卡的排箫》The Pipes of Pan
　　at Joujouka

《全数归还》Bringing It All Back
　　Home

R

《人民拥有力量》People Have the
　　Power

《人性的枷锁》Of Human Bondage

S

《珊瑚海》The Coral Sea

《身份》Identity

《神秘屋》House of Mystery

《神圣的野蛮人》The Holy
　　Barbarians

《生活》杂志 Life

《生命的梦想》Dream of Life

《圣女之歌》The Song of
　　Bernadette

《十三个最美的男孩》The Thirteen
　　Most Beautiful Boys

《时尚》杂志 Vogue

《世界美术》杂志 Art International

《视野》杂志 View

《誓言》Oath

《水晶船》Crystal Ship

《死亡生日快乐》The Happy
　　Birthday of Death

《所罗门与希巴》Solomon and
　　Sheba

T

《塔菲是个威尔士人》Taffy Was a
　　Welshman

《躺下吧，女士》Lay Lady Lay

《替罪羊》The Scapegoat

《天地上下》Up There Down There

《天涯何处无芳草》Splendor in the
　　Grass

《天真与经验之歌》Songs of
　　Innocence and of Experience

《甜姐儿》Funny Face

《童谣》Child Ballads

《头发》Hair

《托马斯和达瓦娜》Thomas and
　　Dovanna

《托斯卡》Tosca

W

《挽歌》Elegie

《为我泪流成河》Cry Me a River

《为艺术，为爱情》Vissi d'arte

《维特》Witt

《问题男人》Trouble Man

《我把心卖给了收废品的》I Sold My Heart to the Junkman

《我和博比·麦吉》Me and Bobby McGee

《我如何赢得战争》How I Won the War

《巫医》Medicine Man

《无数金发女郎》Blonde on Blonde

《午夜牛郎》Midnight Cowboy

X

《吸毒恶魔的日记》Diary of a Drug Fiend

《吸毒者》Junkie

《希波吕托斯》Hippolytus

《逍遥骑士》Easy Rider

《小不点》Runt

《小露露》Little Lulu

《殉道者书》Book of Martyrs

Y

《眼神哀凄的低地女人》Sad-Eyed Lady of the Lowlands

《演出》Performance

《摇滚时代 II》The Age of Rock II

《野树叶》Wild Leaves

《一分为二的幻觉效应》Phantasmagoria in Two

《一个孩子的诗园》A Child's Garden of Verses

《一加一》One Plus One

《一千支舞的无垠之土》Land of a Thousand Dances

《伊甸园之东》East of Eden

《因为夜晚》Because the Night

《阴阳魔界》Twilight Zone

《诱人的海》The Beckoning Sea

《渔夫的鞋子》The Shoes of the Fisherman

《玉米精灵》The Corn Spirit

Z

《怎能执着梦一场？》How Can You Hang On to a Dream?

《至高无上的爱》A Love Supreme

《左岸之恋》Love on the Left Bank